# 强盐渍土地区
# 公路路基修筑关键技术

刘军勇　张留俊　张发如　裘友强　编著

人民交通出版社股份有限公司
北京

## 内 容 提 要

本书依托 G3011 线(青海境)察尔汗至格尔木高速公路,系统介绍了强盐渍土地区公路路基修筑涉及的盐渍化软土地基加固控沉技术、岩盐夹层地基沉降与承载性能、不同外界因素作用下路基稳定性、路基阻盐技术、地基-路基协同沉降变形仿真计算、盐渍土地基与路基稳定性监测等方面的理论与实践。本书对科学指导我国强盐渍土地区公路设计施工技术、补充和完善相关规范具有重大理论价值和实践意义。

本书可作为公路工程及相关专业的科研、设计、施工与建设管理技术人员的参考书,也可供高等院校相关专业师生学习参考。

### 图书在版编目(CIP)数据

强盐渍土地区公路路基修筑关键技术 / 刘军勇等编著. — 北京:人民交通出版社股份有限公司,2023.3
ISBN 978-7-114-18621-9

Ⅰ.①强… Ⅱ.①刘… Ⅲ.①盐渍土地区—公路路基—工程施工 Ⅳ.①U416.1

中国国家版本馆 CIP 数据核字(2023)第 020605 号

书　　名:强盐渍土地区公路路基修筑关键技术
著 作 者:刘军勇　张留俊　张发如　裘友强
责任编辑:潘艳霞
责任校对:赵媛媛
责任印制:张　凯
出版发行:人民交通出版社股份有限公司
地　　址:(100011)北京市朝阳区安定门外外馆斜街 3 号
网　　址:http://www.ccpcl.com.cn
销售电话:(010)59757973
总 经 销:人民交通出版社股份有限公司发行部
经　　销:各地新华书店
印　　刷:北京虎彩文化传播有限公司
开　　本:787×1092　1/16
印　　张:18
字　　数:321 千
版　　次:2023 年 3 月　第 1 版
印　　次:2023 年 3 月　第 1 次印刷
书　　号:ISBN 978-7-114-18621-9
定　　价:110.00 元

(有印刷、装订质量问题的图书,由本公司负责调换)

# 前 言
FOREWORD

我国盐渍土总面积约为 99 万 $km^2$，主要分布在新疆、青海、甘肃、宁夏和内蒙古等西北部内陆地区。盐渍土按含盐量可分为弱盐渍土、中盐渍土、强盐渍土和过盐渍土四种类型，其中强盐渍土、过盐渍土对公路工程建设的危害性更为明显，其危害性主要体现在盐渍土地基溶陷性、盐胀性及腐蚀性对路基和小型构造物的影响上。目前，国内外已有的研究成果主要集中在盐渍土的工程性质、水盐迁移机理、公路路基病害处理方法等方面，对强盐渍土地区（本书中强盐渍土地区主要以强盐渍土和过盐渍土为主）公路路基修筑技术缺乏系统研究，实体工程中强盐渍土地区公路建设面临的技术问题仍未得到较好解决。随着西部大开发战略的实施和经济发展的需要，越来越多的公路修筑涉及强盐渍土地区，公路新建和改扩建等级要求也越来越高，但我国强盐渍土地区公路特别是高等级公路建设起步较晚，公路修筑技术基本处于无理论、无经验、无规范的"三无"状态，从而对我国强盐渍土地区公路修筑技术提出了严峻的考验。

G3011 线（青海境）察尔汗至格尔木高速公路是我国强盐渍土地区修建的第一条高速公路，标志着我国强盐渍土地区高等级公路建设的开始。察尔汗至格尔木高速公路位于青海省西部的海西蒙古族藏族自治州，是青海省"两横三纵三条路"公路主骨架网国道 215 线的组成部分，路线全长 80km，穿越察尔汗盐湖长度约 32km，其中 80% 以上路段为强~过盐渍土。由于该条公路位于盐渍土极端环境中，工程建设期间和道路运营管理过程都深受盐渍土问题的困扰，盐渍化软土沉降、路基聚盐等现象导致路面沉陷、开裂与结构破坏问题不断出现，处理资金投入大，社会影响大，亟须提出能够提高强盐渍土地区公路路基修筑质量的关键技术。

针对我国西北部强盐渍土地区既有公路现状及病害调查情况，本书将我国最大的内陆盐湖——察尔汗盐湖作为代表性研究区域,依托察尔汗至格尔木高速公路工程,对强盐渍土公路路基修筑关键技术开展系统研究,研究取得的成果已在我国西北地区多条高等级公路上得到推广运用,填补了在强盐渍土地区公路路基修筑方面的技术空缺,完善了相关技术标准,推动了强盐渍土地区公路修筑技术的发展,为内陆盐渍土地区高等级公路耐久与安全提升提供理论支撑和技术保障,具有显著的社会和经济效益。

本书由中国交通建设股份有限公司重点研发项目"基于孕灾环境及成灾机理的强盐渍土地区高等级公路耐久性研究"资助,由刘军勇组织撰写。全书共分为7章:第1章概述了察尔汗盐湖区区域环境及相关研究现状,由刘军勇撰写;第2章介绍了察尔汗盐湖区盐渍化软土地基加固控沉技术,由张留俊、张发如和裘友强撰写;第3章讨论了公路路基下伏岩盐夹层地基沉降与承载性能,由刘军勇和裘友强撰写;第4章分析了察尔汗盐湖区公路路基稳定性,由刘军勇、张留俊和裘友强撰写;第5章介绍了察尔汗盐湖区公路路基阻盐技术,由刘军勇和张发如撰写;第6章阐述了察尔汗盐湖区公路地基-路基协同沉降变形仿真计算,由刘军勇、张留俊和裘友强撰写;第7章介绍了察尔汗盐湖区盐渍土地基与路基稳定性监测情况,由张留俊和张发如撰写。全书由刘军勇负责统稿,张留俊负责审定。

本书在编写过程中,得到了依托工程建设管理、设计、科研等单位与专家的大力支持与帮助,他们为本书提供了宝贵的技术资料,在此表示衷心的感谢。此外,在具体研究过程中,课题组成员尹利华、张梅玲、曹松傑、代红娟、邵磊、尹睿捷、宁展望、李雄飞等做了大量的工作,在此向他们表示诚挚的谢意。

由于编著者水平有限,书中难免存在疏漏或不妥之处,敬请有关专家和学者批评指正。

编著者<br>2022 年 7 月

# 目 录
CONTENTS

**第1章 绪论** ········· 001

1.1 我国盐渍土区域划分 ········· 002

1.2 察尔汗盐湖区区域环境分析 ········· 004

1.3 相关技术研究现状 ········· 013

1.4 本书主要内容 ········· 020

**第2章 察尔汗盐湖区盐渍化软土地基加固控沉技术** ········· 022

2.1 引言 ········· 023

2.2 盐渍化软土地基处理方法适用性分析 ········· 023

2.3 复合地基计算模型与参数 ········· 031

2.4 复合地基沉降、位移与应力场特征 ········· 036

2.5 复合地基桩土作用性状分析 ········· 038

2.6 复合地基桩土作用性状影响因素分析 ········· 043

2.7 复合地基桩周摩阻力发挥探讨 ········· 064

2.8 复合地基沉降、承载力与桩土应力比计算 ········· 068

2.9 本章小结 ········· 076

**第3章 公路路基下伏岩盐夹层地基沉降与承载性能研究** ········· 079

3.1 引言 ········· 080

3.2 岩盐的工程特性试验研究 ………………………………………… 081
3.3 天然盐壳层地基浸水荷载试验 …………………………………… 096
3.4 岩盐夹层复合地基浸水荷载试验 ………………………………… 101
3.5 岩盐夹层地基受力与变形特征 …………………………………… 110
3.6 本章小结 …………………………………………………………… 118

## 第4章 察尔汗盐湖区公路路基稳定性分析 …………………………… 120

4.1 引言 ………………………………………………………………… 121
4.2 毛细势作用下非饱和土路基稳定性分析 ………………………… 121
4.3 降雨入渗作用下非饱和土路基稳定性分析 ……………………… 145
4.4 温度梯度作用下非饱和土路基稳定性分析 ……………………… 161
4.5 本章小结 …………………………………………………………… 173

## 第5章 察尔汗盐湖区公路路基阻盐技术 ……………………………… 176

5.1 引言 ………………………………………………………………… 177
5.2 路基土体盐分迁移方式 …………………………………………… 177
5.3 公路路基水盐迁移阻断技术试验研究 …………………………… 179
5.4 察尔汗盐湖区公路路基阻盐措施 ………………………………… 186
5.5 毛细水与盐分迁移的时间效应分析 ……………………………… 194
5.6 路基水盐迁移阻断技术效果验证 ………………………………… 197
5.7 本章小结 …………………………………………………………… 199

## 第6章 察尔汗盐湖区公路地基-路基协同沉降变形仿真计算

………………………………………………………………………… 201

6.1 引言 ………………………………………………………………… 202
6.2 仿真计算模型设计 ………………………………………………… 202
6.3 不同影响因素下协同沉降计算结果与分析 ……………………… 204

6.4 协同沉降变形下路面应力计算结果与分析 ⋯⋯⋯⋯⋯⋯⋯⋯⋯⋯⋯⋯ 220
6.5 地基-路基-路面协同变形一体化设计方法 ⋯⋯⋯⋯⋯⋯⋯⋯⋯⋯⋯⋯ 233
6.6 地基-路基协同沉降工程监测结果分析 ⋯⋯⋯⋯⋯⋯⋯⋯⋯⋯⋯⋯⋯ 237
6.7 本章小结 ⋯⋯⋯⋯⋯⋯⋯⋯⋯⋯⋯⋯⋯⋯⋯⋯⋯⋯⋯⋯⋯⋯⋯⋯ 238

# 第7章 察尔汗盐湖区盐渍土地基与路基稳定性监测 ⋯⋯⋯⋯⋯⋯ 241

7.1 引言 ⋯⋯⋯⋯⋯⋯⋯⋯⋯⋯⋯⋯⋯⋯⋯⋯⋯⋯⋯⋯⋯⋯⋯⋯⋯⋯ 242
7.2 监测内容与监测路段 ⋯⋯⋯⋯⋯⋯⋯⋯⋯⋯⋯⋯⋯⋯⋯⋯⋯⋯⋯ 242
7.3 岩盐夹层地基与复合地基沉降监测与分析 ⋯⋯⋯⋯⋯⋯⋯⋯⋯⋯⋯ 243
7.4 复合地基桩土应力监测与分析 ⋯⋯⋯⋯⋯⋯⋯⋯⋯⋯⋯⋯⋯⋯⋯ 249
7.5 地下水位监测与分析 ⋯⋯⋯⋯⋯⋯⋯⋯⋯⋯⋯⋯⋯⋯⋯⋯⋯⋯⋯ 257
7.6 地基湿度场监测与分析 ⋯⋯⋯⋯⋯⋯⋯⋯⋯⋯⋯⋯⋯⋯⋯⋯⋯⋯ 261
7.7 本章小结 ⋯⋯⋯⋯⋯⋯⋯⋯⋯⋯⋯⋯⋯⋯⋯⋯⋯⋯⋯⋯⋯⋯⋯⋯ 266

# 参考文献 ⋯⋯⋯⋯⋯⋯⋯⋯⋯⋯⋯⋯⋯⋯⋯⋯⋯⋯⋯⋯⋯⋯⋯⋯⋯⋯⋯⋯ 268

# 第 1 章

CHAPTER 1

# 绪论

## 1.1 我国盐渍土区域划分

盐渍土是指不同程度的盐碱化土的统称，在公路工程中一般指地表下 1.0m 深的土层内易溶盐平均含量大于 0.3% 的土。我国是盐渍土广为分布的国家，盐渍土总面积约为 99 万 $km^2$，主要分布在内陆干旱、半干旱地区和沿海平原地区，其中西北部地区如新疆、青海、甘肃、宁夏和内蒙古等省、自治区分布面积广，所占比重大。盐渍土是在一定环境条件下形成和发育的，按其土壤成因类型可分为现代盐渍土、残余盐渍土和潜在盐渍土。现代盐渍土主要集中在荒漠、半荒漠、草原以及森林草原地带和滨海地区，多出现在现代冲积平原、河谷平原、湖积平原、洪积三角洲倾斜平原和滨海平原等区域；残余盐渍土主要集中在强干旱的荒漠地区，特别是极端干旱的荒漠地区，多出现在无间歇性流水的山前洪积平原、古老冲积平原的高起地段，以及老河成阶地段；潜在盐渍土主要分布在半荒漠地带具有发展灌溉条件的平原地区，当开发利用不合理时，易形成次生盐渍土。盐渍土虽然是一种隐域性（非地带性）土壤，但其形成和分布仍受自然地带的影响和制约，有明显的地带性烙印。

20 世纪 70 年代，公路部门在编写《公路设计手册 路基》时，对我国盐渍土分布区域划分提出了一种两级分区方案，即按地理位置分布不同，划分为内陆盐渍土和滨海盐渍土大区。《公路路基设计手册》（第三版）对我国盐渍土分布区域划分仍采用之前的方案。通过整理国内外盐渍土相关科研成果、调研工程实践经验，结合《中华人民共和国自然地图集》提供的盐渍土分布资料，滨海盐渍土分布于滨海平原，主要受海水的影响，虽然分布范围不是很大，但有其特殊的地理位置和工程性质，可将滨海盐渍土分布区域单独列为一个大区；而内陆盐渍土分布范围较广，主要受气候干湿程度的影响，按气候干湿程度（伊万诺夫湿润度、降水量等指标）和盐渍土分布特点（盐渍化类型、盐渍化程度等指标），可将内陆盐渍土分布区域进一步细分为 4 个独具特点的大区。因此，本书建议将我国盐渍土分布区域（西藏部分，因资料欠缺，暂未考虑）划分为 5 个大区：Ⅰ滨海盐渍土大区、Ⅱ东部半干旱-半湿润盐渍土大区、Ⅲ中部干旱盐渍土大区、Ⅳ西部强干旱盐渍土大区和Ⅴ特干盆地盐渍土大区。

**1）Ⅰ滨海盐渍土大区**

该区域盐渍土分布于辽宁、河北、山东、江苏、浙江、福建、广东、广西、海南等省、自治区的滨海平原地区。该区大致上以杭州湾为界,可分为南、北两个亚区。其中Ⅰ1北部亚区为氯化物盐渍土,表层含盐量可达2%~8%,盐渍土成片分布;Ⅰ2南部亚区多为硫酸盐盐渍土,表层含盐量小于2%,盐渍土零星分布。

由于受海水浸渍影响,滨海盐渍土的特点为:①不仅表层积盐,底层含盐量也较高;②土壤和地下水的盐分组成基本与海水一致;③地下水矿化度距海越近越高;④土壤盐渍化程度离海越远越轻。

#### 2)Ⅱ东部半干旱-半湿润盐渍土大区

该区域盐渍土主要分布在内蒙古高原东部、东北平原、华北平原以及汾渭谷地平原等低洼地区,年降水量200(250)~800mm,伊万诺夫湿润度0.3~1.0,均属于现代盐渍土,常呈斑块状分布于地带性土壤中。该区大体上以北纬40°为界,可分为南、北两个亚区。其中Ⅱ1北部亚区的东北平原、内蒙古高原东部的盐渍土大多为碱土及碱化土;Ⅱ2南部亚区的华北平原及汾渭谷地平原的盐渍土大多为盐土及盐化土壤。

该区盐渍土表层积盐层的厚度和含盐量,均随着由东向西干旱程度的增加而增加。例如:在东北平原和华北平原的盐渍土,其表层积盐层厚度一般为1~3cm,含盐量一般为1%~3%;而在西部汾渭河谷平原的盐渍土,其表层积盐层厚度一般为3~10cm,含盐量可达3%~10%。

#### 3)Ⅲ中部干旱盐渍土大区

该区域盐渍土位于从草原到荒漠的过渡地带,年降水量100~200(250)mm,伊万诺夫湿润度0.3~0.13。该区大致以降水量150mm、湿润度0.2为界,可分为东、西两个亚区。其中Ⅲ1西部亚区为草原化荒漠,属于荒漠的外围地带;Ⅲ2东部亚区为荒漠草原,属于草原的边缘地带。

该区现代盐渍土分布广泛,在河套灌区多连片分布,盐渍土表层积盐层厚度为5~20cm,含盐量可达10%~30%,有时还有1~2cm厚盐结皮。根据农业部门的资料,该区域还存在大面积的潜在盐渍土。

#### 4)Ⅳ西部强干旱盐渍土大区

该区域盐渍土分布于内蒙古西部阿拉善高原、新疆北部准噶尔盆地以及甘肃河西走廊的东、中部地区,属于典型的荒漠地区,气候十分干旱,年降水量50~100mm,伊万诺夫湿润度0.13~0.05。该区的准噶尔盆地(Ⅳ2亚区),由于降水略多,且属春雨型,因此干旱程度较本区其他部分（Ⅳ1亚区）略低一些。

该区现代盐渍土和残余盐渍土均有广泛分布，现代盐渍土连片分布在洪积扇前缘的细土平原上与河流冲积平原内，表层积盐层厚度为10~50cm，含盐量为1%~60%，盐结壳厚度为5~15cm；不仅积盐层厚、含盐量大，而且积盐性质多种多样。由于该区域气候十分干旱，降水稀少，在洪积扇中、下部的裸露地段，古老冲积平原的高起地区，以及老河成阶地上，广泛分布有残余盐渍土。

#### 5）Ⅴ特干盆地盐渍土大区

该区包括Ⅴ1塔里木盆地（含吐鲁番—哈密盆地）与Ⅴ2柴达木盆地两个亚区，均为我国极端干旱的荒漠地区（年降水量小于50mm，伊万诺夫湿润度小于0.05）。两个亚区的差异是前者属于暖温带范围，后者属于青藏高原温带范围。

该区现代盐渍土连片分布，残余盐渍土也广为分布。相较于其他区域盐渍土，该区现代盐渍土和残余盐渍土的积盐厚度、含盐量均较大。此外，该区还存在面积较大的干涸盐湖，部分外露于地表，或被风沙浅埋于地下。

## 1.2 察尔汗盐湖区区域环境分析

### 1.2.1 工程概况

依托工程G3011线（青海境）察尔汗至格尔木高速公路（简称"察格高速公路"），是青海省"两横三纵三条路"公路主骨架网国道215线的组成部分，也是"国家高速公路网规划"中连云港—霍尔果斯公路与北京—拉萨高速公路的联络线，其远景向北与规划的首都放射线北京—乌鲁木齐国家干线公路相连，成为西部路网的南北主干连接线。项目位于青海省西部的海西蒙古族藏族自治州，路线起点在涩北气田交叉路口以南约10km处接原国道215线，路线总体走向由东北向西南，途经察尔汗盐湖、加尔苏站、鱼水河后，跨过格尔木河转向西南，终点在格尔木市天山路与青藏公路的衔接点并设置平交。

察格高速公路全长80km，穿越察尔汗盐湖长度约32km。沿线广泛分布盐渍土，盐湖地基土按盐渍土类型划分可分为氯盐渍土、亚氯盐渍土、硫酸盐渍土和亚硫酸盐渍土四种；其中以氯盐与亚氯盐渍土为主，约占盐湖路段总长度的85%。全线盐渍土按盐渍化程度划分可分为过盐渍土、强盐渍土、中盐渍土和弱盐渍土四种,其中80%以上路段为强盐渍土和过盐渍土。

察尔汗盐湖地处柴达木盆地南部,是青海省西北端的内陆盆地,为中亚荒漠的一个组成部分,属公路自然区划中的青藏高原寒区。由于该地区深居大陆腹部,四周高山环绕,使得西南暖湿气流难以进入,降水稀少,气候干燥。区域内太阳辐射量大,夏季日照时间长、热量充足,冬季严寒,昼夜温度变化剧烈,最大日温差可达到30℃以上,极端最低气温-33.6℃,极端最高气温35.5℃。盐湖区域春秋季节多风且风力强劲,蒸发强烈,平均降雨量在150mm以下,年蒸发量在2000mm以上,降水分布特征为由四周山区向中心盆地递减,蒸发量由四周山区向盆地中心递增,从而形成典型的大陆性荒漠气候,孕育了高寒高海拔盐渍土地区的极端环境。

由于察格高速公路位于盐渍土极端环境中,工程建设期间和道路运营管理过程都深受盐渍土问题的困扰,盐渍土地基水分和盐分向上迁移造成路基次生盐渍化,导致路面沉陷、开裂与结构破坏等问题不断出现,岩盐夹层地基分布广泛且较为密实,处理资金投入大,社会影响大,亟须明确路基水盐迁移规律与有效的路基阻盐技术对策,以及揭示岩盐夹层地基的适用性。

## 1.2.2 工程地质条件

项目所在区域的地形以柴达木盆地为主,盐湖区平均海拔高达2670m,主要由祁连山、昆仑山、阿尔金山等环抱而成,其东西部和北部海拔较高,而西北部和中部海拔相对较低。从边缘至中央角度观测,该盆地依次由高山、丘陵、戈壁、冲洪(湖)积平原及盐湖沼泽组成。由西北向东南方向观测,该区域依次为构造剥蚀的中高山、山前倾斜的平原、盐湖沼泽,三者呈环带状展开,呈现出典型的内陆湖盆特征。其中,山前倾斜的平原地势开阔,呈现出大漠戈壁的地貌景观,东西纵坡为4%~6%。路线K585+000~K603+400途经湖相及化学沉积区(A区),K603+400~K606+250经过湖相沉积区(B区),K606+250~K617+250穿越滨湖相沉积区(C区)。

察尔汗盐湖在强烈蒸发作用下,湖水日趋减少,矿化度增高,盐类不断析出,使察尔汗盐湖演变成一个以盐类沉积为主的内陆封闭型高浓度近代干盐湖。近代在察尔汗盐湖区内留下常年有水的湖泊只有南、北霍鲁逊湖及达布逊湖,协作湖和团结湖为季节性湖泊,在湖泊中均聚积有高浓度的卤水。线路通过处地形平坦,湖表面为呈蜂窝状及鳞状起伏的干硬盐壳,在风蚀作用下形成尖锐的盐刺,寸草不生。北端有盐溶分布,区域桩号 K585+000~K617+195。

通过现场勘察可知,项目区域内的揭露地层由第四系更新统与全新统地层组成,其地层结构随着地貌单元的不同而呈现出较大的差异性,具有明显的水平分带特征,而盐晶、黏土、粉土、砂砾、卵石等构成主要岩土性。其中,多层与单层盐晶层分布于盐湖南端至盐湖中心,盐晶与黏土、粉土以夹层、互层形式赋存。盐湖中心至盐湖北部地层以粉质黏土、粉土和砂为主。地层分布特征如下:

(1)盐晶($Q_4^{ch}$):灰白色,中密~密实,砂砾状,以板块胶结形式赋存,含盐量高达90%以上,主要以氯盐为主。K585+000~K601+500由多层盐晶向单层盐晶过渡,直至消失,其厚度一般在1~10m范围内,最大厚度约为13m。表层分布有厚度0.5~8.4m不等的盐壳,大部分被人工清除,局部有残留。盐晶层对混凝土具强腐蚀性和强溶陷性,地基承载力基本容许值$[f_{a0}]$=180~260kPa,工程地质性质较差,不宜作为天然地基。

(2)有机质黏土:黑灰色,湿~饱和,软塑~硬塑,其成分按含量大小依次为黏粒、粉粒,盐晶含量在10%~15%之间,有机质含量在5%~10%之间,带有一定的臭味。主要分布于K585+000~K592+630和K594+560~K597+950范围内,其厚度一般在0.5~10.5m范围内,最大厚度约为12.5m,地基承载力基本容许值$[f_{a0}]$=100~150kPa,属于氯盐型过盐渍土。

(3)低液限黏土:红褐色、褐黄色,湿~饱和,硬塑,其成分按含量大小依次为黏粒、粉粒,摇振反应轻微,干强度中等,岩芯呈土柱状。主要分布于K585+000~K602+100范围内,与有机质土、盐晶互层产出,其厚度一般在2~10m范围内,最大揭示厚度约为11.7m,地基承载力基本容许值$[f_{a0}]$=130~200kPa,属于氯盐型过~强盐渍土,可作为天然地基和持力层。

(4)低液限粉土:黄褐色,湿~很湿,软塑~硬塑,其成分按含量大小依次为粉粒、黏粒,手捻有砂感,摇振反应中等,干强度低,岩芯呈土柱状。主要分布于K602+100~K606+250和K614+900~K616+860范围内,其厚度一般在0.5~3.6m范围内,最大揭示厚度约为6.5m,地基承载力基本容许值$[f_{a0}]$=100~200kPa,属于氯盐型过~强盐渍土。

(5)含粉土细砂:褐色,湿~饱和,稍松~中密,其成分按含量大小依次为细砂粒、中粗砂粒、粉黏粒,岩芯呈散粒状,有缩径现象,具轻微地震液化特征。主要分布于K605+000~K617+195范围内,其厚度一般在8.5~9.8m范围内,地层连续,地基承载力基本容许值$[f_{a0}]$=100~150kPa,属于氯盐型过~中等盐渍土。

## 1.2.3 水文地质条件

由格尔木至察尔汗盐湖勘测可知,含水层经历了由单层砂砾石层结构向多层土、砂层结构的过渡过程,直至演变为盐晶层;地下水的水力性质也由潜水逐渐演变为承压水,水质逐渐变咸,水量逐渐减小,矿化度逐渐提高,直至在盐湖处形成饱和卤水;该湖区地下水的水位埋深较浅,绝大多数水位埋深在1.0~5.0m范围内,通常从盐湖中心排泄出地表或者直接补给湖泊。

察尔汗盐湖区地下水类型及水化学特征:在勘探K585+000~K603+400(湖区北部)时,发现20m钻探深度内含有2~3层地下水,其中第一层为孔隙潜水性卤水,第二、三层为承压性卤水,其水头高度介于-1.0~+8.0m之间;在第二层地下水勘探过程中,还发现大部分孔隙地下水自动排泄出地表;而在勘探K603+400~K617+195时,发现20m钻探深度内仅有一层地下水,该揭露地下水为孔隙潜水性咸水,其埋深介于1.5~4.5m之间。

1)潜水

淡黄及黄绿色,埋深为0~2.5m,属于盐晶间卤水型潜水,水温为4~5℃,相对密度为1.21~1.29,含水层厚度一般为10~18m,最大厚度可达23m。盐湖四周地表水与地下水及大气降水是其补给的主要来源。通过垂直蒸发的方式排泄,水位年变化幅度较大,为0.03~0.40m。矿化度为310~370g/L,最高可达440g/L。

2)承压水

在湖区岩盐夹层之间赋存2个承压含水层,由盐湖边缘至湖心过渡为单层承压水,直至消失。浅层承压水矿化度高;深层承压水矿化度低,可作为生活和生产用水。地层承压水分布情况如下:

(1)第一层水位于5~30m以下,厚度一般为5~8m,由粗砂、中砂或细、粉砂组成,盐湖北缘以粉细砂为主,含有少量腐殖质。渗透系数介于0.26~0.39m/d之间,隔水顶板由黏砂土、砂黏土或黏土组成,厚度一般为2~10m。但该层承压水具有较差的隔水性能,疏密不均的细孔在局部广泛分布,主要通过个别钙质结核中的溶孔向上补给晶间卤水,其溶孔直径为3~4mm。该承压水头一般高出地面0.2~1.87m,水的矿化度为80~392g/L。

(2)第二层水位于 10~45m 以下,厚度一般为 1~10m,隔水顶板由含有腐殖质的黏土和砂黏土组成,厚度一般为厚 5~17m,具有较好的隔水性能。该承压水头一般高出地面 1.1~5.3m,水的矿化度为 79~94g/L。

(3)地下水对钢筋和混凝土均产生较强的腐蚀性。

## 1.2.4 盐渍土成因分析

我国内陆盐渍土地区,主要包括新疆塔里木盆地、准噶尔盆地、青海柴达木盆地、甘肃河西走廊、宁夏银川平原、内蒙古河套地区等,多属于半干旱、干旱与过干旱地区。察尔汗盐湖地处青海省柴达木盆地南部,是我国西北内陆地区最大的天然盐湖。通过现场勘察发现,盐晶、黏土、砂类土、粉土等共同组成该湖域盐渍土,其赋存厚度超过20m。该区域除极个别地段含有少量硫酸盐外,其盐渍土的盐分主要由 $NaCl$、$KCl$、$MgCl_2$、$CaCl_2$ 等组成,为氯盐型盐渍土。现场勘察结果表明,察尔汗盐湖地表浅层含盐量高达90%以上,即使深层,含盐量也可达6%以上,为强~过盐渍土。该湖域地下水表层潜水,水位在 1~2m 范围内;第二层承压卤水层,其水头高度位于 2~5m 范围内。实际上,察尔汗盐湖盐渍土是其所在地区地形地貌、工程地质、水文地质、气候条件等综合作用生成、发展与演变的产物。

### 1)地貌

地貌对干旱气候条件下盐渍土的形成有着深刻的影响。从察尔汗盐湖周边的地貌类型看,察尔汗盐湖位于昆仑山、祁连山和阿尔金山群山环抱的内陆盆地中间最低洼凹陷区,南北平均海拔 4000m 以上,察尔汗盐湖平均海拔 2700m,湖心海拔 2200m。盐湖盆地为半封闭型,由格尔木河等内陆河流与上游地下水一起挟带周边山区易溶盐分沉积而成,积盐过程强烈,地下水埋藏浅,矿化度高,地层储盐丰富。

### 2)工程地质

察尔汗盐湖的形成一方面是由于数千万年前青藏陆地隆起抬升导致古海洋海陆变迁,海水盐分蒸发沉积;另一方面,察尔汗盐湖周边山脉多岩石、岩层裸露,经历了数千万年的地质年代,风吹、日晒、雨淋和地下水的侵蚀、淋溶、冲刷等风化作用。盐分等矿化微量元素不断析出并由风力、水力运移到下游,补充沉积形成盐湖。

3）水文地质

内陆盆地周围水系基本上无排泄出路,地表水和地下水均汇流于盆地之中。如柴达木盆地的柴达木河、格尔木河等均汇流于盆地中心低洼地区。盆地因地表水补给使地下水位升高,为毛细水上升创造了条件,土层盐渍化程度高。

4）气候条件

察尔汗盐湖四周高山环绕,具有强烈的大陆性气候特点,降水稀少,蒸发量大,气温变化剧烈,成为我国最干旱的地区。

(1)降水稀少,蒸发量大:察尔汗盐湖年降雨量约为25.1mm,但蒸发量极大,达3000mm以上,相对湿度只有40%左右。含盐土层在强烈蒸发作用下,加速地下水毛细水上升运动,地表以下盐分通过毛细水作用聚积地表及浅层土中,水分蒸发,盐分集结。

(2)气温变幅大:柴达木盆地年均气温4.3℃,极端高温35℃,以察尔汗、格尔木为热中心;极端最低温-33.6℃,以格尔木为冷中心,最冷月(1月)平均气温-22.3℃,最热月(7月)平均气温24.9℃,最大日温差达到30.5℃。剧烈的气温变化,不仅加速了盐类的运移,同时改变着盐类的熔点和冰点,影响土的工程性质。如硫酸盐渍土,随着温度变化而发生相态的转变破坏着土的结构。

(3)风大、风多,日照时间长:柴达木盆地多风且风力较大。日照时间长,全年日照一般在2500~3000h以上,使得地表蒸发和植物蒸腾作用加剧,盐渍化临界深度加深,地下水矿化度间接增大,这也是盐分聚集的主控因素之一。

5）湖泊、沼泽退化

由于干旱地区的环境变迁与气候变化,促使一些内陆湖泊与沼泽退化或干涸,而变为大片的盐渍土和岩盐。

## 1.2.5 盐渍土分布状况

通过对察格高速公路的工程地质调查和勘探,摸清了该区域盐渍土类型、盐渍化程度,以及盐渍土分布情况,并对该工程沿线盐渍土进行区域划分:

（1）区域盐渍土类型以氯盐型过盐渍土为主，仅 K612+750～K615+250 段为中盐渍土。控制深度内土层主要由有机质黏土（主要分布在盐湖区北部，路线起点）、黏土、低液限粉土、粉质细砂和盐晶层组成；自路线起点（南端）至盐湖中心（K601+500），盐晶层由多层向单层过渡直至消失；液化土层分布在 K614+250～K616+750，主要为饱和粉土质细砂和含粉土细砂，液化等级为轻微液化。

（2）地下水由表层潜水和承压卤水层组成，表层潜水水位高度为 0～2.5m；K585+000～K603+400 承压卤水层由 2 层向 1 层过渡直至消失，承压卤水层水头高度为 2.0～5.0m；地下水和土均对钢筋和混凝土具有强腐蚀性。

（3）根据工程地质分区原则，结合盐湖区域地质工程特性和岩土特征，公路盐湖段工程地质分区划分：K585+000～K603+400 为湖相及化学沉积区（A 区），K603+400～K606+250 为湖相沉积区（B 区），K606+250～K617+250 为滨湖相沉积区（C 区）。

综合考虑项目区域地质构造、地形地貌、水文条件、岩土类型及特征等因素，在工程地质分区的基础上，划分出项目区域工程地质分区，详见表 1-1。

项目区域工程地质分区评价表　　　　表 1-1

| 工程地质分区 | 工程地质亚区 | 路基类型（段） | 里程桩号 | 合计长度（m） | 工程地质特征及评价 |
|---|---|---|---|---|---|
| 湖相及化学沉积区（A 区） | 盐晶土亚区（A1 亚区） | 氯盐过盐渍土路基段 | K585+000～K589+469.6，K595+869.6～K597+100 | 5700.0 | 地貌类型为湖积平原，地势平坦，第四系沉积层厚度巨大，在千米以上。本段控制深度内地层为盐晶、有机质黏土和黏土层，呈互层状产出，地层厚度不一，均为氯盐型过盐渍土。控制深度内有三层地下水，表层为潜水，第二及第三层为承压卤水，水头 2.0～5.0m。地下水和土均对混凝土具强腐蚀性。本段盐晶分布较广，从起点的多层盐晶向 K597+300 的单层盐晶过渡，且厚度逐渐变薄，在控制深度内最多揭露四层盐晶，最大揭露厚度 10.30m，一般厚度 1.0～10.0m 不等。线路起点至 K597+300 地表分布厚度 0.50～8.40m 不等的盐壳，大部分被人工清除，局部有残留 |

续上表

| 工程地质分区 | 工程地质亚区 | 路基类型（段） | 里程桩号 | 合计长度（m） | 工程地质特征及评价 |
|---|---|---|---|---|---|
| 湖相及化学沉积区（A区） | 盐晶土亚区（A1亚区） | 盐田卤水池路基段（氯盐过盐渍土） | K589+469.6~K594+697.1，K595+179.1~K595+869.6 | 5918.0 | 地貌类型为湖积平原，地势平坦，第四系沉积层厚度巨大，在千米以上。本段为盐湖钾肥厂盐田，控制深度内地层为盐晶、有机质黏土和黏土层，呈互层状产出，地层厚度不一，均为氯盐型过盐渍土。控制深度内有2~3层地下水，表层为潜水，第二及第三层为承压卤水，水头2.0~5.0m。地下水和土均对混凝土具强腐蚀性。本段盐晶分布较广，从该段起点的多层盐晶向K596+048的单层盐晶过渡，且厚度逐渐变薄，在控制深度内最多揭露三层盐晶，最大揭露厚度10.20m，一般厚度1.0~10.0m不等。本段地表分布厚度0.50~8.40m不等的盐壳，大部分被人工清除，局部有残留 |
| | | 桥梁段 | K594+697.1~K595+179.1 | 482.0 | 盐湖集团专线铁路大桥地处察尔汗盐湖，地表无植被。地势开阔，地形平坦。地层岩性为黄褐色、灰黄色的高纯度的盐晶和黏土互层产出，厚度不一，变化较大。盐晶：灰白色，中密~密实，砂砾状结构，含盐量一般在90%以上，以氯盐为主，次为硫酸盐，含少量泥质，为氯盐型过盐渍土，在垂直方向上有2层石盐层（盐盖）分布，盐盖厚度2.4~5.8m不等。黏土呈硬塑状，工程性能一般。桥址区无影响桥址稳定的不良地质作用，最大冻深105cm，标准冻深88cm。桥址区土体及地下水对混凝土、钢筋具有强腐蚀作用 |
| | 细粒土亚区（A2亚区） | 氯盐过盐渍土路基段 | K597+100~K597+816.6，K597+930.6~K600+099.6，K600+283.6~K601+802.0，K601+952.1~K603+400 | 5851.9 | 地貌类型为湖积平原，地势平坦，第四系沉积层厚度巨大，在千米以上。本段控制深度内地层主要以黏土为主，其中K601+500~K603+700为低液限粉土，中间夹有薄层盐晶、局部揭露有机质黏土，表层为薄层盐壳，均为氯盐型过盐渍土。黏土：湿~饱和，软塑~硬塑态，干强度中等，揭示厚度9.0~11.20m，下部黏土层未揭穿，工程性能一般。控制深度内地下水有两层，上部第一层为表层潜水，水位0.40~1.50m，第二层为承压卤水，水头2.0~5.0m。地下水和土均对混凝土具腐蚀性 |

续上表

| 工程地质分区 | 工程地质亚区 | 路基类型（段） | 里程桩号 | 合计长度（m） | 工程地质特征及评价 |
|---|---|---|---|---|---|
| 湖相及化学沉积区（A区） | 细粒土亚区（A2亚区） | 桥梁段 | K597+816.6~K597+930.6 | 114.0 | 察尔汗盐湖地貌，地表无植被。地势开阔，地形平坦，最大地面纵坡度0.09°（0.1%）。控制深度内地层岩性以稍密~中密粉土为主，厚度较大，中部夹有薄层盐晶，地表有0.05~0.10m盐霜。工程性能一般。桥址区无影响桥址稳定的不良地质作用，最大冻深105cm，标准冻深88cm。桥址区土体及地下水对混凝土、钢筋有腐蚀作用 |
| | | | K600+099.6~K600+283.6 | 184.0 | |
| | | | K601+802.0~K601+952.1 | 150.1 | |
| 湖相沉积区（B区） | 细粒土亚区（B1亚区） | 氯盐过盐渍土段 | K603+400~K606+250 | 2850.0 | 地貌类型为湖积平原，地势平坦，第四系沉积层厚度巨大，在千米以上。本段控制深度内地层为粉土，湿~饱和，软塑~硬塑态，干湿度中等，揭示厚度1.70~11.70m，工程性能一般。控制深度内地下水为表层潜水，水位1.40~1.60m。地下水和土均对混凝土具强腐蚀性 |
| 滨湖相沉积区（C区） | 粗粒土亚区（C2亚区） | 氯盐过盐渍土路基段 | K606+250~K607+250，K607+750~K612+750，K616+750~K617+250 | 6500.0 | 地貌类型为湖积平原，地势平坦，控制深度内地层为含粉土细砂或粉土质细砂，稍湿~饱和，稍松~中密，工程性能一般，揭露厚度8.50~12.6m，未揭穿，局部夹粉土层，其中K615+250~K616+750段盐渍土具有轻微液化性，表层有0.02~0.05m的盐霜。盐渍土类型为氯盐型过盐渍土，地下水埋深较浅，为孔隙性潜水，揭露1.40~2.50m，最深为3.0m。地下水和土均对混凝土具强腐蚀性 |
| | | 氯盐或亚氯盐中盐渍土路基段 | K607+250~K607+750，K612+750~K615+250 | 3000.0 | 地貌类型为湖积平原，地势平坦，控制深度内地层为粉土质细砂，稍湿~饱和，稍松~中密，工程性能一般，揭露厚度8.50~9.60m，未揭穿，其中K614+250~K615+250盐渍土具轻微液化性。表层有0~0.05m的盐霜。盐渍土类型为氯盐型中盐渍土，地下水埋深较浅，为孔隙性潜水，揭露厚度2.20~2.50m。地下水和土均对混凝土具强腐蚀性 |

续上表

| 工程地质分区 | 工程地质亚区 | 路基类型（段） | 里程桩号 | 合计长度（m） | 工程地质特征及评价 |
|---|---|---|---|---|---|
| 滨湖相沉积区（C区） | 细粒土亚区（C1亚区） | 氯盐过盐渍土路基段 | K615+250～K616+250 | 1000.0 | 地貌类型为湖积平原,地势平坦,控制深度内上部地层为低液限粉土,稍湿～湿,软塑～硬塑态,揭示厚度0.50～1.60m,表层有0.02～0.05m的盐霜,属高压缩性土,含白色粉末状盐,本层具溶陷性,分级溶陷量小于7.0cm;下部为细砂（含粉土），稍松～中密,揭示厚度细砂（含粉粒），稍湿～饱和,稍松～中密,具轻微液化,工程性能一般,揭露厚度8.50～9.60m,未揭穿。盐渍土类型以氯盐型过盐渍土为主。地下水埋深较浅,为孔隙性潜水,揭露厚度1.00～1.50m。地下水和土均对混凝土具强腐蚀性 |

## 1.3 相关技术研究现状

### 1.3.1 盐渍土地区路基水盐迁移与阻断技术

为隔断向上迁移的水分和盐分,避免非盐渍土路基盐渍化,常在路堤一定部位设置隔断层,隔断层材料主要有砾卵石、河沙或风积沙等透水性材料和土工布、复合土工膜等不透水性材料。砾卵石和河沙等透水材料厚度一般为30～40cm,起着隔断毛细水和盐分的作用,同时还承受上部传来的车辆荷载并将荷载传递给下层路基和地基,砾卵石和河沙应具有足够的压实度和隔断毛细水的能力。

盐渍土工程实践始于20世纪70年代,铁道部相关科研设计单位、新疆交通科学研究院、青海省公路科研勘测设计院和长安大学等科研院所分别对这类土的工程特性、成因、分布、防治措施等开展了相关的试验和理论研究,并重点对其毛细水作用与冻结深度等进行了大量的试验分析。霍玉霞等人采取两种方法(直接观测法和卡明斯基法)对比测定了一般路基土的毛细水上升高度,明确了这两种测定方法的使用范围,鉴定了这两种测定方法中毛细水上升高度本质上的不同。此外,在比较分析两种测定数据结果的基础上,进一步提出了两者之间的关系式,并确定了前者方法中毛细水上升高度和压实度之间的关系式。董斌、张喜发、李欣、张冬青等人分别开展了这类土的水分和盐分上升高度室内试验,最终绘制出毛细水、盐分上升高度与时间关系曲线,并对其影响因素进行了详细的分析。赵中党等人以级配砾石为研究对象,比较了两种水分(淡水、盐水)在不同条件下(敞开或封闭)毛细水上升高度的差异,并提出了影响毛细水上升高度的主要粒组与隔断层的合理厚度。高江平、杨荣尚等人通过对西安黄土中掺加芒硝和氯化钠的方法制备的盐渍土进行单项降温试验,得出了易溶盐向低温端迁移的结论,并分析了不同因素(初始干密度、含盐量、含水率以及上覆荷载)对盐分迁移量的影响程度。包卫星、谢永利、杨晓华等人通过对新疆喀什地区十余处天然盐渍土进行冻融循环试验,研究了天然盐渍土在冻融循环过程中水分和盐分迁移规律及抗剪强度(黏聚力和内摩擦角)的变化,提出了经过多次冻融循环,低液限黏土试样水分和盐分自下而上迁移,试样黏聚力自下而上线形减小,内摩擦角呈 S 形分布。含砂低液限黏土试样盐分向冷端迁移,试样黏聚力和内摩擦角均呈反 S 形分布。邴慧、何平等人通过不同冻结方式下盐渍土水盐重分布规律的室内试验,分析了季节性冻土区冻融循环条件对普通土或盐渍土盐分迁移的影响。张喜发、陈义民等人以季节性冻土区十余种土样为研究对象,采用竖管法试验明确了毛细水上升高度与冻胀之间的关系,从而确定了季节性冻土区不同土类的冻害有效高度。王志伟、薛明、左正明等人通过察尔汗盐湖地区铁路与公路建设与养护工程经验,介绍了盐渍土的物理力学性质和病害成因,提出了提高路基高度、路基基底增设毛细水隔断层等措施,并进行了工程实践。

在公路路基水盐迁移与路基阻盐技术方面,研究多集中在室内模拟毛细水和盐分迁移规律,已有研究成果呈现碎片化的特点,鲜有针对水盐迁移对路基路用性能影响的试验研究;西北部盐渍土地区昼夜温差与季节性温差较大,温度梯度对路基水盐迁移影响显著,也是察尔汗盐湖地区路基发生盐胀、冻胀等病害的主要原因之一,温度梯度作用下非饱和土路基水盐迁移研究较少;降雨入渗是路基发生失稳的主要外在因素,已有的少量研究主要针对降雨对非饱和土路基含水率的影响进行分析,在降雨入渗对路基稳定性(沉降、位移、基底应力等)影响以及降雨对路基影响范围等方面研究不够全面。

## 1.3.2 岩盐地基与路基处治应用技术

对于岩盐工程应用的认识始于青藏铁路,青藏铁路穿越察尔汗盐湖约 32km,其中约 2.76km 从岩盐和岩溶区穿越。根据岩盐厚度、密实程度和岩盐溶蚀程度,采用了不同的地基处理措施：①对于埋深较浅厚度小于3.5m、结构疏松且溶蚀严重的地基段，采用将岩盐层全部挖除，抛填片石或换填砂砾石至原地面线以上0.3m，路基采用砂砾石填筑，保证路基高度大于1.0m；②对于厚度3.5~9.5m、结构致密溶蚀发育的岩盐层，挖除表层1.0m厚岩盐，压实整平后铺土工布做隔水处理，其上铺筑卵砾石土至原地面；③对于厚度大于9.5m、结构致密且溶蚀轻微的岩盐层，仅挖除潜水面以上的盐壳（约0.5m厚），换填卵石或随时，路基采用砂砾石填筑，高度大于1.0m；④对于岩盐地层中发育的孔洞、溶洞，采用盐块、卵砾石或风积沙充填等措施；⑤基床以下路堤全部采用岩盐+浇洒卤水填筑，基床采用砂砾石填筑。青藏铁路察尔汗盐湖段于1982年通车运营，工程案例和研究成果说明在少雨干旱的西北内陆盐湖区利用天然岩盐地基作为路基持力层是可行的。

基于前期相似的工程经验，2008年开始建设青藏铁路西格段二线，依旧采用路堤的形式通过察尔汗盐湖路段，并设置60cm厚的两组填料和复合土工膜隔断层在该路段基床表层，基床表层以下仍主要利用NaCl岩盐作为填筑材料。经多年运营期监测，路基与地基满足列车提速后刚度、强度与沉降的要求。

哈密至罗布泊铁路所经罗布泊盐湖区地形平坦、开阔，路基高度约为2.0m，该铁路于2012年建成运营。罗布泊岩盐主要由全新统和上更新统岩盐组成，盐壳厚度一般为0.1~0.6m，岩盐多为粉砂和钙芒硝晶体充填，成分主要包括钙芒硝、石盐等，局部还夹带少量的薄层石膏，该区域含盐量在70%~90%范围内。中铁西北铁路科学研究院、中国铁道科学研究院结合哈密至罗布泊铁路，针对岩盐盐胀、盐溶与松胀等不利工程特性，通过路基试验路分析，认为岩盐层采用重型碾压法压实后可作为路基基底，验证了利用岩盐作为路基填料的可行性，并分析了岩盐路基本体的变形特征。

赵文对哈罗铁路罗布泊岩盐地基进行浅层平板荷载试验，试验采用先加载1200kPa沉降稳定测量后卸载稳压至400kPa，向基坑内注入淡水维持荷载24h，测量其最大下沉量。试验结果表明，注入淡水24h后，钙芒硝层（含粉质黏土、粉细砂）地基基本承载力为450kPa，变形模量22MPa，最大沉降量0.27~2.10mm；粉质黏土（含钙芒硝）地基基本承载力为400kPa，变形模量20MPa，最大沉降量0.33~0.69mm。地基承载力高、沉降量小，满足路基对地基承载力的要求。

林涛、任金龙、伊小娟等人依托罗布泊罗中铁路专用线工程，对罗布泊盐湖区岩盐是否可用作基础持力层和路基填料进行了探讨。试验分析结果表明，在降雨量小、地下水为饱和卤水的环境中，岩盐可用作铁路基础持力层和路基填料。

原国道215线察尔汗盐湖段—青海万丈盐桥试验路,一般路基高度1m,地基处理采用保留盐壳层并将表面松散盐皮撒卤水碾压密实,路基全部采用岩盐填筑,在路床下设置编织袋隔断层,该公路自1956年运营至今。依托该项目设立了西部交通建设科技项目"青海万丈盐桥处治技术研究"。

哈密至罗布泊二级公路于2004年开工建设,2006年竣工。该公路罗布泊盐湖段岩盐地层厚度大于0.4m。工程建设期经检验,其力学强度和密度等都能满足路基稳定性要求,考虑到岩盐层优良的隔水性能,以及承压水矿化度较低时对上部岩盐溶蚀较小等因素,路基基底未作特别处理,仅对岩盐表层进行破碎并分层碾压至所要求的密实度。哈罗公路路基高度一般为0.5~0.8m,采用岩盐进行填筑。目前,该公路运营状况良好。

宋亮对新疆哈密至若羌公路罗布泊盐湖区段过盐渍土和岩盐工程特性与路用性能进行研究,分析了盐湖区段盐渍土类型、盐渍土压实度与无侧限抗压强度的关系、盐胀与温度和含水率的关系;结合盐渍土和岩盐SEM(Scanning Electron Microscope,扫描电子显微镜)试验,分析了盐渍土和岩盐的溶陷性。研究成果提出,过盐渍土或岩盐路段地基可直接作为公路天然地基,仅清除表层松散盐壳层,对于地下水饱和矿化度状态的盐壳层予以保留,作为地下毛细水的天然隔断层和公路地基。研究还提出了对利用当地盐渍土和岩盐作为公路路基填料的可行性建议。

冯忠居、乌延玲、成超等人通过室内试验,对板块状盐渍土的盐胀和溶陷等特性进行了研究。研究结果指出,板块状盐渍土通常属于溶陷性土,在进行这类盐渍土地基处理时,其溶陷性不容忽视;板块状盐渍土中$Na_2SO_4$含量与起胀温度、析出区间、最终盐胀力密切相关,一般而言,$Na_2SO_4$含量越少,盐渍土的起胀温度越滞后,最终盐胀力也越小。研究结果说明,荷载的存在能够在一定程度上显著限制盐渍土的盐胀作用。

为揭示板块状盐渍土的工程特性及其处治应用,冯忠居、成超、王廷武等人对新疆地区板块状盐渍土进行了微结构与无侧限抗压强度特性研究,通过大量的SEM试验和抗压强度试验得出,板块状盐渍土主要以氯盐为主,含量超过8%,盐渍土含盐量越高,结构越致密,其无侧限抗压强度越大。板块状盐渍土强度较高,具有岩石的强度特征。

为解决新疆红山口至鄯善高速公路沿线板块状盐渍土工程应用问题,冯忠居、刘小飞、乌延玲、王廷武等人通过渗透试验、无侧限抗压强度试验、CBR试验和承载力试验,对新疆板块状盐渍土路用性能进行了研究,研究结果表明,粗粒、细粒盐渍土降雨入渗垂直深度处理范围采用80cm和50cm,即可满足工程要求;板块状盐渍土的强度高,达到了岩石的强度标准;其CBR值高达120%,回弹模量大于70MPa,弯沉值较小,满足了高速公路对地基指标的要求。在工程应用中控制淡水或低矿化度水的侵入,板块状盐渍土可作为高速公路天然地基。

综上分析,岩盐地基与路基处治应用技术始于工程实践,始于青藏铁路建设,在其后的青藏铁路西格段二线、哈罗铁路建设中采取相同的岩盐地基与路基处治措施,即挖除表层0.5~1.0m结构松散、溶蚀发育的盐壳层,换填片石、卵砾石、砂砾石等材料,基床以下路堤采用岩盐+浇洒卤水填筑。公路工程方面,岩盐地基与路基工程应用实例较少,应用比较谨慎,如哈密至若羌公路罗布泊盐湖区段、红山口至鄯善高速公路等,且多属于试验性工程。公路路基下伏岩盐夹层地基沉降与承载性能方面的研究成果更是凤毛麟角。近年来,以长安大学为代表的单位逐渐开展了对盐渍土、板块状盐渍土、岩盐工程性质与路用性能的研究,取得了一定的成果。在我国察尔汗盐湖地区,地表或地层中岩盐夹层(或板块状盐渍土)普遍分布。目前,实际工程中,对岩盐夹层多采用挖除换填或复合地基处理的方式,对岩盐夹层地基的沉降和承载性能缺少信心,对岩盐夹层承载力不予考虑或破坏处理,造成了较大的工程浪费,得不偿失。

## 1.3.3　地基-路基-路面协同作用分析

国内外学者在地基-路基-路面协同作用方面的研究主要集中在地基或路基变形对其上路面结构应力的影响。谈至明、姚祖康等人提出了基于弹性力学理论位移函数法,建立了可以得出解析解答的弹性地基上具有弹性夹层的双层板力学模型,分析软土地基不均匀沉降所引起的铺面结构层内的应力。

郑传超以两边简支 Winkler 地基上的板条在轴载作用下的弯曲问题为例,详细分析了地基的非均匀性对刚性路面板弯应力的影响,将非均匀地基上板弯的分析结果与均匀地基上板弯分析结果进行了对比,并分析了不同形式的非均匀地基及其参数对板弯应力的影响,分析结果表明,非均匀地基将导致板弯应力的突变,是引起路面结构破坏的主要原因之一。

郑传超针对柔性路面结构,将行车荷载引起的路基沉降量计算模型化为弹性层状体系下路基的压缩问题,运用分层总和法,分析了路基沉降的诸要素,提出了降低路基沉降的途径。其中,包括:增加底基层的厚度或采用等级高的路面结构;注意路面结构的层间结合,做到层间连续;提高路基土的压缩模量,严格控制路基土的压实。

廖公云、黄晓明等针对软土地基的特点,基于弹性层状多层体系理论和国外容许应变设计方法,设计了两种具有级配碎石和较厚沥青层的沥青路面结构、一种常规的半刚性基层沥青路面结构;运用ABAQUS有限元程序分析了3种路面结构中路堤的沉降、结构层底面的附加应力等力学响应;采用灰色关联决策理论,确定了3种路面结构的软土地基适应性以及底基层合理的弹性模量。

张嘉凡、张慧梅等人应用弹性力学理论对路基不均匀沉降引起的附加应力进行多层路面结构体系解析法分析,分析了路基的不同沉降量对路面结构附加应力的影响。

曹东伟、胡长顺等考虑路基融沉对路面结构的影响,使用有限元法和解析法分析了多年冻土地区路基融沉引起的路面附加应力,将两种方法的计算结果进行了对比,并给出了附加应力计算的解析表达式。

姬杨蓓蓓、马骉等人采用有限元方法建立了路基发生融沉变形时沥青路面结构的轴对称计算模型,分析了融沉变形对最大拉应力点位的影响,讨论了融沉盆形状、半径、融沉深度等因素对沥青路面结构面层和基层最大拉应力的影响。

周虎鑫、陈荣生等人从公路路面功能性和结构性两个方面提出了公路软土地基工后沉降指标的确定方法,确定出不均匀沉降指标为0.4%,即将不均匀沉降控制在0.4%以内,既不会导致路面功能性损坏,也不会使路面结构解体而破坏。因此,可以认为:0.4%的沉降坡差作为不均匀沉降的指标是合理的。

何兆益等提出了软土地基不均匀沉降对路面结构产生附加应力的分析模型,采用平面应变八节点等参数有限元法分析了不同沉降值对路面响应的影响,并提出了软土地基不均匀沉降的指标容许值。

朱学雷运用有限元软件ANSYS进行了平面有限元分析,探讨了软土地基不均匀对路面结构性能的影响,其中假定为平面应变问题,采用实体单元PLANE82进行离散处理,面层、基层和底基层均视为线弹性材料,土基视为Drucker-Prager模型。

王新岐指出,由于软基不均匀沉降产生的附加应力在沥青混凝土面层为压应力,而在基层内为拉应力,如果由于不均匀沉降产生的附加应力和荷载应力之和超过路面材料的强度,必然引起路面结构的破坏。他利用平面八节点等参元编制了能够进行已知位移作用下路面应力分析的有限元程序PMFEP,针对天津港保护区西三路、西四路沥青混凝土路面结构进行了弯拉应力计算,分析了软土地基路面破坏的原因,并提出了合理的建议。

郑柯研究广西平(果)百(色)公路田阳境内K1516~K1531路段路面破坏特别严重的现象,发现路基土大部分为膨胀土,而膨胀土的均匀胀缩如果超过一定的幅度,就会对路面带来纵裂和不均匀沉陷的破坏。

翁剑成以广西平(果)百(色)二级公路为工程背景,着重分析了膨胀土路基对路面破坏的影响,认为广西平百公路的路面破坏除了与路面面板厚度、面板强度、基层厚度、基层强度等因素有关外,也与膨胀土路基较差的稳定性和不均匀变形密切相关,并详细阐述了膨胀土路基对路面破坏的作用机理。

邱延俊分析了路基土的永久变形对柔性路面结构中两种常见的损伤模式(开裂、车辙)的影响,在求路基土的永久变形时,采用了非线性弹性有限元路面结构分析程序ARKPAVE,基层材料为应力硬化模型,路基土为应力软化模型,面层材料需设定温度以考虑温度对沥青混凝土模量的影响。计算分析表明,路基土永久变形后将在沥青混凝土底部形成一定范围的空隙,未闭合路面底部和粒料层顶部间的空隙将使沥青混凝土面层底面产生很大的附加应力。

王金昌、朱向荣基于动力学和弹塑性力学理论,采用轴对称有限单元法系统地分析了软土地基上半刚性基层沥青混凝土路面结构体的工作性状。

余学义、赵兵朝、李瑞斌等人针对开采引起地表沉陷对高等级公路的危害,分析了地下开采引起地表移动变形规律,建立开采引起公路路基与路面的协同作用理论模型,确定了起关键作用的协同作用参数,分析了开采影响区的路基与路面协同作用的关系,并简要地分析了应用协同作用计算理论进行矿区公路设计和保护开采的方法。

卢正、姚海林等人考虑汽车运动荷载,基于实测路面不平整资料,对影响动荷载的因素进行了分析,提出了动力设计荷载参数的建议值。通过 Odemark 模量和厚度当量假定,将公路结构简化为 3 层体系,并利用弹性动力学原理及 Fourier 变换方法获得了路基顶面动变形的计算式;结合现有规范关于路面弯沉控制的要求,考虑路面路基的相互作用及协调变形,给出了路基顶面的动变形控制标准和确定方法,同时依据此标准提出了一种路基动变形控制设计的方法。

张光杰采用有限元分析方法,考虑旧路路面结构利用与不利用两种典型工况,对拓宽公路因新旧路基不协调变形引起的脱空问题及其对路面结构的影响进行了数值分析。得出旧路面不利用时,最大拉应力位于拓宽路基所处路面中部的面层,脱空区出现在新路基边缘;旧路面结构利用时,最大拉应力位于新旧路面的结合处与旧路面的顶面,脱空区出现在新旧路基结合处与路面边缘的结论。

综上分析,对于公路地基路基协同沉降与沉降标准方面,目前国内外许多学者在研究地基沉降变形对路面结构影响时,忽略了路堤作为中间结构的影响。路基路面一体化设计实质上是将路面从路基(包括地基和路堤)中脱离出来,在假设条件下进行研究与设计(理论上以路床顶面竖向压应变和回弹模量达到与路面结构设计的一体化),未将地基因素和地基与路基协调变形的因素共同考虑。

## 1.4 本书主要内容

(1)针对盐渍化软土地基处理过程中出现的问题,结合察尔汗盐湖区特殊的工程地质水文条件,论证各种盐渍土软土地基处理方法的适用性,提出察尔汗盐湖区盐渍化软土地基处治方案;以散体材料桩为研究对象,采用数值仿真技术,建立有限元模型,分析路基结构形式(高度、宽度等)、地基处理宽度、不同桩间距、不同桩身模量和不同土体变形模量等因素影响下复合地基的承载特性与沉降特性等工作性状;根据有限元计算结果和现场监测资料,从桩土(盐)材料性质、桩土变形协调、荷载传递、应力分担等角度探讨桩土相互作用机制,完善散体材料桩复合地基设计计算理论,确保设计方案对地基加固和控沉的可靠性。

(2)针对岩盐夹层地基处治工程遇到的问题,通过室内试验和现场试验,分析岩盐的成分、强度特性、腐蚀特性、溶陷特性与微观结构等工程特性,为岩盐夹层作为公路地基应用提供研究依据;借助现场荷载试验和数值模拟等方法,揭示降雨浸水对天然盐壳层地基和粒料桩复合地基承载力的影响规律,对比分析不同路基高度情况下岩盐夹层厚度与埋深对地基沉降、地表水平位移与地基应力的影响。

(3)针对盐分随毛细水向上迁移易造成公路路基次生盐渍化的问题,通过室内试验与数值模拟等方法,分析不同外界因素(毛细势、降雨入渗、温度场梯势)作用下公路路基的稳定性,揭示毛细水和盐分向路基上部和路面结构层内迁移规律,明确砾类土路基降雨入渗影响范围,探明区域环境影响下路基次生盐渍化高度,以及水盐迁移对路基路用性能的影响。

(4)针对公路路基阻盐措施技术水平滞后的现状,以低液限粉土路基和砾类土路基为研究对象,通过室内试验对比分析不同设置部位的隔断层对毛细水和盐分的阻断效果,提出路基隔断层设置技术;从路基高度设计、隔断层材料选用、隔断层设置等方面完善路基隔断层设计方法,提出砾石隔断层施工工艺;从盐湖区公路路堤最小高度设计、路基填料控制、隔断层铺筑、护坡道和排碱沟设置等角度出发,提出适用于察尔汗盐湖区的公路路基阻盐技术方案,并验证路基水盐迁移阻断技术效果。

(5)针对路堤结构传递地基沉降变形机理不明确等问题,通过建立数值分析模型,在考虑路基和路面分层填筑过程中地基渗透固结前提下,研究在不同设计参数组合下地基与路基横断面上协同沉降变形规律、差异沉降规律,建立地基-路基协同沉降定量关系;以地基-路基协同沉降关系为基础,结合实际工程不均匀沉降监测结果,分析地基、路基协同沉降变形下路面结构层应力响应,并从满足路面结构性和功能性要求出发,提出路基与地基差异沉降标准。

(6)根据察格高速公路地基处理方式,有针对性地在不同地基处理段对地表沉降、土压力、地下水位、地基土体湿度进行科研观测,提出盐渍化软土地基路基稳定性长期监测系统的布设与监测方法,验证岩盐夹层地基与复合地基工程应用效果,确保路基的稳定性。

# 第 2 章
CHAPTER 2

# 察尔汗盐湖区盐渍化软土地基加固控沉技术

## 2.1 引言

察格高速公路大部分路段处于察尔汗盐湖区,天然地表下 1m 范围内,土体含水率接近或达到液限,天然孔隙比为 0.8~1.5,抗剪强度较低,盐渍化软弱土层分布较多,其地基承载力一般在 60~122kPa 之间,修建公路路基前需要处理地基。根据我国察尔汗盐湖地区既有公路现状调查情况,与其他地区一般地基的工程地质条件相比,察尔汗盐湖区公路地基处理条件更具复杂性和特殊性,使其在修筑过程中遭受到许多技术难题,特别是在盐渍化软土地基处理方面:①由于盐渍土对钢筋、混凝土和其他建筑材料等有腐蚀性,及其本身有别于一般软土的物理力学性质,使得盐渍化软土地基处理选用的材料和技术有了一定的约束;②由于粒料桩复合地基具有施工简便、造价低、效果优良等特点,为盐渍化软土地基处理提供了一种行之有效的方法,但粒料桩在本身材料上属于散粒体,不具有微观上的介质连续性,其桩土作用性状、沉降与桩土受力等与柔性桩、刚性桩存在较大不同,在上部路基荷载作用下,桩土作用性状的表现形式及桩周摩阻力的发挥机制尚不明确。

鉴于此,本章将针对盐渍化软土地基处理过程中出现的问题,结合察尔汗盐湖区特殊的工程地质水文条件,论证盐渍土软土地基各种处治方法的适用性,提出察尔汗盐湖区盐渍化软土地基处治方案。以散体材料桩为研究对象,采用数值仿真技术,建立有限元模型,系统分析复合地基桩土作用性状、桩土应力承担、复合地基沉降及影响因素,并对砾石桩复合地基沉降、承载力与桩土应力比计算方法进行讨论,完善散体材料桩复合地基设计计算理论,形成盐渍化软土地基加固控沉技术。

## 2.2 盐渍化软土地基处理方法适用性分析

盐渍化软弱地基处理的主要目的是提高地基承载力,使其满足设计要求,并采取有效的隔断处治方案,阻止毛细水上升,避免对路床和路面结构的危害,保证路基的稳定。目前国内外盐渍化软土地基处治方法主要有盐岩填筑法、提高路基法、换填垫层法、强夯法、冲击碾压法、强夯置换法、粒料桩法等。根据察尔汗盐湖地区特殊的工程地质水文情况和区域气候条件,盐渍土的种类和软土层厚度不一,盐渍化软弱地基处理需采用不同的处治方法,不同处治技术的适用性也有所不同。

## 2.2.1 盐岩填筑法

易溶盐含量大于或等于20%的盐渍土或盐称为岩盐,岩盐是盐晶在一定环境和压力下形成的聚合物。盐岩填筑法是指地基表面清表,路堤采用岩盐分层填筑,压实后洒布饱和卤水,待卤水蒸发完成岩盐结晶整体强度形成后,再铺筑下一层岩盐,如图 2-1 所示。

图 2-1 岩盐填筑路堤

但察格高速公路路基初步设计未采用盐岩填筑,主要出于以下几点考虑:

(1)不符合规范规定。

根据《公路路基设计规范》(JTG D30—2015),强、过盐渍土不可用作高速公路路基填料,而察尔汗盐湖氯盐过盐渍土的含盐量最高可达 90% 以上,因而不能用于高速公路路基填筑。

(2)雨水下渗及地下水的影响。

由于盐岩含盐量高,在水作用下发生溶蚀现象,盐渍土的溶蚀使得土体的孔隙增加,形成不稳定的结构,在荷载作用下,产生很大的溶陷变形。由于溶蚀后土的孔隙比远大于盐渍土的原始孔隙比,所以溶蚀引起的溶陷远比原始孔隙比下可能产生的地基变形大。通过对 2009—2010 年察尔汗盐湖降雨的观察,7—9 月降雨量较大,盐湖区大部分路段存在积水现象,地表这对盐岩填筑的路堤极为不利。另外,当路基采用岩盐填筑时,边坡及坡脚等临空面易发生雨水淋溶等问题,导致边坡松散剥落。尽管可采用覆盖砂砾土并加铺土工布等措施防止边坡破坏,但砂砾土为透水性材料,不具备隔水作用,土工布虽能隔水,但拼接缝部分仍有渗水的可能性,雨水一旦下渗至岩盐界面,仍然会导致路基边坡溶蚀破坏。

根据工程地质调查,察尔汗盐湖区地下水位较高,全区地下水位高度在 0~3m 之间,大部分段落挖坑见水。盐岩在地下水的作用下也会发生溶蚀,导致路基的沉陷和破坏。

(3)岩盐膨胀的可能性。

工程上对于氯盐盐渍土一般不考虑其盐胀影响,但岩盐为过氯盐渍土,含盐量极高,主要含有 $NaCl$、$MgCl_2$、$CaCl_2$、$MgSO_4$ 等盐分,其中以 $NaCl$ 为主。根据文献《盐渍土地基》的介绍,$NaCl$ 吸水结晶后的体积膨胀率为 130%,而水结冰后的体积膨胀量约为 9%。可见,岩盐中氯化钠盐胀比水结冰冻胀更为严重。项目区蒸发量较大,蒸腾作用明显,因而若采用岩盐填筑路基,则无法避免盐胀的影响。由于氯盐的吸湿性,当空气中水蒸气较多时,氯盐会吸收空气中的水分,然后溶解;当空气干燥时,水分蒸发,氯盐结晶体积膨胀,干湿循环作用导致盐胀病害更为严重。高速公路路面结构层较厚,整体强度较高,岩盐填筑的路基一旦产生盐胀变形,对路面稳定性的影响较大,因而不宜采用岩盐作为路基填料。

(4)岩盐对路面结构层材料的腐蚀。

岩盐中的盐分以氯盐为主,氯盐对于沥青及水泥稳定类材料有一定的影响。不同种类的盐分和不同的含盐量,对沥青材料本身的针入度和软化点指标影响不大,但随着含盐量的增加则延度普遍下降,其中尤以 $NaCl$ 的影响最大,如含量大于 7%,延度下降在一半以上。通常认为,铺筑了沥青路面的道路中路基填料 $NaCl$ 含量应控制在 5% 以下。$MgCl_2$、$CaCl_2$ 对沥青有好的作用,含量可以不受限制。氯盐含量在 3% 以下时,对水泥稳定土类材料是有利的,它能促使材料形成较坚固的结晶,加速硬化过程,并降低冰点,对于提高水稳类材料的强度是有利的。但是,当氯盐含量超过 5% 时,就会对水泥产生腐蚀作用,使得稳定土的密度和水稳定性降低。

从以上分析来看,察尔汗盐湖区高速公路不能采用岩盐作为路基填料。

## 2.2.2　提高路基法

提高路基法即提高路基填筑高度,使上部路床受盐渍影响变弱。其优点是施工方便,缺点是填土过高,行车不甚安全,如果填料控制不严,会使路基次生盐渍化。提高路基法只能用于弱/中非硫酸盐盐渍土地段。

提高路基高度可以延长毛细水的迁移路径,减弱毛细水对路基的影响。提高路基法在弱中盐渍土地区,尤其是在路堤高度较低,风积沙、河沙和砂砾料材料产地偏远的三、四级公路工程中比较适用。提高路堤在减少毛细水影响的同时会增加边坡临空面,增大边坡被雨水冲刷的面积,同时也会增加路堤的不稳定性,对地基的承载力和变形提出更高的要求,显著增加了工程造价。因此,《公路路基设计规范》(JTG D30—2015)明确指出,提高路基法不宜在二级及二级以上的公路工程中采用。

察尔汗盐湖区地势比较平坦,区域内公路路基平均填土高度约为2.0m,路基采用砾石土填筑,现场无料场,需远距离运料,因此,提高路基高度势必会大幅度增加工程造价,同时也影响整个公路的设计。另外,盐湖区地基土为过盐渍土,也不适宜采用提高路基法。

### 2.2.3 换填垫层法

盐渍土地段的过湿路段、池塘、水坑、卤水沟等软弱地基,软弱土层厚度在3m以内时可进行换填处理,以提高地基承载力,消除盐渍化土层对路基的危害,如图2-2所示。换填深度应经过详细调查而定,以使换填后的路堤基底承载力符合设计要求。必要时可在换填土体内或地表铺设土工格栅等材料,增强换填土体的强度。一般情况下,高速公路、一级公路换填厚度不宜小于1.0m,其他等级公路不小于0.5~0.8m。

图2-2 换填垫层法施工

为增加地基的水稳性,同时减少毛细水对上部路基的影响,应采用强度大、无风化、对水不敏感的片石、块石或砾类土等材料分层换填,避免采用细粒料换填,主要是从以下几个方面考虑:

(1)片石强度高、耐腐蚀性好,经压实后形成的地基稳定性好,且不受地表水和地下水侵蚀的影响;片石垫层起到应力分散的作用,减少下卧层的附加沉降。

(2)在毛细水含盐类型、含盐量、温度一定的情况下,毛细水在路基土中的迁移高度和迁移速度主要受土的细粒组含量的影响。细粒组含量越高,土中形成越多的毛细通道,毛细水迁移显著。在片石或砾类土垫层上采用砾类土填筑路基,可以减少毛细水迁移通道的形成,阻止毛细水向上迁移侵蚀路基和路床。

察格高速公路察尔汗盐田卤水池段,地表常年积水,且附近有钾肥厂排放的废弃卤水供应,地基湿软,强夯机及砾石桩机无法进入场区进行施工。综合考虑,该段地基宜采用片块石+砾石土换填方案。

### 2.2.4　强夯法

强夯法是用夯锤从预定的高度自由落下,对地基产生强大的冲击和振动,使地基土压密和振密。强夯法适用于处理碎石土、砂土、低饱和度的粉土和黏性土、杂填土、素填土、湿陷性黄土等地基。对于结构松散、具有大孔隙和架空结构特征的土体,因其土体密实度低,强夯的夯击能量会破坏土体原结构,强烈的冲击力和振动力会减小土的孔隙比,使地基土密实,降低土体压缩性、湿陷性,并提高其强度和地基承载力。对于盐渍土而言,可降低盐渍土地基的溶陷性。

用强夯法处理饱和软土地基时,一般需配合深层排水措施,将较高的地下水位降低到主要加固层深度以下。其主要原因是采用强夯法处理软土地基,地基土的渗透性将决定强夯的加固效果,而饱和粉土、黏性土等细粒土渗透性差,施加强夯能量后土体中的孔隙水无法迅速排出,形成的超孔隙水压力一方面吸收能量,使土体不能得到加固,另一方面侧向作用扰动土体,使地基承载力降低。

根据强夯的作用机理,其提高黏性土、粉土的强度要经历四个过程:①夯击能量转换,使土体产生强制压缩和振密,孔隙水压力上升;②土体液化或土体结构强度破坏;③排水固结压密;④触变恢复并伴随固结压密。但在察尔汗盐湖地区的饱和盐渍土场地,强夯产生的超孔隙水压力只能通过一维单向的渗流形式消散,加固范围内的土层以低液限粉土和黏土、粉土质细砂和盐晶层为主,其渗透系数很小(盐湖区地表1m深度范围内土体的渗透系数为 $2.35 \times 10^{-4} \sim 7.45 \times 10^{-2}$),渗透路径长,另外盐湖地区的地下水是饱和卤水,黏滞性较高,要完成排水固结压密这一过程十分困难。强夯会导致土体结构强度的破坏,而土中的超孔隙水压力无法消散,也会形成"橡皮土"。

根据《盐渍土地区建筑规范》(SY/T 0317—2012)表 5.3.1 和条文说明 5.3.3 的规定:强夯适用于地下水位以上、孔隙比较大的低塑黏性土和砂土。而察尔汗盐湖地区的盐渍土基本为高饱和度状态,且地下水位较高,加固土层深度处于地下水位以下,不宜采用强夯法进行地基处理。

## 2.2.5 强夯置换法

强夯置换法是指强夯时在夯锤冲击形成的夯坑中边夯边填碎石、片石等粗颗粒材料置换原地基土,在地基中形成大直径的粒料桩,桩与周围土体形成复合地基,如图 2-3 所示。由于砂石等散体材料墩的加筋作用,地基中应力向墩体集中,墩体分担了大部分基底传下来的荷载;同时,粒料墩还可作为下卧软土层的良好排水通道,加速软土排水固结,土体抗剪强度不断提高,对墩体的约束不断增强,从而使复合地基的承载力不断提高。强夯置换对软土地基具有加筋、挤密、置换、排水作用,又具有强夯加固动力固结效应,因而可大幅提高地基承载力,减小地基变形。

图 2-3 强夯置换法施工

在地下水位较高的软土及盐渍化软弱土地区,地基土处于饱和或接近饱和状态,排水条件差,用强夯处理起锤困难,不易施工,且由于处理后的地基排水条件差、没有良好的排水通道,从而固结慢,强度恢复期长。所以,在这样的地质条件下使用强夯法就受到限制,而强夯置换法可以不受地下水位的影响,在地基加固的同时形成排水通道,加速土体的固结。强夯置换墩体材料具有良好的耐腐蚀性,特别适用于盐渍化软弱地基的处理。

察格高速公路盐渍化河漫滩路段,地表排水条件差,工程地质层比较单一,主要为低液限粉土和粉土质细砂,天然孔隙比 $e>0.8$,且盐渍化软土地基处于湿~饱和状态,部分路段地基具有液化性,地基处理宜采用强夯置换法,以加速地基土排水固结,提高地基承载力。

## 2.2.6 冲击碾压法

《公路冲击碾压应用技术指南》(交公便字〔2005〕329号)指出,25kJ 三边形冲击压路机处理湿陷性黄土的有效影响深度为 1.4m 左右。冲击压路机对于厚度较薄的湿陷性黄土和具有中~高的软土地基具有明显的处理效果,且具有施工速度快、不受周围环境制约、造价较低等优点。冲击碾压法同样适用于薄层盐渍化软弱地基的处理。对于盐渍化软土地基,冲击碾压可消除地基浅层低液限粉土的高压缩性,使低液限粉土层成为硬壳持力层,起到扩散应力、提高地基承载力的作用。

冲击碾压法是采用冲击压路机对地基土进行冲击碾压,它是一种将静压、冲击和搓揉作用相结合的地基土压实方法,如图 2-4 所示。高振幅、低频率的冲击碾压使工作面下深层土体的孔隙比不断减小,密实度不断增加,受冲压土体逐渐接近于弹性状态,冲击压实机由大功率牵引机和压实轮组成,压实轮有三边、四边、五边和六边形等形状以及实体、空体及可填充式等类型,以冲击能量表示的基本型号为 25kJ,还有 15kJ、20kJ、30kJ 等。

图 2-4 冲击碾压法施工

在察尔汗盐湖区边缘南部,地基表层主要为低液限粉土,稍湿~湿,厚度为 0.8~1.3m,软塑~硬塑,具有中~高压缩性和溶陷性,可采用冲击碾压消除地基土的压缩性和溶陷性,提高地基承载力。

## 2.2.7 粒料桩法

粒料桩法是指利用一定的机械,将砾石、碎石、矿渣等散体材料打入需要处理的地基中形成的桩体。它与桩间土形成复合地基,通过置换、加速排水固结、应力分担等来共同提高地基的承载力,如图2-5所示。粒料桩处理地基深度较深,桩体最小长度一般不小于5m,最大长度可达到20m。当软弱土层厚度较薄时,桩体可以穿过整个软弱土层到达持力层,桩体承受大部分荷载作用(应力分担作用);当软弱土层较厚,桩体不能贯穿整个软弱土层时,桩体会将上部荷载扩散到整个软弱土层,由桩体和桩间土共同承担上部荷载(应力扩散作用)。粒料桩适用于处理黏质土、粉质土、砂土、素填土和杂填土等软弱地基,在我国沿海地区得到了广泛的应用。

图2-5 粒料桩法施工

在察尔汗盐湖区,对于盐渍化软弱地基,常用粒料桩(碎石桩)处治方案,如:青海钾肥厂一期和二期工程地基采用振冲碎石桩和干振挤密碎石桩进行加固,青藏铁路察尔汗盐湖段地基处理采用挤密砂桩进行加固。

盐渍土作为一种特殊地基土,其特殊性质有利于粒料桩施工的岩土条件和区域气候因素,具体分析如下:

(1)盐渍土因其固液相含盐使得土体黏聚力增加,土体结构性对黏聚力的贡献降低,土体的灵敏度降低,这对粒料桩施工有利,而且粒料桩成桩后,桩周土体强度可快速恢复,有利于提高桩体的承载力。

(2)察尔汗盐湖区夏季干燥、日照时间长、温度较高,根据中交第一公路勘察设计研究院有限公司多年对青藏公路的研究成果,温度影响深度一般为4~6m,这有利于盐溶液蒸发结晶。因此,待上层盐渍土液相蒸发结晶后,将产生盐胀作用,提高了桩周土的强度及粒料桩的黏聚力刚度,从而提高了桩体的承载力、降低了复合地基的压缩系数,也降低了盐渍土的溶陷性。

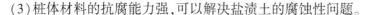

(3) 桩体材料的抗腐能力强,可以解决盐渍土的腐蚀性问题。

察尔汗盐湖区公路盐渍化软土地基处理采用粒料桩法施工,主要用于构造物两端的地基处理及盐盖过渡段深厚软弱地基的处理,以减少台背路基及盐盖过渡段路基工后沉降。桩体材料采用砾石(以下简称"砾石桩")。

### 2.2.8 盐渍化软基处治方案

为了便于察尔汗盐湖区公路工程的建设,根据该区域盐渍化软土地基段工程地质情况,可将察尔汗盐渍化软土地基段划分为盐盖(盐晶)层过渡段、盐田卤水池盐渍化软土地基段、盐渍化河漫滩地基段和压缩性薄层盐渍化软弱地基段。综合考虑盐渍化软土地基土的种类、性质、厚度、盐晶层分布、地下水和承压卤水层等情况,可将情况相近的地质段划为一段,采用相同的地基处治方案进行处理。与此同时,根据盐渍化软土地基处治方法适用性的分析,结合察尔汗盐湖地区特殊的工程水文地质情况和区域气候条件,不同的地质分段应采用不同的地基处治方案,详见表2-1。

察尔汗盐湖区地基处治段落划分及处治方案　　　　表2-1

| 地基处治段落 | 桩　号 | 处治方案 |
| --- | --- | --- |
| 盐盖(盐晶)层过渡段 | ZK593+820~ZK595+179,<br>ZK595+870~ZK603+380 | 砾石桩 |
| 盐田卤水池盐渍化软土地基段 | ZK595+179~ZK595+870 | 片块石+砾石土换填 |
| 盐渍化河漫滩地基段 | 整体式路基<br>K603+062~K617+830 | 强夯置换 |
| 压缩性薄层盐渍化软弱地基段 | 整体式路基<br>K617+830~K623+000 | 冲击碾压 |

注:所有地基处理段桥涵、通道等构造物两端各30m,地基采用砾石桩处理。

## 2.3 复合地基计算模型与参数

### 2.3.1 计算模型设计

根据察尔汗盐湖地区已建与在建公路情况调研,盐渍化软土地区主要为湖相及化学沉积区、湖相沉积区、滨湖相沉积区,地形为湖盆状,较为平坦。公路路基基本为低路基,一般路基段路基高度一般为2~6m,桥头路基段路基高度为6~8m,边坡坡度多采用1:1.5。当采用碎石桩处治盐渍化软土地基时,限于国内常用打桩机设备限制与成桩技术工艺限制,碎石桩直径多采用0.3~0.6m,碎石桩成桩直径多为0.5m。此外,根据《公路软土地基路堤设计与施工技术细则》(JTG/T D31-02—2013)相关规定,碎石桩桩长不宜小于4m,不宜大于20m,相邻桩间距不宜大于1.8m(振动沉管法),且不宜大于4倍桩径。此外,根据目前我国高等级公路设计实际情况,结合《公路工程技术标准》(JTG B01—2014)对车道宽度和路肩宽度的规定,路基宽度多采用13m(分离式路基)、26m(双向四车道)、33.5m(双向六车道)、44m(双向八车道)。

综上所述,为确保设计方案对盐渍化软土地基加固和控沉的可靠性,碎石桩复合地基数值计算模型应与公路路基路面设计一致,考虑的影响因素主要有地基土模量、桩土模量比、桩距(面积置换率)、桩长、路基高度、路基宽度等。

路基路面设计:路面厚度0.7m,采用沥青混凝土路面,视为线弹性体。路基高度 $h$ 分别取2.0m、4.0m、6.0m、8.0m,路基宽度 $B$ 采用13m、26m、33.5m、44m,边坡坡度为1:1.5。路基为弹塑性体,采用Mohr-coulomb(莫尔-库仑)屈服准则计算。

复合地基设计:地表清表换填0.5m厚砾石料,换填至路基坡脚外1.5~2.25m。粒料桩桩径0.5m,桩长 $L$ 分别为4m、6m、8m、10m、12m、15m、20m,桩间距 $d$ 分别为1.8m、1.5m、1.2m、1.0m,对应面积置换率 $m$ 分别为0.07、0.1、0.16、0.23。碎石桩处理范围至坡脚外增加一排桩。地基与碎石桩视为弹塑性体,采用Mohr-coulomb屈服准则计算。为避免模型边界效应,地基计算宽度取路基基底宽度的5倍,地基计算深度不小于桩长 $L$ 的2倍,采用FLAC3D四面体单元进行模拟,建立砾石桩复合地基数值分析模型,如图2-6所示。

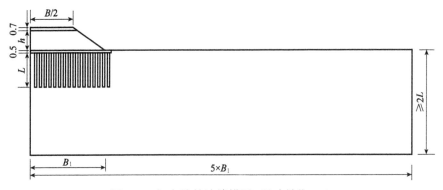

图2-6　复合地基计算模型(尺寸单位:m)

## 2.3.2 模型基本假定与边界条件

(1)材料的本构模型:除路面结构层视为线弹性体外,地基、路基和粒料桩等视为弹塑性体,假定服从 Mohr-Coulomb 屈服准则。

(2)地基、路基与路面各结构层,同层材料视为各向同性且连续,各结构层之间完全连续,在沉降变形过程中相邻层间不发生脱空。

(3)桩间土与桩体面-面硬接触,摩擦因数参考相关文献,取 0.25。

(4)地下水位为零水位,地基、垫层与桩体均为排水体,地表为自由排水边界。考虑路基分层填筑过程中地基土和砾石桩体的排水固结。

(5)路基为分层填筑,分层厚度为 0.3m。为使地基充分排水固结,每填筑三层路基,均设置停工期:在路基高度 $h \leqslant 3.0$m 时,填筑施工和停工固结时间均为 30d;填筑高度 $h > 3$m 时,为保证地基充分固结和路基稳定,填筑施工和停工固结时间均为 60d。公路设计服役期为 15 年。

(6)约束模型左、右两边水平位移,约束模型底边的水平和竖向位移。

## 2.3.3 计算模型参数

计算参数的正确与否关系到整个数值模型计算结果的可靠性。为合理选取数值模型所需的计算参数,依托工程进行 176 组平板荷载试验,以获取地基、砾石桩、垫层和路堤的变形模量,在荷载测试点附近钻孔取样进行室内直接剪切试验,并结合地质勘察土工试验结果,确定数值模型所需的计算参数。砾石桩、砾石垫层、桩土间、路堤变形模量统计结果分别见表2-2 ~ 表2-5。从表2-2 ~ 表2-5 中可以看出,砾石桩变形模量主要分布在 15 ~ 40MPa 之间,砾石垫层变形模量主要分布在 31 ~ 60MPa 之间,桩间土变形模量主要分布在 9 ~ 35MPa 之间,路堤变形模量的离散性较大。

砾石桩变形模量统计结果　　　　　表 2-2

| 模量区间(MPa) | 5~10 | 15~19 | 20~30 | 31~40 | 41~50 | 51~60 | 61~70 | 71~80 | 91~100 | 110~130 | 131~150 |
|---|---|---|---|---|---|---|---|---|---|---|---|
| 分布组数 | 2 | 10 | 20 | 9 | 8 | 7 | 1 | 2 | 3 | 2 | 2 |
| 占总数百分比(%) | 3.0 | 15.0 | 30.0 | 14 | 12 | 11 | 2 | 3 | 5 | 3 | 3 |

砾石垫层变形模量统计结果　　　　　　　　　　　　　　　　表 2-3

| 模量区间(MPa) | 28~30 | 31~40 | 41~50 | 51~60 | 61~70 | 80~90 | >90 |
|---|---|---|---|---|---|---|---|
| 分布组数 | 3 | 6 | 4 | 7 | 0 | 1 | 2 |
| 占总数百分比(%) | 13.0 | 26.1 | 17.4 | 30.0 | 0 | 4.3 | 8.7 |

桩间土变形模量试验结果　　　　　　　　　　　　　　　　表 2-4

| 桩号 | $p$-$s$ 曲线线性段压力 $p$(kPa) | 与 $p$ 对应的沉降量 $s$(mm) | 泊松比 $\mu$ | 承载板直径(m) | 变形模量(MPa) |
|---|---|---|---|---|---|
| ZK602+627 | 37.5 | 1.393 | 0.40 | 0.8 | 14 |
| ZK602+637 | 37.5 | 1.393 | 0.40 | 0.8 | 15 |
| ZK602+671 | 37.5 | 1.147 | 0.40 | 0.8 | 17 |
| YK600+693 | 75 | 1.943 | 0.40 | 0.8 | 20 |
| YK600+711.5 | 37.5 | 0.567 | 0.40 | 0.8 | 35 |
| K604+000 | 37.5 | 1.677 | 0.40 | 0.8 | 12 |
| K604+100 | 37.5 | 2.163 | 0.40 | 0.8 | 9 |

路堤变形模量试验结果　　　　　　　　　　　　　　　　表 2-5

| 桩号 | $p$-$s$ 曲线线性段压力 $p$(kPa) | 与 $p$ 对应的沉降量 $s$(mm) | 泊松比 $\mu$ | 承载板直径(m) | 变形模量(MPa) |
|---|---|---|---|---|---|
| K596+750 | 75 | 0.29 | 0.40 | 0.8 | 137 |
| K598+468 | 75 | 0.253 | 0.40 | 0.8 | 157 |
| K601+005 | 75 | 0.33 | 0.40 | 0.8 | 121 |
| K601+005 | 37.5 | 0.3 | 0.40 | 0.8 | 66 |
| K601+404.5 | 37.5 | 0.463 | 0.40 | 0.8 | 43 |
| K601+601 | 75 | 1.4 | 0.40 | 0.8 | 28 |
| YK601+444 | 75 | 0.51 | 0.40 | 0.8 | 78 |
| AK0+238.5 | 75 | 1.027 | 0.40 | 0.8 | 39 |
| BK0+160 | 150 | 0.687 | 0.40 | 0.8 | 116 |
| ZK601+981 | 75 | 0.507 | 0.40 | 0.8 | 79 |
| ZK602+186 | 150 | 0.293 | 0.40 | 0.8 | 72 |

根据依托工程地勘土工试验数据,并综合上述现场荷载试验结果,确定地基土、桩体、垫层、路基、路面等结构层计算参数,结果见表 2-6。

计算模型参数  表2-6

| 结构层 | 重度 $\gamma$ (kN/m³) | 变形模量 $E$ (MPa) | 泊松比 $\mu$ | 黏聚力 $c$ (kPa) | 内摩擦角 $\varphi$ (°) |
| --- | --- | --- | --- | --- | --- |
| 路面 | 22 | 1200 | 0.25 | — | — |
| 路基 | 20 | 40 | 0.40 | 20 | 20 |
| 砾石垫层 | 20 | 40 | 0.35 | 5 | 38 |
| 粒料桩 | 20 | 30 | 0.35 | 3 | 38 |
| 地基 | 18 | 8 | 0.40 | 8 | 5 |
|  |  | 10 |  | 10 | 8 |
|  |  | 12 |  | 15 | 12 |
|  |  | 15 |  | 20 | 15 |

## 2.3.4 计算工况

影响复合地基桩土作用性状和沉降的因素很多,地基土性质、复合地基处理方式、路基高度和宽度等都对其有着一定的影响。鉴于影响因素较多,本节将主要考虑地基土性质、桩长、桩土面积置换率、路基高度和宽度等不同组合条件对桩土作用性状和沉降的影响。

工况一:地基土模量、置换率的影响

此组合条件下共设计16种工况:路基填土高度 $h=6$m,路基宽 $B=26$m;桩长 $L=10$m,桩间距 $d$ 分别为1.8m、1.5m、1.2m、1.0m,面积置换率 $m$ 分别为0.07、0.10、0.16、0.23;桩体模量 $E_p=30$MPa,内摩擦角 $\varphi=38°$,黏聚力 $c=3$kPa;地基土模量 $E_s$ 分别取8MPa、10MPa、12MPa 和15MPa。

工况二:置换率、路基高度的影响

此组合条件下共设计16种工况:路基填土高度 $h=2$m、4m、6m 和8m,路基宽 $B=26$m;桩长 $L=10$m,桩间距 $d$ 分别为1.8m、1.5m、1.2m、1.0m,面积置换率 $m$ 分别为0.07、0.10、0.16、0.23;桩体模量 $E_p=30$MPa,内摩擦角 $\varphi=38°$,黏聚力 $c=3$kPa;地基土模量 $E_s=8$MPa,内摩擦角 $\varphi=5°$,黏聚力 $c=8$kPa。

工况三:地基土模量、路基宽度的影响

此组合条件下共设计16种工况:路基填土高度 $h=6$m,路基宽度 $B$ 分别取13m、26m、33.5m、44m;桩长 $L=10$m,桩间距 $d=1.5$m,面积置换率 $m=0.10$;桩体模量 $E_p=30$MPa,内摩擦角 $\varphi=38°$,黏聚力 $c=3$kPa;地基土模量 $E_s$ 分别取8MPa、10MPa、12MPa

和15MPa。

**工况四:路基高度、地基土模量的影响**

此组合条件下共计算16种工况:路基填土高度 $h=2m$、$4m$、$6m$ 和 $8m$,路基宽 $B=26m$;桩长 $L=10m$,桩间距 $d=1.5m$,面积置换率 $m=0.10$;桩体模量 $E_p=30MPa$,内摩擦角 $\varphi=38°$,黏聚力 $c=3kPa$;地基土模量 $E_s$ 分别取 8MPa、10MPa、12MPa 和 15MPa。

**工况五:桩长、路基高度的影响**

此组合条件下共设计28种工况:路基填土高度 $h=2m$、$4m$、$6m$ 和 $8m$,路基宽 $B=26m$;桩长 $L$ 分别为 $4m$、$6m$、$8m$、$10m$、$12m$、$15m$ 和 $20m$,桩间距 $d=1.5m$,面积置换率 $m=0.10$;桩体模量 $E_p=30MPa$,内摩擦角 $\varphi=38°$,黏聚力 $c=3kPa$;地基土模量 $E_s=8MPa$,内摩擦角 $\varphi=5°$,黏聚力 $c=8kPa$。

综上所述,复合地基桩土作用性状计算工况见表2-7。

计算工况　　　　　　　　　　　　　　　　　表2-7

| 工况编号 | 影响因素 | 地基土模量<br>(MPa) | 面积置换率 | 路基高度<br>(m) | 路基宽度<br>(m) | 桩长<br>(m) |
|---|---|---|---|---|---|---|
| 工况一 | 地基土模量、面积置换率 | 8、10、12、15 | 0.23、0.16、0.1、0.07 | 6 | 26 | 10 |
| 工况二 | 路基高度、面积置换率 | 8 | 0.23、0.16、0.1、0.07 | 2、4、6、8 | 26 | 10 |
| 工况三 | 路基宽度、地基土模量 | 8、10、12、15 | 0.10 | 6 | 13、26、33.5、44 | 10 |
| 工况四 | 路基高度、地基土模量 | 8、10、12、15 | 0.10 | 2、4、6、8 | 26 | 10 |
| 工况五 | 桩长、路基高度 | 8 | 0.10 | 2、4、6、8 | 26 | 4、6、8、10、12、15、20 |

## 2.4 复合地基沉降、位移与应力场特征

根据图2-6碎石桩复合地基计算模型,参照表2-6的计算模型参数,其中地基土的计算参数选取为:$E=8MPa$、$\mu=0.40$、$\varphi=5°$、$c=8kPa$、渗透系数 $k=1m/d$,采用有限元方法,对碎石桩复合地基沉降、位移与应力场进行数值模拟分析。

图 2-7 和图 2-8 分别为 $t=5475\mathrm{d}$ 时（$t$ 为运营时间）复合地基水平位移云图和沉降云图。由图 2-7 和图 2-8 可以看出，与一般地基沉降不同的是，碎石桩复合地基最大水平位移发生在两个不同的范围，一是路基基底土路肩对应位置至坡脚范围，二是边桩桩端（底）一定范围，最大水平位移为 16.92cm。两处水平位移范围在竖直方向上对应，复合地基桩体具有明显的"传递水平位移"的作用。复合地基最大沉降出现在路中基底一定范围内，最大沉降量为 74.76cm。

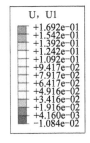

图 2-7 复合地基水平位移云图

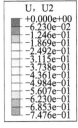

图 2-8 复合地基沉降云图

图 2-9 为碎石桩复合地基应力云图。从图 2-9 中可以看出，桩体中下部应力大于其他部位，存在应力集中现象，桩体有效地分担了路基荷载，与桩间土组成复合地基共同承担上部荷载。

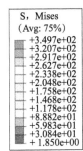

图 2-9 复合地基应力云图

## 2.5 复合地基桩土作用性状分析

### 2.5.1 桩土承载性状分析

为了研究填筑期砾石桩复合地基的桩土承载性状,选取距离路中心 3.0m 的桩体为研究对象,通过建立砾石桩复合地基数值模型(图 2-6),分析在路堤分层填筑过程中桩身摩阻力和桩身中性点位置的变化规律。

图 2-10 为路堤分层填筑过程中桩身摩阻力分布曲线。从图 2-10 中可以看出,路基填筑过程中,随着路基填土高度的增加,桩体摩阻力中性点的位置发生了明显变化(表 2-8),即桩身中性点的位置逐渐上移,桩身摩阻力逐渐增加;当路基填土高度 $h \geqslant 6.0\text{m}$ 时,整个桩身承受正摩阻力。此种现象说明,在路基填筑过程中,$0 \sim 5.0\text{m}$ 深度范围内的地基土在路基附加应力的作用下,地基土发生固结,地基土体沉降量大于桩体沉降量,桩身摩阻力未得到充分发挥。当路基填筑高度大于 6m 时,地基沉降小于或等于桩身沉降量,桩身摩阻力得到充分提高。

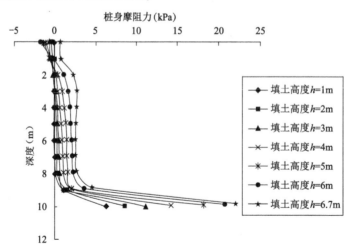

图 2-10 桩身摩阻力随不同填土高度的变化曲线(填筑期)

路基填筑过程中桩周中性点位置 表 2-8

| 路基填筑高度 $h$(m) | 1.0 | 2.0 | 3.0 | 4.0~6.0 | >6.0 |
|---|---|---|---|---|---|
| 中性点距桩顶距离(m) | 5.0 | 3.0 | 2.0 | 1.0 | 0 |

其次,选取路基横断面上距路中心不同距离的桩体为研究对象,分析运营期桩身摩阻力的分布情况,计算结果如图2-11所示。从图2-11中可以看出,路基中心处桩在0~8m深度范围内,其桩身摩阻力基本为零;而当深度大于8m后时,桩身摩阻力显著增加。从水平方向观测,距路中心0~12m范围内桩,其桩身摩阻力均为正摩阻力,桩体距路中心距离越远时,桩身摩阻力值越大,直至距路中心12m处桩桩身摩阻力达到最大值,即路肩下对应桩体的摩阻力最大;而距路中心12~24m(路肩至坡脚处)范围内桩,随着距路中心距离的增加,桩体摩阻力逐渐减小,直至坡脚下(距路中心24m)的桩体摩阻力达到最小值。分析其原因,主要在于桩身摩阻力是由桩周土体提供的,在路基附加应力下,地基土体发生水平位移,若水平位移逐渐增至最大,则在路肩下的水平位移势能逐渐增大,对桩体提供的约束作用也逐渐增大,此断面处桩体摩阻力也即达到较大值。

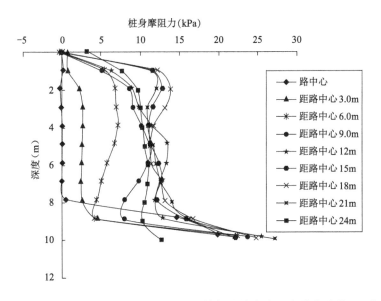

图2-11 路基横断面上距路中心不同距离的各桩桩身摩阻力分布曲线(运营期)

## 2.5.2 桩土沉降性状分析

为了研究不同填土高度条件下砾石桩复合地基的桩土沉降性状,通过建立砾石桩复合地基数值模型(图2-6),揭示路中心桩桩身沉降以及路基横断面方向地表沉降与水平位移随填土高度的变化规律。

图2-12为路中心桩桩身沉降随填土高度的变化曲线。从图2-12中可以看出,随着

路基填筑高度的增加,路中心沉降逐渐增大,但相同的分层填土高度下地基沉降增幅减少;同一填筑高度情况下,桩顶沉降和桩底沉降并不一致,桩身发生了压缩变形,桩顶与桩底沉降差即为桩体压缩量。桩体的压缩量随着路基填筑高度增加而增加。当填土高度 $h=1\text{m}$ 时,桩体压缩量为 11.5mm;填土高度 $h=6.7\text{m}$ 时,桩体压缩量增加至 260mm。

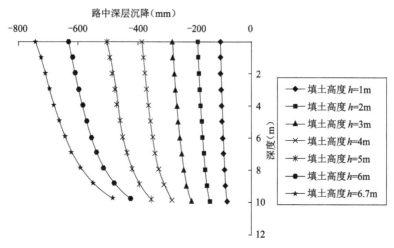

图 2-12　路中深层沉降随不同填土高度的变化曲线

图 2-13 和图 2-14 分别为路基横断面方向上地表沉降与水平位移随填土高度的变化曲线。从图 2-13 中可以看出,地表沉降随着路基填筑高度的增加而逐渐增加,呈下凹抛物线形,路基中心沉降量较大,至坡脚沉降量逐渐减小,分层路基填筑引起地基的沉降增幅逐渐减小。从图 2-14 中可以看出,地表水平位移随填土高度增加而增加,且在相同路基分层填筑高度情况下,地表水平位移增幅显著增大;路基中心处地表水平位移为零,自路中心至坡脚,地表水平位移先增大后减小,呈"上凸"抛物线,在距路中心 20m 处地表水平位移达到最大,此位置处于路肩(距路中心 12m)至坡脚(距路中心 24m)的中点。因此,在路基填筑过程中,更应加强路基坡脚一定范围内水平位移,以保证路基的稳定性。

## 2.5.3　桩土应力分担性状分析

对砾石桩而言,桩土应力比是表征路基承载力、沉降特性和稳定状态的重要指标,能够有效反映砾石桩复合地基桩上荷载分担特性。为了研究不同时期砾石桩复合地基的桩土应力分担性状,通过建立砾石桩复合地基数值模型(图 2-6),分别分析路基填筑至运营期路中心桩土应力与应力比的变化规律,以及运营期距路中心不同距离桩土应力与应力比的变化规律。

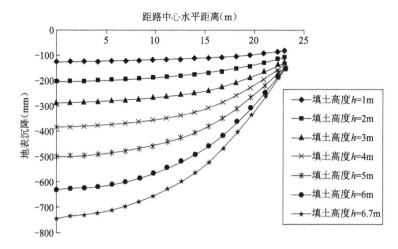

图 2-13　地表沉降随不同填土高度的变化曲线

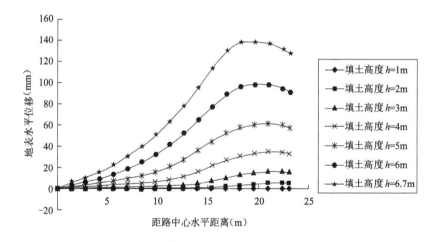

图 2-14　地表水平位移随不同填土高度的变化曲线

图 2-15 为路基填筑至运营期路中心桩土应力与应力比随时间的变化曲线。从图 2-15 中可以看出:①路基填筑期,桩与桩间土应力逐渐增加,路基填筑完成后,桩、土应力保持恒定;②在路基填筑过程中,桩土应力比由 1.0 增大至 3.0,桩体承担了约 75%的荷载,桩体承担的荷载主要由桩体下部的摩阻力提供;③随着路基填筑高度的增加,桩间土在路基附加应力作用下固结沉降,承载力得到增强,其承担的荷载逐渐增大,桩土应力比逐渐减小;④在公路运营期,由于桩土上部荷载保持不变,桩间土固结沉降基本完成,以及桩、土沉降变形协调,桩和桩间土应力保持不变,桩土应力比维持 3.0 不变。

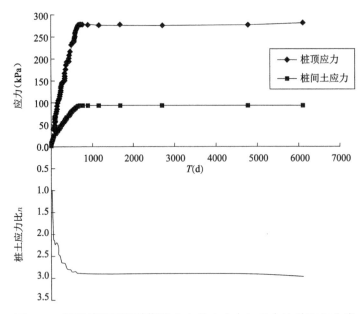

图 2-15　路基填筑至运营期路中心桩土应力与应力比的变化曲线

图 2-16 为运营期路基横断面上距路中心不同距离处桩土应力与应力比的变化曲线。从图 2-16 中可以看出:①桩顶承担了较多的应力,路中心范围桩、土应力最大,至坡脚范围,桩、土应力逐渐减小,桩顶应力减少幅度较大;②在距路中心 0～12m 范围内,桩土应力比基本维持在 3.0 左右,在坡脚范围内,桩土应力比降低至 2.7。对于复合地基而言,不同位置的桩土应力比不同,但相差不大。

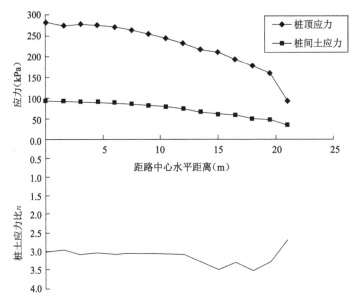

图 2-16　运营期距路中心不同距离处桩土应力与应力比的变化曲线

# 2.6 复合地基桩土作用性状影响因素分析

## 2.6.1 桩周摩阻力影响因素分析

工况一:地基土模量、面积置换率的影响

图 2-17 和图 2-18 为桩周摩阻力 $P_f$ 随地基土模量 $E_s$ 的变化曲线,图中仅显示出桩间距 $d=1.0$m 和 $d=1.5$m 两种情况下桩周摩阻力的变化曲线,其他桩间距桩的变化曲线基本相同,不再赘述。从图 2-17 和图 2-18 中可以看出,随着地基土模量的增加,桩周摩阻力逐渐减小,主要原因是复合地基桩体采用了悬浮摩擦桩,桩体的承载能力由桩周摩阻力提供,在路基高度一定的情况下,随着地基土模量的增加,桩间土承担的荷载会越来越大,而桩承担的荷载会逐渐减小。图中桩周摩阻力变化曲线也表明,桩体深度 8.0~8.5m 范围为曲线变化拐点,拐点深度以下桩周摩阻力显著增大,地基土模量越小,拐点以下摩阻力增加幅度越大,说明复合地基桩体承载力主要由桩体下部桩周摩阻力提供。

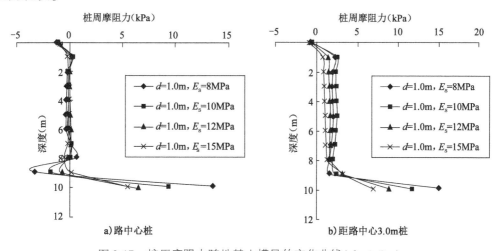

图 2-17 桩周摩阻力随地基土模量的变化曲线($d=1.0$m)

图 2-19 为桩周摩阻力 $P_f$ 随面积置换率 $m$(桩间距 $d$)的变化曲线,选取对象为路中心桩和距路中心 3.0m 桩。从图 2-19 中可以看出,路中心桩的桩周摩阻力受桩间距影响较小;距路中心 3.0m 桩的桩周摩阻力随着桩间距的增大(桩土面积置换率逐渐减小)而显著增大,说明随着面积置换率的减小,桩体承担荷载会显著增加。对比地基模量的影

响可以发现,桩土面积置换率对桩周摩阻力的影响较地基模量更大。

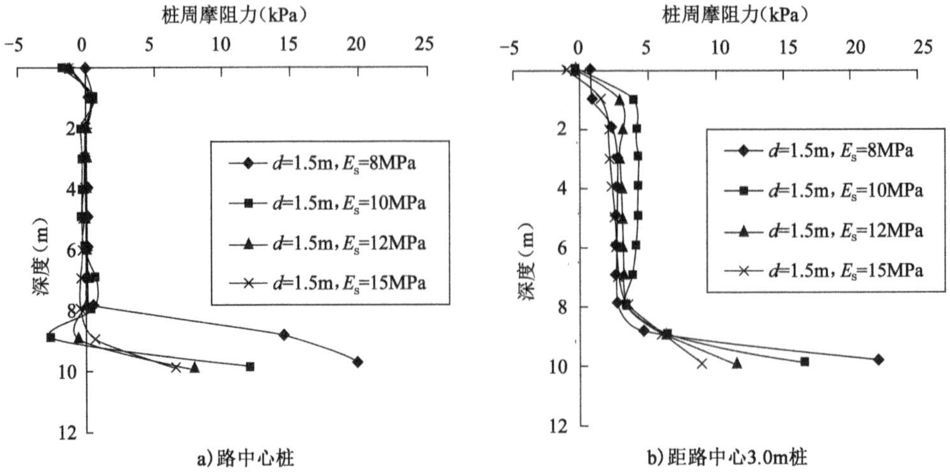

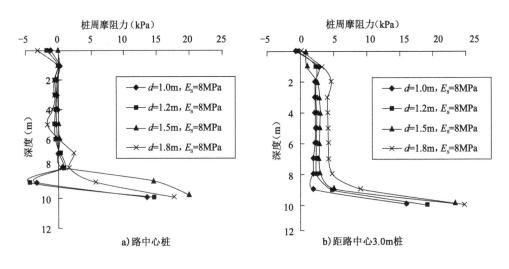

图 2-18　桩周摩阻力随地基土模量的变化曲线($d=1.5\mathrm{m}$)

图 2-19　桩周摩阻力随面积置换率(桩间距)的变化曲线(路中心桩)

**工况二:面积置换率、路基高度的影响**

图 2-20 和图 2-21 分别为桩周摩阻力 $P_f$ 随面积置换率 $m$、路基填土高度 $h$ 的变化曲线,其中桩周摩阻力随面积置换率的变化规律与上述基本相同,不再赘述。从图 2-21 中可以看出,桩周摩阻力随路基填土高度的增加而不断增大,曲线变化拐点位于桩身 8.0m 深度处,拐点之上,摩阻力曲线基本平行,桩周摩阻力与路基高度近似线性关系;拐点深度以下,摩阻力随路基高度的增加显著增加,各曲线之间不再呈线性关系,说明路基越高,摩阻力增加值越大。

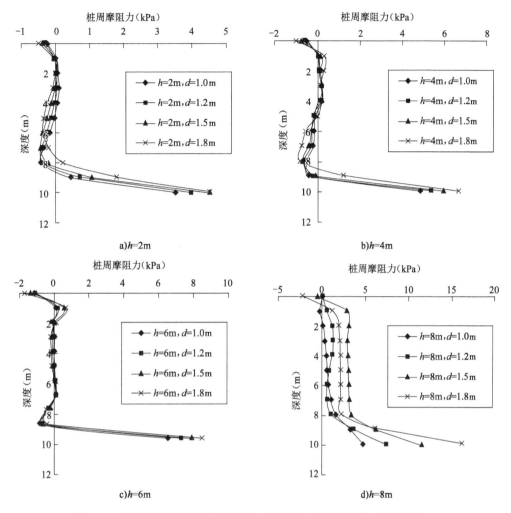

图 2-20 桩周摩阻力随面积置换率(桩间距)的变化曲线(路中心桩)

工况三:地基土模量、路基宽度的影响

图 2-22 和图 2-23 分别为桩周摩阻力 $P_f$ 随地基土模量 $E_s$、路基宽度 $B$ 的变化曲线,其中桩周摩阻力随地基土模量的变化规律与上述基本相同,不再赘述。从图 2-23 中可以看出,在桩身 0~1.0m 或 8.0~10.0m 深度范围内,桩周摩阻力随深度增加而逐渐增加;但在 1.0~8.0m 深度范围内,同样路基宽度条件下复合地基的桩周摩阻力变化较小。此外,图 2-23 计算结果表明,随着路基宽度的增加,相应复合地基桩周摩阻力逐渐减小,在 8.0~10.0m 深度范围不同复合地基桩周摩阻力分布趋于一致。

工况四:路基高度、地基土模量的影响

图 2-24 和图 2-25 分别为桩周摩阻力 $P_f$ 随地基土模量 $E_s$、路基高度 $h$ 的变化曲线,由于路基高度与地基模量对桩周摩阻力的分布影响同前,此处不再赘述。

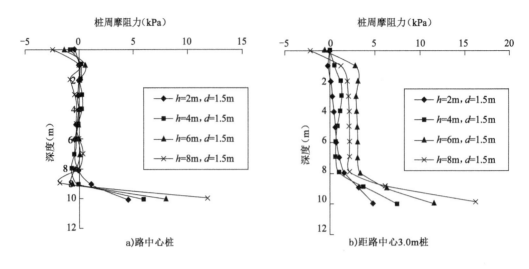

图 2-21　桩周摩阻力随路基填土高度的变化曲线

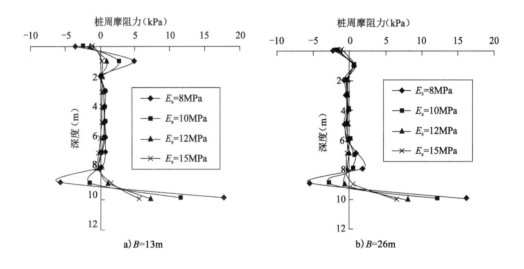

图 2-22　桩周摩阻力随地基土模量的变化曲线

**工况五：桩长、路基高度的影响**

图 2-26 为桩周摩阻力随桩长 $L$ 的变化曲线。从图 2-26 中可以看出，在相同的桩长深度范围内，各桩桩周摩阻力变化不大，桩长对桩周摩阻力影响较小。与其他影响因素相同，不同的桩长存在相应的摩阻力变化拐点，桩长 $L=4\sim 6m$ 时，桩周摩阻力随深度变化曲线无明显拐点；当桩长 $L=10m$、$12m$、$15m$、$20m$ 时，其对应的摩阻力曲线拐点分别为 $8m$、$10m$、$13m$ 和 $18m$，摩阻力拐点随桩长深度逐渐下移，拐点处于桩长深度的 $80\%\sim 90\%$ 范围内。路基高度对桩周摩阻力的影响同前，此处不再赘述。

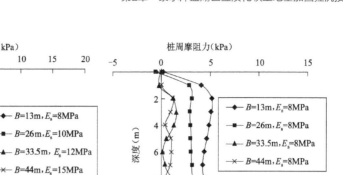

a) 路中心桩

b) 距路中心3.0m桩

图 2-23 桩周摩阻力随路基宽度的变化曲线

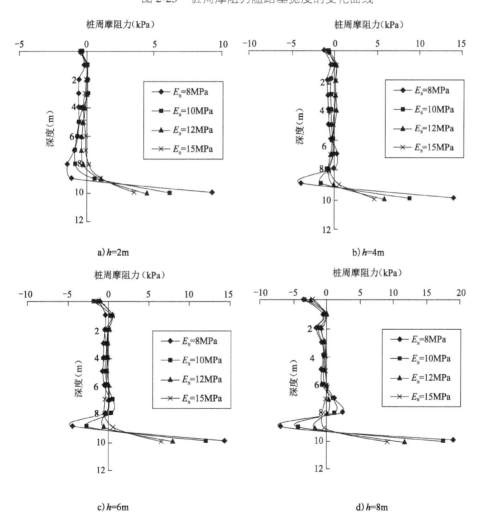

a) $h=2m$

b) $h=4m$

c) $h=6m$

d) $h=8m$

图 2-24 桩周摩阻力随地基土模量的变化曲线

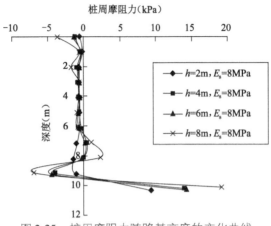

图 2-25 桩周摩阻力随路基高度的变化曲线

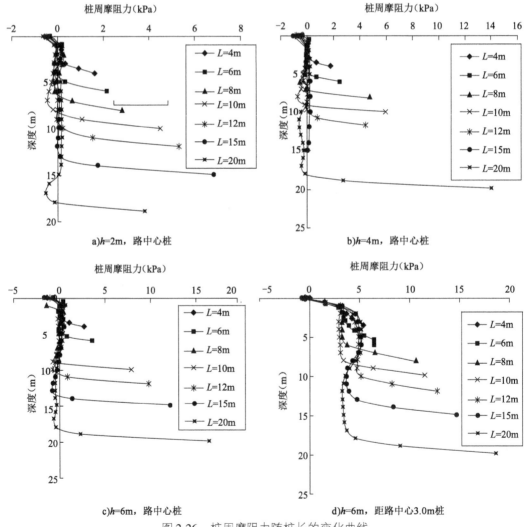

图 2-26 桩周摩阻力随桩长的变化曲线

## 2.6.2 桩土应力比影响因素分析

工况一:地基土模量、面积置换率的影响

图2-27和图2-28分别为桩土应力比 $n$ 随地基土模量 $E_s$、面积置换率 $m$ 的变化曲线。从图2-27中可以看出,地基土模量对桩土应力比的影响显著,桩土应力比随着地基土模量的增加而显著减小。当地基土模量大于12MPa时,桩土应力比随地基模量增加变化相对变缓。这说明,地基土模量小于12MPa时,桩土应力比较大,桩身承担主要的路基荷载,复合地基处理效果显著;当地基土模量大于12MPa时,复合地基处理效果相对偏弱。图2-28的计算结果表明,当地基土模量一定时,桩土应力比基本上为直线,面积置换率对桩土应力比无显著影响。

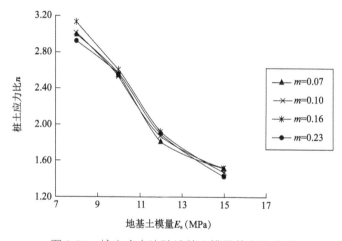

图 2-27　桩土应力比随地基土模量的变化曲线

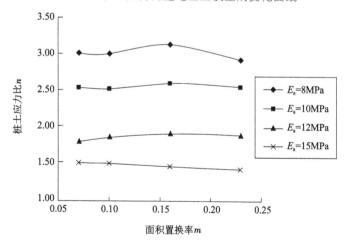

图 2-28　桩土应力比随面积置换率的变化曲线

工况二:置换率、路基高度的影响

图 2-29 和图 2-30 分别为置换率 $m$ 与路基高度 $h$ 对桩土应力比 $n$ 影响的计算结果。从计算结果可以看出,在不同路基高度情况下,桩土应力比随面积置换率的变化规律基本同前,此处不再赘述;桩土应力比随路基高度的增加而逐渐增加,这表明路基高度越大,桩体承担的荷载越大,砾石桩复合地基加固效果越显著。

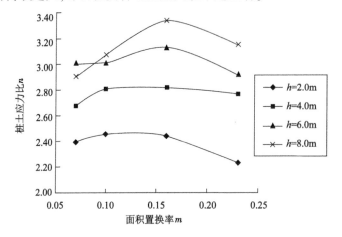

图 2-29　桩土应力比随面积置换率的变化曲线

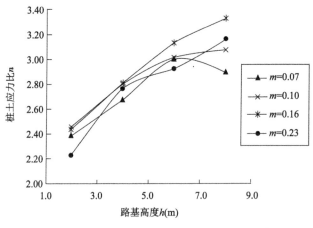

图 2-30　桩土应力比随路基高度的变化曲线

工况三:地基土模量、路基宽度的影响

图 2-31 和图 2-32 分别为桩土应力比 $n$ 随地基土模量 $E_s$、路基宽度 $B$ 的变化曲线,其中桩土应力比随地基土模量的变化规律基本同前,此处不再赘述。从图 2-32 中可以看出,随路基宽度的增加,桩土应力比逐渐增加,曲线基本呈直线,但路基宽度对复合地基桩土应力比影响相对较小,原因主要是路基宽度的增加会引起复合地基受力面积增加,但并不会显著引起复合地基竖向受力状态的改变。

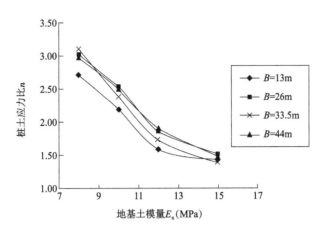

图 2-31 桩土应力比随地基土模量的变化曲线

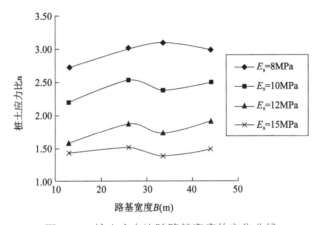

图 2-32 桩土应力比随路基宽度的变化曲线

工况四：路基高度、地基土模量的影响

图 2-33 和图 2-34 分别为桩土应力比 $n$ 随地基土模量 $E_s$ 和路基高度 $h$ 的变化曲线。从图 2-33 中可以看出，不同路基高度情况下，地基土模量对桩土应力比影响显著，桩土应力比随地基土模量的增加而显著减小，加固效果减弱，从复合地基应力比分担考虑，砾石桩复合地基适用于处理模量 $E_s \leqslant 12\mathrm{MPa}$ 的盐渍化软土地基。图 2-34 计算结果表明，当地基土模量 $E_s \leqslant 12\mathrm{MPa}$ 时，桩土应力比随路基高度的增加而增加；当地基土模量 $E_s = 12\sim15\mathrm{MPa}$ 时，桩土应力比曲线比较平缓，其受路基高度影响相对较小。

工况五：桩长、路基高度的影响

图 2-35 和图 2-36 分别为桩土应力比 $n$ 随路基高度 $B$ 和桩长 $L$ 的变化曲线。在不同的桩长条件下，桩土应力比 $n$ 随路基高度 $h$ 的增加而增加，其变化规律基本同前，此处不再赘述。图 2-36 计算结果表明，随着桩长的增加，桩土应力比略有增加，桩长对复合地基桩土应力比影响甚微。

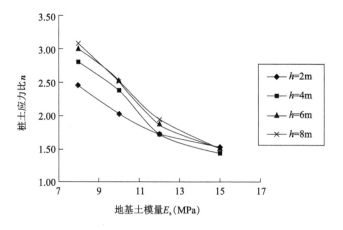

图 2-33　桩土应力比随地基土模量的变化曲线

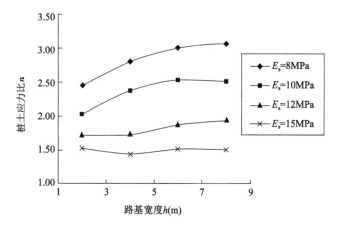

图 2-34　桩土应力比随路基高度的变化曲线

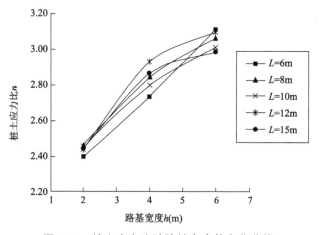

图 2-35　桩土应力比随路基高度的变化曲线

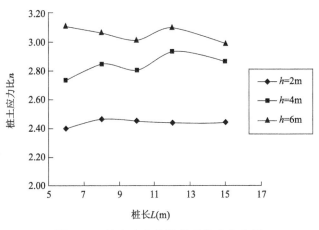

图 2-36　桩土应力比随桩长的变化曲线

## 2.6.3　桩身竖向位移影响因素分析

工况一：地基土模量、面积置换率的影响

选取路中心桩为研究对象,进一步研究桩身竖向位移规律及影响因素。图 2-37 为桩间距 $d=1.0m$、$1.2m$ 和 $1.5m$ 情况下,桩身竖向位移(沉降)随地基土模量 $E_s$ 的变化曲线。从曲线中可以看出,随着地基土模量的增加,桩身位移逐渐减小,地基土模量对桩身竖向位移显著影响。地基土模量近似等量地增加,桩身竖向位移并不等量增加,随着地基土模量的增加,相邻模量间桩身竖向位移负增量逐渐减小。从图 2-37 中还可以看出,在给定地基模量情况下,桩顶竖向位移与桩端竖向位移不一致,桩顶竖向位移大于桩端竖向位移,表明桩体发生了压缩,桩顶与桩端竖向位移差即为桩体的压缩量。地基土模量越小,桩间距越大,其桩体压缩量越大。以桩间距 $1.5m$ 为例,当地基土模量 $E_s=8MPa$ 时,桩体压缩量为 $260mm$；当地基土模量 $E_s=15MPa$ 时,桩体压缩量为 $67.5mm$。

图 2-38 为桩身竖向位移随面积置换率 $m$(桩间距 $d$)的变化曲线。从图中可以看出,桩土面积置换率对桩身竖向位移影响显著。桩间距越大,其桩身沉降量越大,以 $d=1.0,E_s=8MPa$ 与 $d=1.8,E_s=8MPa$ 计算结果进行对比,两者桩顶竖向位移相差 $286mm$,说明砾石桩复合地基采用较小间距,可以有效地减少沉降,但桩间距过小不利于施工面展开以及后施工桩对先施工桩的干扰,从减少桩身竖向位移角度考虑,桩间距宜为 $1.0\sim1.5m$。

工况二：面积置换率、路基高度的影响

图 2-39 和图 2-40 分别为桩身竖向位移随置换率 $m$ 和路基高度 $h$ 的变化曲线。从

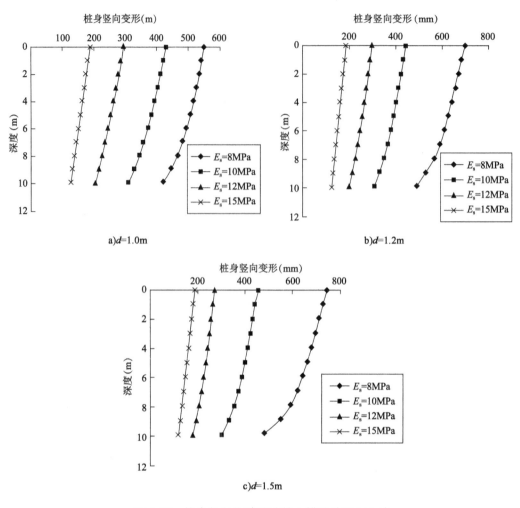

图 2-37 桩身竖向位移随地基土模量的变化曲线

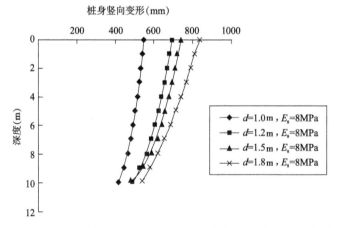

图 2-38 桩身竖向位移随面积置换率 $m$(桩间距 $d$)的变化曲线

图中可以看出,桩身竖向位移受面积置换率影响显著,且随着路基高度的增加,面积置换率对桩身竖向位移影响更甚。随路基高度的增加,桩顶竖向位移与桩端竖向位移之差(即桩体压缩量)逐渐增加,路基高度 $h=6m$ 和路基高度 $h=8m$ 桩端竖向位移基本相同。

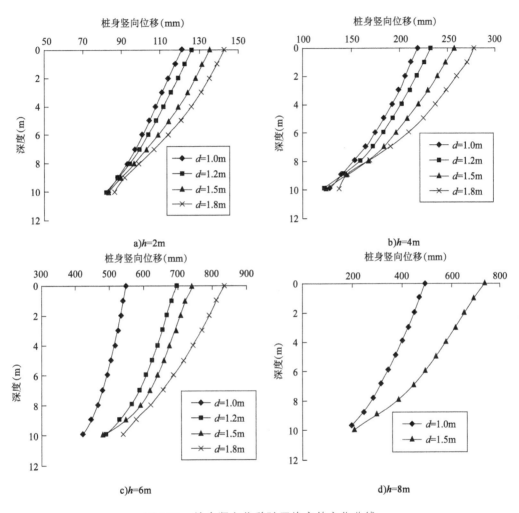

图 2-39 桩身竖向位移随置换率的变化曲线

工况三:地基土模量、路基宽度的影响

图 2-41 和图 2-42 分别为桩身竖向位移随地基土模量 $E_s$ 和路基宽度 $B$ 的变化曲线。计算结果显示,桩身竖向位移受地基土模量显著影响,且在较低的地基土模量情况下,桩身竖向位移受地基土模量影响更为显著;桩身竖向位移随路基宽度的增加而逐渐增加,路基宽度对桩身竖向位移有一定的影响;不同宽度下桩身竖向位移曲线基本平行,说明不同路基宽度下,桩身压缩量基本相同。

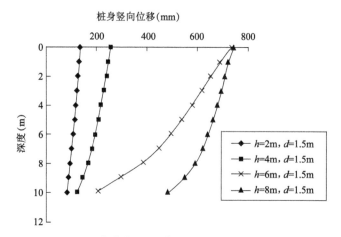

图 2-40　桩身竖向位移随路基高度的变化曲线

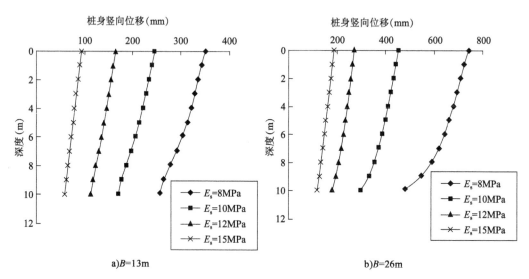

a) $B=13m$　　　　　　　　　　　　b) $B=26m$

图 2-41　桩身竖向位移随地基土模量的变化曲线

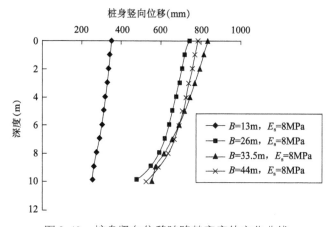

图 2-42　桩身竖向位移随路基宽度的变化曲线

工况四:路基高度、地基土模量的影响

图 2-43 和图 2-44 为不同路基高度 $h$ 与地基土模量 $E_s$ 组合情况下桩身竖向位移的变化曲线。从图中可以看出,地基土模量和路基高度对桩身竖向位移影响较大,地基土模量越小(路基高度越大),桩体竖向位移越大,桩体压缩量越大。

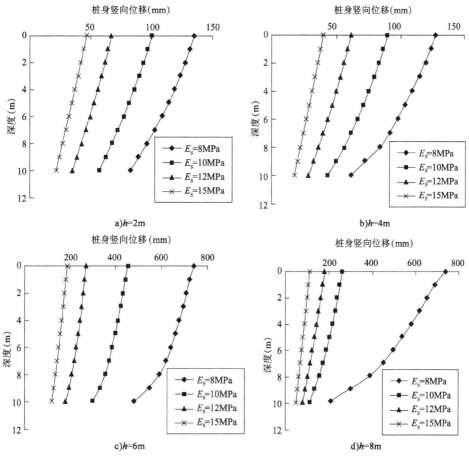

图 2-43 桩身竖向位移随地基土模量的变化曲线

工况五:桩长、路基高度的影响

图 2-45 为桩身竖向位移随桩长 $L$ 的变化曲线。从图中可以看出,在给定的路基高度下,桩身竖向位移随桩长的变化规律基本相同,桩长 $L=6m$、$8m$ 和 $10m$ 时桩身竖向位移随桩长的增加逐渐减小;当桩长 $L=12m$ 和 $15m$ 时,桩身竖向位移显著增加。这说明,砾石桩复合地基桩长存在最佳(最大)的桩长,桩长的过分增加会导致桩身竖向位移的增加。分析其原因,桩长的增加相当于地基排水通道的延长及排水固结土层厚度的增加,从而造成地基沉降的增加。另外,由于桩身材料的重度较地基土大,从而也会造成复合地基的附加沉降。因此,从减少桩身竖向位移、地基沉降与造价等方面考虑,砾石桩设

计长度宜为 6~10m。图 2-46 为桩身竖向位移随路基高度 $B$ 的变化曲线，由于路基高度对桩身竖向位移的影响同前，此处不再赘述。

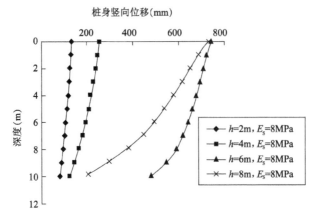

图 2-44　桩身竖向位移随路基高度的变化曲线（$E_s = 8\mathrm{MPa}$）

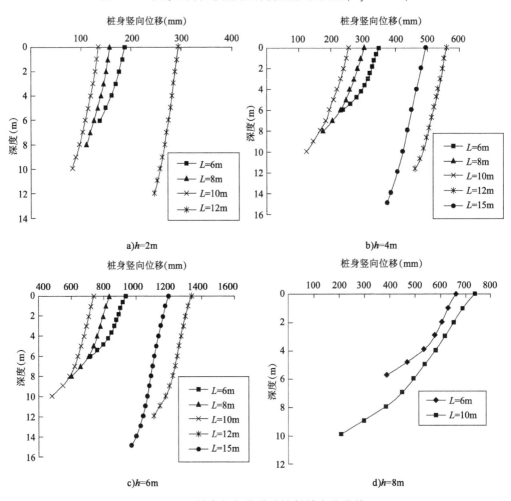

图 2-45　桩身竖向位移随桩长的变化曲线

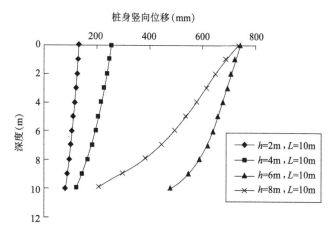

图 2-46 桩身竖向位移随路基高度的变化曲线

## 2.6.4 复合地基沉降影响因素分析

工况一:地基土模量、面积置换率的影响

图 2-47 为不同面积置换率情况下复合地基沉降 $S$ 随地基土模量 $E_s$ 的变化曲线。从图中可以看出,随着地基土模量的增加,复合地基沉降逐渐减小。当地基土模量 $E_s$ = 8～12MPa 时,复合地基沉降显著减小;但当地基土模量在 12～15MPa 时,地基沉降曲线相对变缓。这表明,砾石桩复合地基在较小地基土模量情况下,可以显著减小地基沉降,地基处理效果显著;当地基土模量大于 12MPa 时,复合地基处理效果降低。

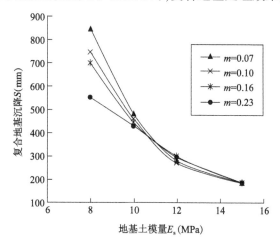

图 2-47 复合地基沉降随地基土模量的变化曲线

图 2-48 为不同地基土模量情况下复合地基沉降 $S$ 随面积置换率 $m$ 的变化曲线。从图中可以看出,当地基土模量 $E_s$ = 8MPa 时,复合地基沉降随面积置换率的增加而显著

减小;其余地基土模量时,随着面积置换率的增加,复合地基沉降略有减少,验证了砾石桩复合地基更适合于处理较低模量的软弱地基。

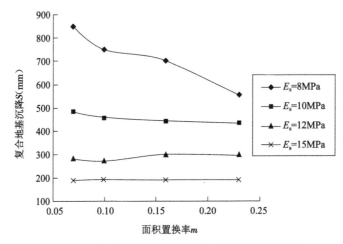

图 2-48　复合地基沉降随面积置换率的变化曲线

**工况二:面积置换率、路基高度的影响**

图 2-49 和图 2-50 分别为复合地基沉降 $S$ 随面积置换率 $m$、路基高度 $h$ 的变化曲线。从图 2-49 中可以看出,当路基高度 $h=6.0m$ 或 $h=8.0m$ 时,面积置换率对复合地基沉降产生显著影响,复合地基沉降随面积置换率的增加而显著减小;当路基高度较低($h=2m$、$4m$)时,面积置换率对复合地基沉降影响不甚显著。这表明,砾石桩复合地基处理较高路基下软土地基效果更为显著。图 2-50 计算结果表明,路基高度对复合地基沉降有显著影响,即随着路基高度的增加,复合地基沉降显著增加;但当路基高度达到 6m 以上时,复合地基沉降曲线趋于平稳。

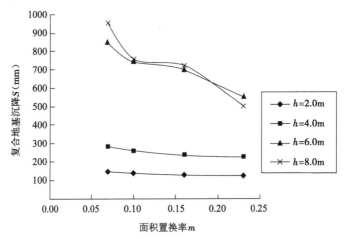

图 2-49　复合地基沉降随面积置换率的变化曲线

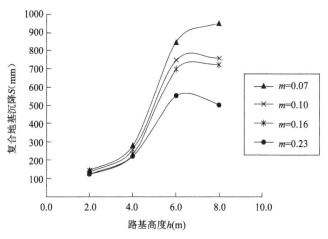

图 2-50　复合地基沉降随路基高度的变化曲线

工况三：地基土模量、路基宽度的影响

图 2-51 为不同路基宽度情况下复合地基沉降 $S$ 随地基土模量 $E_s$ 的变化曲线，由于地基土模量对复合地基沉降的影响同前，此处不再赘述。图 2-52 为不同地基土模量情况下复合地基沉降 $S$ 随路基宽度 $B$ 的变化曲线。从图中可以看出，随着路基宽度的增加，复合地基沉降逐渐增大；路基宽度对复合地基沉降有一定的影响，但影响程度弱于路基高度。

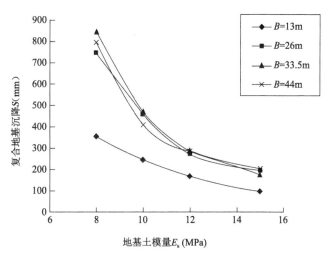

图 2-51　复合地基沉降随地基土模量的变化曲线

工况四：路基高度、地基土模量的影响

图 2-53 为不同路基高度情况下复合地基沉降 $S$ 随地基土模量 $E_s$ 的变化曲线。从图 2-54 中可以看出，地基土模量 $E_s=8\sim12$MPa 时，复合地基沉降随地基土模量增加而显著降低；但当地基土模量 $E_s\geqslant12$MPa 时，沉降曲线趋于平缓。计算结果表明，复合地

基沉降受地基土模量显著影响。图 2-54 为不同地基土模量情况下复合地基沉降 $S$ 随路基高度 $h$ 的变化曲线,由于复合地基沉降随路基高度的变化规律与上述基本相同,此处不再赘述。

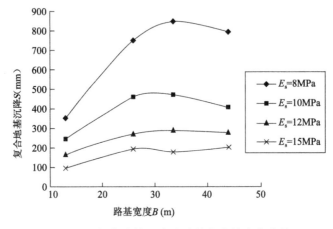

图 2-52　复合地基沉降随路基宽度的变化曲线

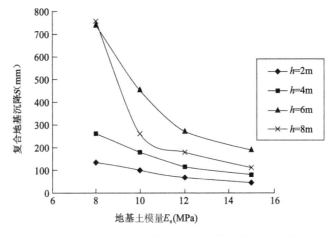

图 2-53　复合地基沉降随地基土模量的变化曲线

工况五:桩长、路基高度的影响

图 2-55 为不同路基高度情况下复合地基沉降 $S$ 随桩长 $L$ 的变化曲线,从图中可以看出,在桩长 $L \leqslant 10\mathrm{m}$ 情况下,复合地基沉降随桩长的增加而逐渐减小;当桩长 $L \geqslant 12\mathrm{m}$ 时,复合地基沉降 $S$ 呈阶梯形增加,其后曲线趋于水平。其原因主要在于:桩长的增加,排水通道的延长,有利于增加排水固结土层的深度,从而导致复合地基总沉降量增加。因此,从地基沉降与工程造价考虑,砾石桩复合地基桩长不宜超过 10m。图 2-56 为不同桩长情况下复合地基沉降 $S$ 随路基高度 $h$ 的变化曲线,由于路基高度对复合地基沉降的影响同前,此处不再赘述。

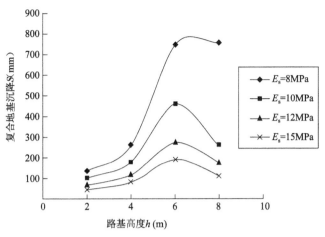

图 2-54　复合地基沉降随路基高度的变化曲线

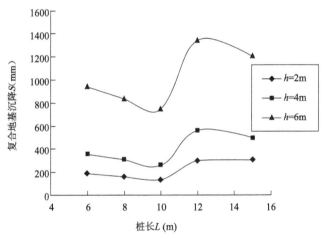

图 2-55　复合地基沉降随桩长的变化曲线

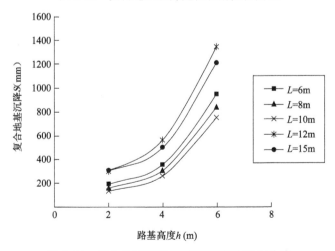

图 2-56　复合地基沉降随路基高度的变化曲线

## 2.7 复合地基桩周摩阻力发挥探讨

依托工程中,复合地基砾石桩未穿透软弱土层,砾石桩的类型为悬浮桩,其桩身承载力主要由桩周摩阻力提供。根据以上分析可知,影响砾石桩桩周摩阻力的因素主要有:①桩间土力学性质(桩间土模量与抗剪强度、桩间土水平有效应力分布等);②砾石桩的设置(桩土面积置换率、桩长等);③桩与土相对位移量(桩体压缩量);④荷载水平与时间效应等,这些因素往往相互作用共同影响桩周摩阻力发挥。本节将对桩周摩阻力发挥及其影响因素作进一步分析探讨。

### 2.7.1 桩与土相对位移影响桩周摩阻力发挥

桩周摩阻力 $P_f$ 的计算公式,可用下式表示:

$$P_f = \sum_{i=1}^{n} f_z(l_i) u \Delta l_i \tag{2-1}$$

$$f_z(l_i) = F[S(l_i)] \tag{2-2}$$

式中: $u$——桩周长;

$\Delta l_i$——桩段长;

$f_z(l_i)$——桩侧第 $i$ 层土的摩阻力,是桩与土相对位移 $\Delta S$ 的函数(或桩身摩阻力沿深度方向的分布函数);

$F[S(l_i)]$——桩周摩阻力传递函数。

针对桩周摩阻力传递函数,国内外相关研究中已提出了多种不同函数曲线模型,如图 2-57 所示。

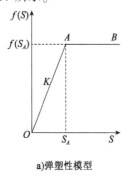
a)弹塑性模型

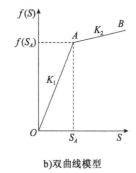
b)双曲线模型

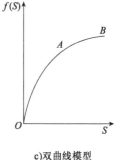
c)双曲线模型

图 2-57

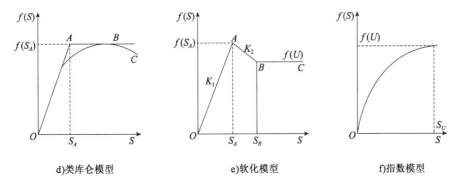

图 2-57　桩周摩阻力传递函数曲线模型

从图 2-57 中可以看出,不同的桩周摩阻力传递函数曲线均表现出一个共同规律,在曲线起始阶段(图示 OA 段)桩周摩阻力随桩土相对位移 S 增大基本上呈线性增长,桩周摩阻力尚未达到其极限状态;其后(图示 AB 段)表示桩土相对位移达到某一限值后,桩周摩阻力将逐渐趋于某一稳定值。通过之前章节分析可知,砾石桩桩周摩阻力自桩顶至桩端 0~2m 桩长范围内,桩周摩阻力呈线性增长;自桩长 2m 至以下一定桩长范围内,桩周摩阻力基本维持某一定值,表明此范围内桩周摩阻力已达到限值。由于本节中将砾石桩视为弹塑性体,具有一定的压缩性,在桩长一段范围内,与桩周土共同承受上部荷载被压缩。由第 2.4 节中的复合地基沉降与水平位移云图可知,砾石桩有传递沉降变形与荷载的作用,在桩端一定范围内会形成"土拱效应",桩周土应力得到提高,桩周摩阻力显著增加。另外,桩周土力学参数(模量与抗剪强度)显著影响桩周摩阻力。桩周土力学参数越低,其复合地基沉降量越大,桩土相对位移越大,其桩周摩阻力越大。

## 2.7.2　桩周土应力水平分布影响桩周摩阻力发挥

对于散体材料桩复合地基,增强体为砾石、碎石或砂石,在竖向荷载作用下,桩体产生较大的横向变形,对周围土体产生挤压;桩周土对挤压产生反作用,约束桩体的进一步变形,这样桩体才具有一定的强度。散体材料桩复合地基的工作性状与两者的横向相互作用有较大关系。设砾石桩复合地基桩长为 $L$,地表下任意深度 $z_i$ 处桩周土的竖向自重应力为 $\sigma_z$,桩周土在水平方向的水平应力为 $\sigma_x$,则:

$$\begin{cases} \sigma_z = \gamma z_i \\ \sigma_x = K_0 \gamma z_i \end{cases} \quad (2-3)$$

式中:$\gamma$——桩周土的重度;

$z_i$——地表下某一点深度;

$K_0$——桩周土水平应力系数,与土的种类和状态有关。

由于上下桩体材料相同,在桩周土的种类和状态变化不大的情况下桩周摩阻系数 $f_n$ 为恒定值,则桩周摩阻力与桩周土水平应力关系视为: $P_f = \sigma_x f_n = K_0 \gamma z_i f_n$,桩周摩阻力随地基深度增加而增加,如图 2-58 所示。

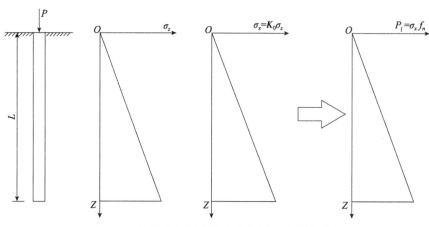

图 2-58 桩周土水平应力分布与桩周摩阻力发挥

## 2.7.3 桩身传递荷载累加效应影响桩周摩阻力发挥

复合地基桩体具有传递位移和荷载的作用,桩周土水平有效应力与桩身传递的荷载耦合作用影响桩周摩阻力,复合地基最大沉降往往发生在地基表面且位于路中一定范围内,浅层桩周土和桩体承受较大的应力(荷载),桩身传递荷载随地基深度的增加而逐渐减小,假定桩身传递荷载随地基深度的增加而线性递减,桩周土水平有效应力与桩身传递荷载耦合作用,如图 2-59 所示。从图 2-59 中可以看出,最大桩周摩阻力点随桩长和荷载的增加逐渐下移,且摩阻力也相应地增加。

此外,散体材料桩复合地基桩土变形协调方式也影响桩土作用性状,从而影响桩周摩阻力的发挥。根据相关研究成果,散体材料桩复合地基与其他柔性桩(固化体桩)和刚性桩的桩土变形协调方式不同,散体材料桩不会表现出其他桩特有的上下"刺入"地基土的状态(或现象不太明显)。散体材料桩桩身由砾石料或碎石料等组成,桩体缺少黏结性,不具有相应的刚度和一体性,它的成型和提供支撑荷载的能力主要依靠桩周土的约束力。在上部路基自重和车辆荷载的作用下,由于桩身材料无黏结性,有向四周移动变形的趋势。桩周土相对于桩身材料来说其力学指标较低,桩身变形首先向侧面相对薄弱的桩周土发展,即散体材料桩复合地基通过桩体侧向鼓胀变形来实现桩土之间的变形协调。对于上下土层地质条件基本一致的深厚软土地基,复合地基加固区地基土在桩体排水固结、置换与挤密过程中,其力学指标得到一定提高。复合地基桩周土的相对薄弱层处于加固区与下卧层交界面以上一定范围内,即桩端以上一定范围内,散体材料桩的鼓胀变形主要发生在此范围。依托工程现场挖探可证明这一现象,如图2-60所示。

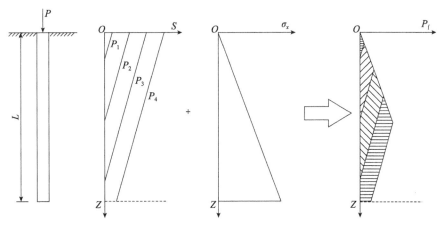

图2-59　桩周土应力与桩身荷载耦合作用下桩周摩阻力发挥

图2-60　砾石桩桩端范围发生鼓胀

结合以上分析,由于复合地基桩体具有"传递荷载"的作用,在桩端一定范围内会形成"土拱效应"和"鼓胀效应",使桩端以上一定影响范围内桩周土产生强应力区,此范围桩周摩阻力又得到进一步提高。从前述章节分析可知,桩端以上一定范围桩周摩阻力显著增加,与本节分析结果一致。

## 2.7.4　荷载水平与时间效应影响桩周摩阻力发挥

通过之前章节分析可知,路基填筑过程中,随着路基高度的增加,桩身位移和压缩随之增大,桩周摩阻力也随之得到发挥。此外,在路堤土体分层填筑过程中,桩周土体(黏土、粉土或含沙粉土等)具有明显的触变性和蠕变性,在排水蠕变过程中,孔压随时间延长而消散,有效应力得到增强,它们对桩周摩阻力的发挥具有明显的时间效应。

此外,复合地基砾石桩的布置也影响桩周摩阻力的发挥,桩间距越大,桩土面积置换率越小,桩体分担荷载越大,其桩周摩阻力越大。

## 2.8 复合地基沉降、承载力与桩土应力比计算

### 2.8.1 复合地基沉降计算方法

散体材料桩复合地基在公路盐渍化软土地基处治工程中得到了广泛应用,形成了相对成熟的沉降计算方法,这些计算方法主要分为两大类:将复合地基作为整体考虑的沉降计算方法和将复合地基分为加固层和下卧层压缩量分别考虑的沉降计算方法。

**1)将复合地基作为整体考虑的沉降计算方法**

此类方法主要有沉降折减法和附加应力解析法等。沉降折减法主要是建立复合地基沉降与相应天然地基沉降之间的关系,考虑复合地基的加固效果,建立两者之间的关系,主要的关系表达式为:

$$S = \beta S_0 \tag{2-4}$$

$$\beta = f(m,n) \tag{2-5}$$

式中:$S$——复合地基沉降量(mm);

$S_0$——相应天然地基沉降量(mm);

$\beta$——沉降折减系数,为面积置换率 $m$ 和桩土应力比 $n$ 的函数。

沉降折减法属于经验回归法,复合地基沉降主要取决于面积置换率和桩土应力比。由前述章节分析可知,对于散体材料桩,桩土应力比相差不大,具有一定的分布规律性,沉降折减法可以用于散体材料桩复合地基沉降计算。

附加应力法以复合地基为均质半空间弹性体为假设条件,将作用于桩间土和桩身的荷载引起的附加应力,通过一定的解析方法叠加作为复合地基附加应力,由分层总和法计算复合地基沉降。

**2）将复合地基沉降视为加固区压缩量与下卧层压缩量之和的计算方法**

在复合地基沉降计算过程中,常将复合地基沉降视为加固区压缩量和下卧层压缩量之和,分别采用不同的方法计算加固区压缩量和下卧层压缩量。

(1)加固区压缩量计算。

加固区压缩量计算方法,主要包括复合模量法、应力修正法、桩身压缩量法等。

①复合模量法是将复合地基加固区桩体和桩间土视为复合地基整体,采用复合压缩模量来评价复合地基的压缩性。复合地基的整体压缩模量采用面积加权平均法计算,由复合压缩模量采用分层总和法计算加固区沉降量。

②应力修正法是根据桩间土分担的荷载,考虑桩土面积置换率和桩土应力分担比,由桩间土的压缩模量用分层总和法计算加固区的压缩量,本质上属于沉降折减法。

③桩身压缩量法根据桩身荷载和桩体变形模量计算桩身压缩量,桩身压缩量与桩底端刺入下卧层的刺入量之和即为复合地基沉降量。对于桩身摩阻力均匀性分布桩,主要根据桩土面积置换率和桩土应力比计算桩身荷载。对于桩身摩阻力非均匀性分布桩,桩身压缩量法的计算难点在于确定桩身应力在深度方向上的分布,从而确定桩身承担荷载。另外,桩体刺入下卧层的刺入量难以计算也是制约本方法广泛应用的主要条件之一。

(2)下卧层压缩量计算。

下卧层压缩量计算一般采用分层总和法,关键在于确定下卧层附加应力分布。目前,工程中下卧层附加应力分布主要采用应力扩散法、等效实体法、当层法等方法进行计算。

## 2.8.2 复合地基承载力计算方法

从复合地基桩和土同时达到其破坏状态出发,将桩和土各自极限状态除以约定的安全系数(公路工程一般取2.0),得到桩和土的承载力特征值。按照面积置换率或桩土应力比,得出复合地基的承载力特征值,其计算公式为:

$$f_{spk} = mf_{pk} + (1-m)f_{sk} \tag{2-6}$$

$$f_{spk} = [1 + m(n-1)]f_{sk} \tag{2-7}$$

式(2-6)和式(2-7)是假定桩和土同时达到其极限承载力状态所得,从工程实际情况和相关研究结果来看,当复合地基达到极限承载力状态时,桩和土承载力往往并不是同时达到破坏状态。对于散体材料桩复合地基而言,往往是桩间土先达到破坏状态,相应的桩体强度并未得到充分发挥。定义桩体承载力发挥系数为 $\lambda$,则以上两式改写为:

$$f_{spk} = \lambda m f_{pk} + (1-m) f_{sk} \quad (2-8)$$

$$f_{spk} = f_{sk}[1 + m(\lambda n - 1)] \quad (2-9)$$

式中:$f_{spk}$——复合地基极限承载力(kPa);

$f_{pk}$——桩体极限承载力(kPa);

$f_{sk}$——桩间土极限承载力(kPa);

$\lambda$——桩体承载力发挥系数;

$m$——面积置换率;

$n$——桩土应力比。

### 2.8.3 复合地基桩土应力比确定方法

桩土应力比是表征桩体与桩间土协调程度的一个重要指标,能够有效反映砾石桩复合地基桩上荷载分担特性。对于散体材料桩复合地基而言,计算其复合地基承载力关键在于确定其桩土应力比,本小节将从影响桩土应力比的各因素入手,探讨桩土应力比的确定方法。

由前述章节可知,桩土应力比主要取决于桩和桩间土的变形模量。桩间土的变形模量除与土性有关外,还与其排水固结程度、受荷作用大小与作用时间有关。散体材料桩桩体变形模量与桩间土对其的侧压力有关,另外与其自身密实程度也有关。在路基填筑施工过程中以及路基填筑完成后一段时间内,复合地基在路基荷载作用下排水固结,桩土之间逐渐完成变形协调,其桩土应力比也相应发生改变,桩土应力比最终会趋于稳定。设桩顶下沉量 $S$ 是桩体压缩量 $\Delta L$ 和桩端下沉量 $S_{PL}$ 之和,即复合地基沉降量为桩体压缩量和下卧层压缩量之和,其表达式为:

$$S = \Delta L + S_{PL} \quad (2-10)$$

式中:$S$——复合地基沉降量(m);

$\Delta L$——砾石桩桩体压缩量(m);

$S_{PL}$——下卧层压缩量(m)。

作为一种散体材料桩,砾石桩不会出现其桩顶、桩端"刺入"上下层地基土的情况,桩顶与加固层表层沉降应保持一致,桩端随下卧层共同沉降,即桩端下沉量等于下卧层压缩量。桩土应力比为复合地基中桩顶平均竖向应力与桩间土平均竖向应力的比值,假设在复合地基沉降过程中,桩体不发生膨胀变形,则桩体压缩量与桩间土压缩量相等,其应变应该相等,即:$\varepsilon_p = \varepsilon_s$。此种情况下,桩土应力比可表达为:

$$n = \frac{\sigma_p}{\sigma_s} = \frac{E_p \varepsilon_p}{E_s \varepsilon_s} = \frac{E_p}{E_s} \tag{2-11}$$

式中:$n$——桩土应力比;

$\sigma_p$——桩顶平均竖向应力;

$\sigma_s$——桩间土平均竖向应力;

$E_p$——桩体变形模量;

$E_s$——桩间土变形模量;

$\varepsilon_p$——桩身应变;

$\varepsilon_s$——桩间土应变。

根据工程实践验证,荷载作用下砾石桩复合地基达到破坏状态时,其桩身中下部易发生鼓胀破坏,即桩体竖向压缩量与桩间土竖向压缩量可以相等,但实际应变却不相等,故不能采用式(2-11)计算桩间应力比。基于此,将路基下复合地基桩土协调变形视为半空间有侧限条件的各向同性变形,则复合地基桩土应力比计算公式可简化为:

$$n = \frac{\sigma_p}{\sigma_s} = \frac{E_p \varepsilon_p}{E_s \varepsilon_s} = \frac{E_p}{E_s} \left[ \frac{1 - 2\mu_s^2/(1-\mu_s)}{1 - 2\mu_p^2/(1-\mu_p)} \right] = \frac{E_p}{E_s} \xi \tag{2-12}$$

式中:$\mu_p$——桩体泊松比;

$\mu_s$——桩间土泊松比;

$\xi$——应力比修正系数。

由式(2-12)可知,应力比修正系数 $\xi$ 为桩土泊松比 $\mu_p$、$\mu_s$ 的函数。根据相关文献,$\mu_p$ 取值范围为 0.25~0.35,$\mu_s$ 取值范围为 0.25~0.40,则应力比修正系数 $\xi$ 取值范围为 0.56~1.34,但在实际工程中通常 $\xi \leq 1$,故 $\xi$ 取值范围为 0.56~1.00。

根据表2-7中的计算工况,采用本小节提出的复合地基桩土应力比计算式(2-12),界定不同影响因素下桩土应力比修正系数 $\xi$ 的取值范围,计算结果见表2-9~表2-13。

工况一:地基土模量与面积置换率的影响

由表2-9可知,当路基高度、宽度和桩长保持不变时,不同面积置换率和地基土模量工况下,桩土应力比修正系数 $\xi$ 变化不大,其取值范围为 0.71~0.85(桩间土模量小时取高值),修正系数平均值 $\bar{\xi}$ 为 0.78。

桩土应力比修正系数(工况一)　　　表2-9

| 桩距(m) | 地基土模量(MPa) | 面积置换率 | 桩土应力比 | 桩土模量比 | 应力比修正系数 |
|---|---|---|---|---|---|
| 1.0 | 8 | 0.23 | 2.92 | 3.75 | 0.78 |
| | 10 | 0.23 | 2.55 | 3.00 | 0.85 |
| | 12 | 0.23 | 1.90 | 2.50 | 0.76 |
| | 15 | 0.23 | 1.43 | 2.00 | 0.71 |
| 1.2 | 8 | 0.16 | 3.13 | 3.75 | 0.83 |
| | 10 | 0.16 | 2.60 | 3.00 | 0.87 |
| | 12 | 0.16 | 1.92 | 2.50 | 0.77 |
| | 15 | 0.16 | 1.47 | 2.00 | 0.73 |
| 1.5 | 8 | 0.10 | 3.01 | 3.75 | 0.80 |
| | 10 | 0.10 | 2.53 | 3.00 | 0.84 |
| | 12 | 0.10 | 1.87 | 2.50 | 0.75 |
| | 15 | 0.10 | 1.51 | 2.00 | 0.76 |
| 1.8 | 8 | 0.07 | 3.00 | 3.75 | 0.80 |
| | 10 | 0.07 | 2.55 | 3.00 | 0.85 |
| | 12 | 0.07 | 1.82 | 2.50 | 0.73 |
| | 15 | 0.07 | 1.52 | 2.00 | 0.76 |

工况二:路基高度与面积置换率的影响

由表2-10可知,在地基土模量、路基宽度和桩长保持不变的前提下,当路基高度 $h=2m$ 时,桩土应力比修正系数 $\xi$ 取值范围为 $0.59\sim0.65$(置换率较大时取低值);当路基高度 $h=4m$、$6m$ 和 $8m$ 时,桩土应力比修正系数 $\xi$ 取值范围为 $0.71\sim0.89$(路基高度较高时取大值)。整体而言,当路基高度 $h=2m$、$4m$、$6m$ 和 $8m$ 时,其应力比修正系数平均值 $\bar{\xi}$ 为0.75。

桩土应力比修正系数(工况二)　　　表2-10

| 路基高度(m) | 桩距(m) | 面积置换率 | 桩土应力比 | 桩土模量比 | 应力比修正系数 |
|---|---|---|---|---|---|
| 2 | 1.0 | 0.23 | 2.23 | 3.75 | 0.59 |
| | 1.2 | 0.16 | 2.44 | 3.75 | 0.65 |
| | 1.5 | 0.10 | 2.45 | 3.75 | 0.65 |
| | 1.8 | 0.07 | 2.39 | 3.75 | 0.64 |

续上表

| 路基高度<br>(m) | 桩距<br>(m) | 面积置换率 | 桩土应力比 | 桩土模量比 | 应力比修正系数 |
|---|---|---|---|---|---|
| 4 | 1.0 | 0.23 | 2.76 | 3.75 | 0.74 |
|   | 1.2 | 0.16 | 2.81 | 3.75 | 0.75 |
|   | 1.5 | 0.10 | 2.80 | 3.75 | 0.75 |
|   | 1.8 | 0.07 | 2.68 | 3.75 | 0.71 |
| 6 | 1.0 | 0.23 | 2.92 | 3.75 | 0.78 |
|   | 1.2 | 0.16 | 3.13 | 3.75 | 0.83 |
|   | 1.5 | 0.10 | 3.01 | 3.75 | 0.80 |
|   | 1.8 | 0.07 | 3.00 | 3.75 | 0.80 |
| 8 | 1.0 | 0.23 | 3.15 | 3.75 | 0.84 |
|   | 1.2 | 0.16 | 3.33 | 3.75 | 0.89 |
|   | 1.5 | 0.10 | 3.07 | 3.75 | 0.82 |
|   | 1.8 | 0.07 | 2.90 | 3.75 | 0.77 |

**工况三:路基宽度与地基土模量的影响**

由表2-11可知,在桩土面积置换率、路基高度和桩长保持不变的前提下,针对不同路基宽度和地基土模量的影响,桩土应力比修正系数 $\xi$ 取值范围为 0.63~0.84,其修正系数平均值 $\bar{\xi}$ 为 0.74。

桩土应力比修正系数(工况三) 表2-11

| 路基宽度<br>(m) | 地基土模量<br>(MPa) | 面积置换率 | 桩土应力比 | 桩土模量比 | 应力比修正系数 |
|---|---|---|---|---|---|
| 13 | 8 | 0.10 | 2.71 | 3.75 | 0.72 |
|   | 10 | 0.10 | 2.19 | 3.00 | 0.73 |
|   | 12 | 0.10 | 1.58 | 2.50 | 0.63 |
|   | 15 | 0.10 | 1.42 | 2.00 | 0.71 |
| 26 | 8 | 0.10 | 3.01 | 3.75 | 0.80 |
|   | 10 | 0.10 | 2.53 | 3.00 | 0.84 |
|   | 12 | 0.10 | 1.87 | 2.50 | 0.75 |
|   | 15 | 0.10 | 1.51 | 2.00 | 0.76 |

续上表

| 路基宽度<br>(m) | 地基土模量<br>(MPa) | 面积置换率 | 桩土应力比 | 桩土模量比 | 应力比修正系数 |
|---|---|---|---|---|---|
| 33.5 | 8 | 0.10 | 3.10 | 3.75 | 0.83 |
| | 10 | 0.10 | 2.38 | 3.00 | 0.79 |
| | 12 | 0.10 | 1.73 | 2.50 | 0.69 |
| | 15 | 0.10 | 1.38 | 2.00 | 0.69 |
| 44 | 8 | 0.10 | 2.99 | 3.75 | 0.80 |
| | 10 | 0.10 | 2.49 | 3.00 | 0.83 |
| | 12 | 0.10 | 1.90 | 2.50 | 0.76 |
| | 15 | 0.10 | 1.49 | 2.00 | 0.74 |

工况四:路基高度与地基土模量的影响

从表 2-12 中可以看出,在桩土面积置换率、路基宽度和桩长保持不变的前提下,针对不同路基高度和地基土模量的影响,桩土应力比修正系数 $\xi$ 取值范围为 $0.65 \sim 0.84$,其修正系数平均值 $\bar{\xi}$ 为 0.75。

桩土应力比修正系数(工况四)　　　　表 2-12

| 路基高度<br>(m) | 地基土模量<br>(MPa) | 面积置换率 | 桩土应力比 | 桩土模量比 | 应力比修正系数 |
|---|---|---|---|---|---|
| 2 | 8 | 0.1 | 2.45 | 3.75 | 0.65 |
| | 10 | 0.1 | 2.02 | 3.00 | 0.67 |
| | 12 | 0.1 | 1.72 | 2.50 | 0.69 |
| | 15 | 0.1 | 1.52 | 2.00 | 0.76 |
| 4 | 8 | 0.1 | 2.80 | 3.75 | 0.75 |
| | 10 | 0.1 | 2.38 | 3.00 | 0.79 |
| | 12 | 0.1 | 1.72 | 2.50 | 0.69 |
| | 15 | 0.1 | 1.43 | 2.00 | 0.72 |
| 6 | 8 | 0.1 | 3.01 | 3.75 | 0.80 |
| | 10 | 0.1 | 2.53 | 3.00 | 0.84 |
| | 12 | 0.1 | 1.87 | 2.50 | 0.75 |
| | 15 | 0.1 | 1.51 | 2.00 | 0.76 |

续上表

| 路基高度（m） | 地基土模量（MPa） | 面积置换率 | 桩土应力比 | 桩土模量比 | 应力比修正系数 |
|---|---|---|---|---|---|
| 8 | 8 | 0.1 | 3.07 | 3.75 | 0.82 |
|  | 10 | 0.1 | 2.51 | 3.00 | 0.84 |
|  | 12 | 0.1 | 1.94 | 2.50 | 0.78 |
|  | 15 | 0.1 | 1.50 | 2.00 | 0.75 |

工况五：桩长与路基高度的影响

从表2-13中可以看出,在桩土面积置换率、路基宽度和地基土模量保持不变的前提下,不同的桩长对桩土应力比修正系数 $\xi$ 影响较小;应力比修正系数 $\xi$ 还与路基高度有关,当路基高度 $h=2m$、$4m$ 和 $6m$ 时,其应力比修正系数 $\xi$ 取值范围为 $0.64\sim0.83$,其修正系数平均值 $\bar{\xi}$ 为 $0.74$。

桩土应力比修正系数（工况五） 表2-13

| 路基高度（m） | 桩长（m） | 面积置换率 | 桩土应力比 | 桩土模量比 | 应力比修正系数 |
|---|---|---|---|---|---|
| 2 | 6 | 0.1 | 2.40 | 3.75 | 0.64 |
|  | 8 | 0.1 | 2.46 | 3.75 | 0.66 |
|  | 10 | 0.1 | 2.45 | 3.75 | 0.65 |
|  | 12 | 0.1 | 2.44 | 3.75 | 0.65 |
|  | 15 | 0.1 | 2.44 | 3.75 | 0.65 |
| 4 | 6 | 0.1 | 2.74 | 3.75 | 0.73 |
|  | 8 | 0.1 | 2.85 | 3.75 | 0.76 |
|  | 10 | 0.1 | 2.80 | 3.75 | 0.75 |
|  | 12 | 0.1 | 2.93 | 3.75 | 0.78 |
|  | 15 | 0.1 | 2.86 | 3.75 | 0.76 |
| 6 | 6 | 0.1 | 3.11 | 3.75 | 0.83 |
|  | 8 | 0.1 | 3.06 | 3.75 | 0.82 |
|  | 10 | 0.1 | 3.01 | 3.75 | 0.80 |
|  | 12 | 0.1 | 3.10 | 3.75 | 0.83 |
|  | 15 | 0.1 | 2.99 | 3.75 | 0.80 |

综上所述,在不同影响因素作用下,桩土应力比修正系数 $\xi$ 变化区间比较接近,基本取值范围为 $0.70\sim0.90$,各种工况下桩土应力比修正系数平均值 $\bar{\xi}=0.80$。依托工程

中,测得桩间土和桩体泊松比分别为 $\mu_p=0.40$、$\mu_s=0.35$,按照本节提出的式(2-12)计算桩土应力比修正系数 $\bar{\xi}=0.75$,与数值计算结果基本吻合。

## 2.9 本章小结

为了确保设计方案对盐渍化软土地基加固和控沉的可靠性,本章通过结合察尔汗盐湖区特殊的工程地质水文条件,论证盐渍土软土地基各种处治方法的适用性;以碎石桩为研究对象,借助有限元分析模型,进行了察尔汗盐湖区盐渍化软土地基加固控沉技术研究,得出如下主要结论:

(1)根据盐渍化软土地基处治方法适用性的分析,结合察尔汗盐湖地区特殊的工程水文地质情况和区域气候条件,提出了察尔汗盐湖区盐渍化软基处治方案。

(2)根据复合地基沉降、位移与应力场数值模拟结果,与天然地基相比,复合地基最大水平位移发生在两个不同的范围,一是路基基底路肩对应位置至坡脚范围,二是边桩桩端(底)一定范围。两处水平位移范围在竖直方向上对应,复合地基桩体具有明显的"传递水平位移"的作用。复合地基桩体的存在使得地基浅层附加应力减小,而桩体中下部附加应力增加,地基附加应力高应力区向桩端下移,附加应力影响深度增加。

(3)桩周摩阻力随路基填筑高度的增加而增加,桩周摩阻力分布与柔性桩和刚性桩不同,桩周摩阻力在桩体中下部达到最大。随路基填筑高度的增加,中性点位置逐渐上移,当路基高度≥6m时,桩周摩阻力为正值。

(4)群桩桩周摩阻力水平方向(横断面方向)分布特点为:自路中心至路肩对应位置,距路中心距离越远,桩身摩阻力越大,路肩对应位置处桩桩周摩阻力达到最大;自路肩至坡脚范围,桩周摩阻力逐渐减小,坡脚处桩桩周摩阻力最小。

(5)随路基填筑高度的增加,桩土沉降量逐渐增加,但增量逐渐减小。桩体沉降过程中,桩身发生了压缩变形,路基高度越大,其压缩量越大。自路中心至坡脚,基底地表水平位移先增大后减小,呈"上凸"抛物线,在路肩对应位置至坡脚范围,水平位移达到最大。

(6)自路中心至坡脚,桩土应力比逐渐减小。路基填筑期,桩土应力比逐渐增加;路基填筑后期,桩土应力比逐渐减小;至公路运营期,桩土应力比趋于稳定。复合地基桩土应力比的变化过程反映了路基填筑过程中桩与土沉降变形协调和应力分担转移的动态过程。

(7) 桩周摩阻力随地基土模量增加而减小,随面积置换率的减小而显著增大,随路基高度的增加而增大,随着路基宽度的增加而逐渐减小,桩长对桩周摩阻力影响较小。

(8) 桩土应力比受地基土模量显著影响,地基土模量越小桩土应力比越大,其加固效果越好。当地基土模量大于12MPa时,桩土应力比显著减小,复合地基加固效果不再明显。

(9) 桩土应力比随面积置换率增大而减小,当面积置换率大于0.1(桩间距为1.5m)后,应力比基本不随面积置换率增加而变化。从桩土应力比角度考虑,桩土面积置换率存在临界值,此临界值为$m=0.10$(桩间距为1.5m),过分地增加桩土面积置换率不能有效地降低或增加桩土应力比。

(10) 桩土应力比随路基高度的增加而逐渐增加,这表明路基高度越大,桩体承担的荷载越大,砾石桩复合地基加固效果越显著。

(11) 桩土应力比随路基宽度的增加而逐渐增加,但变化曲线相对平缓,路基宽度对复合地基桩土应力比影响相对较小。

(12) 桩土应力比随着桩长的增加略有增加,桩长对复合地基桩土应力比影响甚微。

(13) 桩身竖向位移随着地基土模量的增加而逐渐减小,地基土模量对桩身竖向位移显著影响。复合地基沉降过程中,桩体发生压缩。地基土模量越小,桩间距越大,其桩体压缩量越大。桩土面积置换率对桩身竖向位移影响显著。桩间距越大,其桩身沉降量越大。从减少桩身竖向位移角度考虑,推荐桩间距为1.0~1.5m。

(14) 桩身竖向位移随路基高度和宽度的增加而增加,桩体压缩量随路基高度的增加而增加,路基宽度对桩体压缩量影响相对较小。

(15) 在给定的路基高度下,桩长$L=6$~10m时,桩身竖向位移随桩长的增加逐渐减小;当桩长$L \geqslant 12$m时,桩身竖向位移显著增加。砾石桩复合地基桩长存在最佳(最大)的桩长,桩长的过分增加会导致桩身竖向位移的增加。从减少桩身竖向位移、地基沉降与造价等方面考虑,砾石桩设计长度宜为6~10m。

(16) 复合地基沉降受地基土模量显著影响,地基土模量越大复合地基沉降量越小。当地基土模量大于12MPa时,复合地基沉降曲线趋于平缓,复合地基处理效果不再明显。在地基土模量为8MPa时,复合地基沉降受面积置换率显著影响,面积置换率越大其沉降越小,砾石桩复合地基更适合于处理较低模量的软弱地基。

(17) 复合地基沉降受路基高度显著影响,随着路基高度的增加,复合地基沉降显著增加,当路基高度达到6m,复合地基沉降曲线趋于平稳。复合地基沉降受路基宽度影响相对较小,随着路基宽度的增加,复合地基沉降逐渐增大。

(18)桩长对复合地基沉降显著影响。在桩长 $L \leqslant 10m$ 的情况下,复合地基沉降随桩长的增加而减小;当桩长 $\geqslant 12m$ 时,复合地基沉降呈阶梯形增加。从控制复合地基沉降与工程造价考虑,砾石桩复合地基桩长不宜超过 10m。

(19)砾石桩桩周摩阻力发挥计算结果表明:①桩周摩阻力随桩土相对位移的增加而呈线性增加,当桩土相对位移达到某一限值时,桩周摩阻力趋于稳定。砾石桩有传递沉降变形与高应力区的作用,在桩端一定范围内会形成"土拱效应",从而引起桩端范围桩周摩阻力显著增加。②桩周土应力水平分布影响桩周摩阻力发挥,地基深度增加,桩周土应力水平分量越大,桩周摩阻力越大。③桩周土水平有效应力与桩身传递荷载耦合作用影响桩周摩阻力。最大桩周摩阻力点随桩长和荷载的增加逐渐下移,且摩阻力也相应地增加。④复合地基桩体具有"传递荷载"的作用,在桩端一定范围内会形成"土拱效应"和"鼓胀效应",桩端以上一定影响范围内桩周土产生强应力区,此范围桩周摩阻力又得到进一步提高。⑤荷载越大,荷载作用时间越长,桩周摩阻力越能得到越能充分发挥。荷载对桩周摩阻力发挥具有明显的时间效应。

(20)对砾石桩复合地基桩土应力比进行了讨论,复合地基承载力计算关键在于确定其桩土应力比。桩土应力比可采用式(2-12)表示。

(21)对不同工况下桩土应力比修正系数 $\xi$ 进行了计算,确定了不同工况下桩土应力比修正系数 $\xi$ 的取值范围。各种工况下,应力比修正系数 $\xi$ 变化区间基本一致,基本取值范围为 $0.70 \sim 0.90$,各种工况的应力比修正系数平均值 $\bar{\xi} = 0.80$。

# 第 3 章
CHAPTER 3

# 公路路基下伏岩盐夹层地基沉降与承载性能研究

## 3.1 引言

岩盐作为盐渍土的一种特殊种类,常见于第四纪地层的内陆盐湖和海滨浅水湖中,与钾盐、镁盐、石膏、光卤石等共生,世界各地均有分布;国内以察尔汗盐湖地区最为代表,新疆、内蒙古、甘肃等省(自治区)盐渍土地区多有分布。根据相关研究,岩盐具有较好的密实性、不透水性、蠕变特性和损伤自愈性,按照岩石的分类标准属于软岩范畴,具有岩石的强度特征。因此,岩盐夹层地基可以作为优良的公路地基。根据国内盐渍土地区岩盐地基工程应用情况的调研,公路工程岩盐夹层地基应用实践偏少,对公路路基下伏岩盐夹层地基沉降与承载性能方面的研究成果更是凤毛麟角。实际工程中,对岩盐夹层多采用挖除换填或复合地基处理的方式,为破除岩盐夹层、盐壳层或板块状盐渍土采用了钻爆、静态爆破等开挖岩石所采用的方法,对岩盐夹层一般采用"弃"的原则,造成了巨大的工程浪费,得不偿失,归根结底,是对岩盐夹层地基的沉降和承载性能不甚把握、缺少信心,缺少相关研究成果的支撑。现行规范主要针对一般盐渍土的工程性质和工程应用而言,未提及岩盐的工程特性及其应用。岩盐夹层作为公路地基的工程担忧主要是岩盐自身的强度特性、结构特性与溶陷特性等。岩盐夹层地基承载力和沉降能否满足公路地基指标要求,能否直接或稍加处理作为公路地基的问题值得研究,也亟须得到解决。

本章针对察格高速公路察尔汗盐湖南段岩盐夹层地基处治工程遇到的问题,首先通过室内试验和现场试验,分析岩盐的成分、强度特性、腐蚀特性、溶陷特性与微观结构等工程特性;然后借助现场荷载试验,分析天然盐壳地基和岩盐夹层复合地基的承载能力,揭示降雨浸水工况下岩盐夹层地基与复合地基的承载能力适应性;其次通过建立岩盐夹层地基受力与变形数值模型,分析不同岩盐夹层厚度、岩盐夹层埋深地质条件下的不同路基高度岩盐夹层地基沉降、水平位移与应力分布特征,进一步探明岩盐夹层作为公路地基的适应性,旨在为察尔汗盐湖地区公路工程建设岩盐夹层地基处治与应用提供成果支撑。

## 3.2 岩盐的工程特性试验研究

### 3.2.1 岩盐的成分分析

在晶间摩擦面分割作用下,岩盐本质上是一种盐晶颗粒积聚而成的物质,其夹层结构形成于第四纪晚期,在没有受到强烈构造影响的前提下,主要是通过湖水浓缩、盐析聚集后形成的。由于晶间摩擦面之间的胶结力大小不一,在卤水和泥质固结作用下,不同粒径的盐晶逐渐演变为岩盐,故岩盐也可称为化学沉积物。

察尔汗盐湖岩盐区表层为干硬的盐壳,岩盐表层 0.2~0.8m 范围内含有 10%~30% 的粉砂及黏性土,1.0m 以下含砂土 5%~10%,盐壳下为结构松散、质地较纯的盐粒(图3-1),再往下岩盐逐渐胶结紧密。岩盐主要成分为 NaCl,含盐量为 70%~90%,局部含少量光卤石($KCl \cdot MgCl_2 \cdot 6H_2O$)和钙盐晶体(图3-2),厚度在 0.5~17.0m 范围内,赋层深度自地表至地下不等。地下水为晶间卤水,埋深 0.2~0.8m,卤水水面以上天然密度 1.4~1.7g/cm³、空隙率 25.2%~47.8%;卤水水面以下天然密度 1.7~2.0g/cm³,空隙率 19.8%~41.1%。软土层、液化层以互层或透镜体的形式穿插于岩盐或下伏于岩盐底部。

图 3-1 地表盐壳

图 3-2 岩盐中光卤石和钙盐晶体

岩盐为结晶盐,表现出溶解度大和溶解速度快的特点。根据室内试验得知,盐湖岩盐的溶解度达 301~344g/L,周边矿化度为 208.6g/L,当流速为 0.05~0.22cm/s 时,其溶解速度为 24.00~366.86g/cm²·h,晶间卤水矿化度为 303~440g/L,岩盐易溶软化。

岩盐密度除表层以外,下面的都比较大,上层孔隙度最大为 47.8%,最小仅为 31.8%,平均 38.7%。而晶间卤水面以下的孔隙度最大为 41.1%,最小为 19.8%,平均

29.1%，干密度为 1.48~1.95g/cm³，平均为 1.75g/cm³，由此可见岩盐的密度是很大的。

### 3.2.2 岩盐的强度特性

岩盐的强度特性试验按照《公路工程岩石试验规程》(JTG E41—2005)中单轴抗压强度试验开展。岩盐试样取自察尔汗盐湖地表下 0.5~1.0m 深度范围盐壳、1.0~2.0m 深度天然岩盐和人工卤水结晶岩盐三种试样，采用切割机切割成型备样试验，如图 3-3~图 3-6 所示。试验结果见表 3-1。

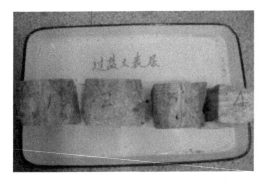

图 3-3　表层盐壳

图 3-4　天然岩盐

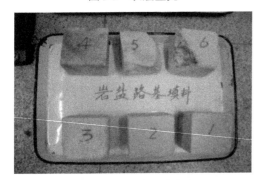

图 3-5　卤水结晶的岩盐

图 3-6　岩盐抗压强度试验

岩盐抗压强度试验结果　　　表 3-1

| 岩盐试样 | 序号 | 抗压面积（cm²） | 极限荷载（kN） | 抗压强度（MPa） | 抗压强度平均值（MPa） | 备 注 |
|---|---|---|---|---|---|---|
| 表层盐壳 | 1 | 102.35 | 55.9 | 5.46 | 6.64 | 垂直层理 |
|  | 2 | 102.68 | 66.2 | 6.45 |  | 垂直层理 |
|  | 3 | 87.70 | 63.7 | 7.26 |  | 垂直层理 |
|  | 4 | 76.98 | 56.7 | 7.37 |  | 垂直层理 |

续上表

| 岩盐试样 | 序号 | 抗压面积（cm²） | 极限荷载（kN） | 抗压强度（MPa） | 抗压强度平均值（MPa） | 备注 |
|---|---|---|---|---|---|---|
| 天然岩盐 | 1 | 105.37 | 78.3 | 7.43 | 4.47 | 垂直层理 |
| | 2 | 105.73 | 72.9 | 6.89 | | 垂直层理 |
| | 3 | 105.17 | 51.6 | 4.91 | | |
| | 4 | 104.35 | 20.6 | 1.97 | | |
| | 5 | 101.33 | 17.8 | 1.76 | | |
| | 6 | 98.25 | 43.3 | 4.41 | | |
| | 7 | 93.64 | 36.4 | 3.89 | | |
| 人工卤水结晶岩盐 | 1 | 100.62 | 34.0 | 3.38 | 1.99 | |
| | 2 | 104.14 | 6.2 | 0.59 | | |
| | 3 | 101.91 | 6.0 | 0.59 | | |
| | 4 | 102.87 | 22.2 | 2.16 | | |
| | 5 | 75.77 | 33.2 | 4.38 | | |
| | 6 | 99.05 | 8.3 | 0.84 | | |

由表 3-1 中试验结果可知，盐渍土表层盐壳的极限抗压强度为 5.46~7.37MPa，平均值为 6.64MPa；天然岩盐的极限抗压强度为 1.76~7.43MPa，平均值为 4.47MPa；卤水结晶岩盐的极限抗压强度为 0.59~4.38MPa，平均值为 1.99MPa。按照岩石的分类标准可以得出岩盐属于软岩的范畴，达到了软岩的抗压强度，较一般路基填料强度要高。从岩盐自身强度来看，其作为公路地基能够保证不被压裂破坏。

## 3.2.3 岩盐的腐蚀特性

大量易溶盐的存在，加剧了盐渍土的腐蚀性，其中氯盐型和硫酸型的腐蚀性最为显著，严重影响了道路和周边附属物的可用性和耐久性。对于氯盐型盐渍土而言，$Cl^-$ 是氯盐腐蚀作用中最为关键的因素，对公路周边附属设备（如：电线杆、标志牌杆、钢筋）造成极大的腐蚀。而对于硫酸型盐渍土而言，$SO_4^{2-}$ 是其腐蚀性的决定性因素，由于 $SO_4^{2-}$ 与水泥水化物易发生化学反应造成体积迅速增大，促使水泥等制品发生剥落等现象，相应强度急剧下降，因此，硫酸型盐渍土会强烈腐蚀水泥、砂浆、砖等水泥水化物。显然，当氯盐和硫酸盐同时存在时，盐渍土的腐蚀性更明显。

根据察格高速公路水文勘察结果可知，$Cl \cdot SO_4$-Na 型水是察尔汗盐湖区地下水的化学类型,其中$SO_4^{2-}$含量为960.8～12970.8mg/L,$Cl^-$含量为44552.5～331925.0mg/L,pH值范围为6.8～7.1,总硬度为2212.0～23352.0德国度。该类型地下水对混凝土具有强腐蚀性,主要包括结晶型和结晶分解复合型两种。

在察格高速公路沿线不同路段取水样进行水质化验,水质化验结果见表3-2。根据察尔汗岩盐区水质化验结果可知,K596+100～K619+500区段内晶间卤水$Cl^-$含量为7233.80～191011.20mg/L、$SO_4^{2-}$含量为3044.79～45756.58mg/L、$Mg^{2+}$含量为614.8～45935.14mg/L、$Ca^{2+}$含量189.21～19090.00mg/L、pH值范围为6.25～8.06,同时含有氯盐和硫酸盐,对混凝土、橡胶、沥青等物质腐蚀性更显著。

察尔汗岩盐区水质化验结果　　　　表3-2

| 取样地点 | pH | 离子含量(mg/L) | | | | | | | | | 侵蚀性 | 总矿化度 |
| --- | --- | --- | --- | --- | --- | --- | --- | --- | --- | --- | --- | --- |
| | | 阳离子 | | | | 阴离子 | | | | | | |
| | | $K^+$ | $Na^+$ | $Ca^{2+}$ | $Mg^{2+}$ | $Cl^-$ | $SO_4^{2-}$ | $HCO_3^-$ | $CO_3^{2-}$ | $OH^-$ | $CO_2$ | |
| K596+100 | 6.25 | 75.71 | 486.39 | 432.24 | 45935.14 | 183773.40 | 7848.1 | 282.66 | 0.00 | 0.00 | 4.75 | 238697.06 |
| K599+000 | 6.80 | 3670.83 | 69969.35 | 19090.00 | 29238.65 | 191011.20 | 45756.58 | 96.52 | 0.00 | 0.00 | 0.00 | 358785.87 |
| K603+000 | 6.82 | 1915.50 | 98129.87 | 1710.41 | 13694.07 | 185068.80 | 13937.83 | 124.09 | 0.00 | 0.00 | 0.00 | 299600.00 |
| K607+000 | 6.82 | 1398.16 | 85717.88 | 1710.41 | 10166.81 | 155187.9 | 10658.34 | 117.2 | 0.00 | 0.00 | 4.97 | 255760.00 |
| K607+500 | 6.82 | 1465.52 | 78787.98 | 2052.5 | 9959.32 | 151332.30 | 14757.69 | 130.99 | 0.00 | 0.00 | 2.49 | 237500.00 |
| K611+000 | 6.80 | 1554.19 | 88211.16 | 1710.41 | 10581.78 | 159525.45 | 22136.55 | 124.09 | 0.00 | 0.00 | 2.49 | 266000.00 |
| K614+000 | 8.06 | 392.23 | 33575.79 | 1703.57 | 26267.71 | 79039.8 | 30715.41 | 206.82 | 0.00 | 0.00 | 7.46 | 171805.00 |
| K617+000 | 7.62 | 3.32 | 30340.19 | 1363.13 | 3967.19 | 52953.60 | 8689.18 | 130.98 | 0.00 | 0.00 | 0.00 | 97382.10 |
| K619+500 | 7.96 | 142.00 | 5027.20 | 189.21 | 614.8 | 7233.80 | 3044.79 | 461.90 | 0.00 | 0.00 | 37.96 | 16520.71 |

## 3.2.4 岩盐的溶陷特性

盐渍土的溶陷变形是指在自重应力或附加应力作用下，天然盐渍土被水浸湿后发生的变形。在实际工程中，盐渍土的溶陷变形问题会直接影响路基整体稳定性，是目前其作为地基时存在的主要问题。在地形地貌、水文地质、大气降雨等影响条件下，盐渍土路基或地基的自然条件发生显著的变化，极大威胁着其自身的稳定性。对于盐渍土而言，其溶陷变形主要分为两种：①在静水中的溶陷变形，这种溶陷变形通常是指在浸水量较少、浸水时间较短、水力梯度较小的条件下，盐晶发生溶解，促使土体结构强度降低直至破坏，同时土孔隙减小，造成溶陷现象，其溶陷量仅与含盐量、盐性质有关；②潜蚀变形，这种溶陷变形通常是指在浸水量大、浸水时间长，水力梯度大的条件下，盐分以及部分土颗粒随着水渗流发生潜蚀现象，造成土孔隙增大，土体在一定的荷载作用下将产生附加的溶陷变形。目前评价盐渍土溶陷性的重要指标是溶陷率 $\delta$，可通过现场荷载试验或室内压缩试验手段获取。

### 1）溶陷性评价标准

《盐渍土地区建筑技术规范》(GB/T 50942—2014)将盐渍土的溶陷程度根据溶陷系数($\delta_{rx}$)划分为三类：①当 $0.01 < \delta_{rx} \leq 0.03$ 时，溶陷性轻微；②当 $0.03 < \delta_{rx} \leq 0.05$ 时，溶陷性中等；③当 $\delta_{rx} > 0.05$ 时，溶陷性强。根据总溶陷量，将盐渍土地基的溶陷等级分为三级，Ⅰ级为弱溶陷，Ⅱ级为中溶陷，Ⅲ级为强溶陷，溶陷等级见表3-3。

盐渍土地基的溶陷等级　　　　　　表3-3

| 溶陷等级 | 总溶陷量 $\Delta S$ (mm) |
|---|---|
| Ⅰ级：弱溶陷 | $70 < \Delta S \leq 150$ |
| Ⅱ级：中溶陷 | $150 < \Delta S \leq 400$ |
| Ⅲ级：强溶陷 | $\Delta S > 400$ |

《公路路基设计规范》(JTG D30—2015)规定：地下水埋深小于3.0m或存在经常性地表水侵扰的盐渍土路段，应进行地基溶陷性评价，溶陷性指标见表3-4。

盐渍土地基溶陷性指标　　　　　　表3-4

| 公路 | 高速公路、一级公路 | 二级公路 | 三级公路、四级公路 |
|---|---|---|---|
| 溶陷量 $\Delta S$ (mm) | < 70 | < 150 | < 400 |

**2）试样的基本性质**

岩盐夹层地基最大的隐患是在降雨情况下地表盐壳层发生溶解、溶滤和溶陷，从而降低地基承载力或复合地基承载力，加剧上部路基沉降和不均匀沉降。本节将通过实体工程，对岩盐进行室内溶陷试验和岩盐地基现场浸水荷载试验，分析岩盐的溶陷特性。

室内溶陷试验所用岩盐试样取自察尔汗盐湖，取样地点与现场溶陷试验位于同一地点。现场取土深度为 0.3~0.5m，土样基本性质见表 3-5~表 3-7。由试验结果可知，试坑浅层土样总含盐量 89.1%，天然含水率 5.9%。

土 样 颗 粒 分 析　　　　　　　表 3-5

| 土　样 | 颗粒(粒径/mm)组成质量百分比(%) | | | 不均匀系数 $C_u$ | 曲率系数 $C_c$ |
|---|---|---|---|---|---|
| | 2~0.074 | 0.074~0.002 | <0.002 | | |
| 低液限粉土 | 56.29 | 40.78 | 2.92 | 2.33 | 0.63 |

土样易溶盐离子含量　　　　　　　表 3-6

| 各离子的含量(mg/L) | | | | | | | 溶解性固体 | 总含盐量(%) | 盐渍化程度 |
|---|---|---|---|---|---|---|---|---|---|
| $CO_3^{2-}$ | $HCO_3^-$ | $Cl^-$ | $SO_4^{2-}$ | $Ca^{2+}$ | $Mg^{2+}$ | $K^+ + Na^+$ | | | |
| 0 | 26.84 | 268112 | 599.16 | 0 | 23.59 | 268714.4 | 616500 | 89.09 | 氯过盐渍土 |

土样界限含水率　　　　　　　表 3-7

| 土　样 | 比　重 | 天然含水率 | 液限 $w_L$(%) | 塑限 $w_p$(%) | 塑性指数 $I_p$ |
|---|---|---|---|---|---|
| 低液限粉土 | 2.69 | 5.9 | 21.3 | 15.0 | 6.3 |

**3）室内溶陷试验**

（1）试验方法。

岩盐室内溶陷试验参照《公路土工试验规程》(JTG E40—2007)黄土湿陷试验进行，采用环刀法现场取样，取样前清除地表松散层，取样深度为 0.3~0.5m。为尽量减少对试样的扰动与试样的长期搁置，取样与备样后在现场工地实验室及时进行试验。考虑到盐渍土试样浸水溶陷量大，为保证岩盐溶陷试验的连续性和试验结果的准确性，试制加高了环刀和水槽，将规程规定的环刀高度 20mm 改为 40mm，直径不变；水槽高度由 45mm 加高至 70mm，保证溶陷试验过程中试样能完全浸入水中。试验过程中采用 50mm 量程百分表测量试样高度值。岩盐溶陷试验采用单线法和双线法进行。加工改良后的环刀与水槽如图 3-7 所示。

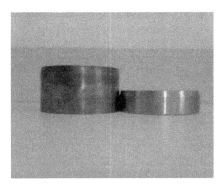 

图 3-7　加工改良的环刀与水槽

①单线法。

采用环刀法制取 5 个试样,依次施加 5 个不同的压力值(50kPa、100kPa、150kPa、200kPa 和 400kPa),将备好的试样按照要求放置在固结仪内,施加预压荷载后对 5 个试样分级加压至 5 个等级压力沉降稳定后加水溶陷至再度达到沉降,测读该压力下浸水前后的高度值,计算溶陷量与溶陷系数。具体步骤为:给第一个试样施加 50kPa 压力,按照规定的时间间隔读数直至沉降稳定,自试样顶面缓慢加水再度达到沉降稳定读数并记录;第二个试样分级加压至 100kPa,按照规定的时间间隔读数直至沉降稳定,自试样顶面缓慢加水再度达到沉降稳定读数并记录;第三个试样分级加压至 150kPa,按照规定的时间间隔读数直至沉降稳定,自试样顶面缓慢加水再度达到沉降稳定读数并记录;其他分级压力以此类推。

②双线法。

双线法切取 2 个环刀试样,一个试样在天然含水率下分级加压,直至溶陷变形稳定为止;另一个试样在天然含水率下施加第一级压力,变形稳定后加水待再次稳定后分级施加后续分级压力,直至各级压力溶陷变形稳定为止。计算天然状态和浸水状态的沉降差,即溶陷量。

③溶陷系数 $\delta$ 计算公式为:

$$\delta = \frac{h_p - h'_p}{h_0} \tag{3-1}$$

式中:$h_0$——原状试样的原始高度(本试验为 40mm);

$h_p$——压力稳定变形后试样的高度(mm);

$h'_p$——压力浸水溶陷稳定后试样的高度(mm)。

室内溶陷现场如图 3-8 所示。

图3-8 室内溶陷试验

(2)试验结果与分析。

试样室内溶陷试验结果见表3-8和表3-9,溶陷量、溶陷系数变化曲线如图3-9、图3-10所示。

单线法溶陷试验结果    表3-8

| 压力(kPa) | | 50 | 100 | 150 | 200 | 400 |
|---|---|---|---|---|---|---|
| 试样1 | 溶陷量(mm) | 6.558 | 8.358 | 8.575 | 9.043 | 9.304 |
| | 溶陷系数 | 0.164 | 0.209 | 0.214 | 0.226 | 0.233 |
| 试样2 | 溶陷量(mm) | 8.333 | 8.761 | 8.996 | 9.498 | 9.451 |
| | 溶陷系数 | 0.208 | 0.219 | 0.225 | 0.238 | 0.239 |

双线法溶陷试验结果    表3-9

| 压力(kPa) | | 50 | 100 | 150 | 200 | 400 |
|---|---|---|---|---|---|---|
| 试样1 | 溶陷量(mm) | 6.297 | 8.641 | 8.880 | 9.200 | 9.552 |
| | 溶陷系数 | 0.157 | 0.216 | 0.222 | 0.230 | 0.239 |
| 试样2 | 溶陷量(mm) | 8.417 | 9.120 | 9.400 | 9.682 | 10.109 |
| | 溶陷系数 | 0.210 | 0.228 | 0.235 | 0.242 | 0.253 |

由上述试验结果可知:施加的压力越大,试样的溶陷量和溶陷系数越大;溶陷量和溶陷系数在压力50~100kPa过程中,变化较为显著,相应变化曲线斜率较大;其后分级压力加载过程中,变化相对平稳。同级压力条件下,双线法测得的溶陷系数要略大于单线法。两试样单线法测得的溶陷量为6.558~9.451mm,溶陷系数为0.164~0.239;双线法测得的溶陷量6.297~10.109mm,溶陷系数为0.157~0.253。根据溶陷性评价标准,由溶陷系数判定盐渍土试样的溶陷程度为强溶陷。限于室内试验仪器尺寸所限,室内试验测得的溶陷量并不能确定岩盐的溶陷等级。《公路路基设计规范》(JTG D30—2015)

指出,盐渍土地基应根据溶陷量对其溶陷性进行评价。鉴于此,以下将开展岩盐夹层地基现场溶陷试验,以分析评价岩盐夹层地基的溶陷特性。

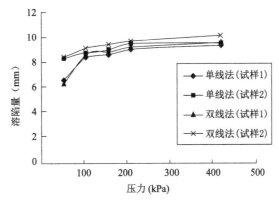

图 3-9　分级压力下溶陷量变化曲线

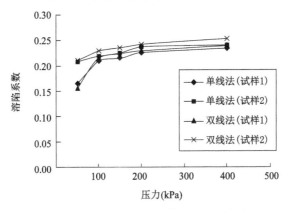

图 3-10　分级压力下溶陷系数变化曲线

**4）现场溶陷试验**

现场试验段(室内溶陷试验取样段)位于 G3011 线(青海境)察尔汗至格尔木高速公路察尔汗盐湖互通区发展大道段。该区地貌类型为湖积平原,地形较平坦。工程地质层构成为:地基表层为 0～1.0m 厚氯盐型盐壳层,密实;下层为低液限粉土,软塑,揭示厚度 10.9m,厚度未揭穿;地下水为表层潜水,水位在 1.50m,第二层水为承压卤水,水头在 2～5m 之间。地下水和土对混凝土均具强腐蚀性。

(1)试验方案。

试验设备:设置的试坑直径或宽度宜大于承载板直径或宽度的 3 倍。宜选用 0.5m² 的承载板面积,但对于中、强、过盐渍土地基,承载板面积宜大于 1.0m²。

承载板直径不小于 1.13m,试坑直径不宜小于承载板直径的 3 倍,即 3.39m,现场试坑浸水易引起试坑周围土层地表的溶陷沉降,因此,两堆载支点均应距试坑边缘不小于2m,压重平台所使用的工字钢或其他板件、杆件长度不应短于9m,且有足够的强度与刚度,保证配重放置在平台后不产生过大的挠度和水平摆动。可采取的措施为:在工字钢跨度范围内增加支点,以减少工字钢的挠度,保证平台的稳定。

浸水压力:浸水压力值宜不小于基底压力值,具体可通过基底压力计算值确定,分级加荷的等级不宜少于8级。现场测定岩盐的溶陷变形,也分为单线法和双线法两种。

(2)单线法溶陷试验。

单线法是指在天然含水率条件下,逐级加荷至最后一级荷载待地基沉降稳定后,保持施加的压力值不变,向试坑内灌水至充分浸润饱和,待溶陷稳定后,测得浸水前后地基沉降差值即为该压力下的溶陷量。试验过程如下。

①准备:通过现场勘察资料,选取合适的试坑,根据试坑直径与深度等要求进行开挖、整平。试坑中心处宜铺设20～50mm厚的中粗砂层,振捣密实后设置承载板在其上。在承载板边缘三等分点处架设大量程百分表,且在同一直径端点处设置沉降水准测量点。进行百分表架设与调零;对承载板同一直径上两测量点进行水准测量。

②加荷:依次施加荷载直至浸水压力值,每级加载后,按照一定的间隔时间对地基沉降进行读数。当沉降速率不大于0.1mm/h时(连续2h内),则可认为在该荷载作用下地基沉降已稳定;再依次施加下一级荷载。

③浸水:注水时,应保持水头高0.3m、浸水压力值始终不变。注水过程中,应注意观测百分表读数,并及时读数。注水完成后,按照一定的间隔时间对地基沉降进行读数。当沉降速率不大于0.1mm/h时(连续2h内),则认为地基溶陷已稳定。

(3)双线法溶陷试验。

双线法是指在同一试验场地的同一土层上进行2个荷载试验:①在天然状态条件下分级加荷,直至地基沉降稳定为止;②在浸水饱和条件下分级加荷,直至地基沉降稳定为止。相同荷载作用下,天然状态和浸水饱和状态下地基的沉降差即为该级荷载作用的溶陷量。天然状态条件下的荷载试验与单线法相同,浸水饱和状态下的荷载试验过程如下:

①浸水饱和。注水时,应保持水头高0.3m始终不变。水头稳定后,当沉降速率不大于0.1mm/h时(连续2h内),则认为地基浸水达到饱和状态。

②加荷。地基浸水饱和后,逐级加荷至最后一级压力。每级加载后,按照一定的间隔时间对地基沉降进行读数。当沉降速率不大于0.1mm/h时(连续2h内),则可认为在该荷载作用下地基沉降已稳定;再依次施加下一级荷载。

③水准校核。水准校核至少进行两次,分别在承压板加载前和该级压力下地基沉降稳定时各进行一次,以防百分表超过量程发生测读错误,并计算地基的分级沉降量。百分表测读与水准测量计算的数据之差的绝对值应小于3.0mm。

(4)计算方法。

盐渍土地基试验土层的溶陷系数 $\delta_m$ 应按下式计算:

$$\delta_m = \frac{S_m}{h_m} = \frac{S_s - S_n}{h_m} \tag{3-2}$$

式中:$\delta_m$ ——溶陷系数;

$S_m$ ——浸水压力作用下土层的溶陷量;

$S_s$ ——浸水饱和条件下地基的沉降量;

$S_n$ ——自然状态条件下地基的沉降量;

$h_m$ ——浸润深度。

浸润深度 $h_m$ 的测定方法如下:

①注水前,通过钻探等手段进行取样,分层取样厚度宜为0.1m,取样深度宜为地下水位0.5m处;对各土层的含水率 $w_1$ 进行测定;

②浸水饱水并逐级加荷试验完成后,将试坑中的水排除。同样采用钻探等手段进行分层取样,并对各土层的含水率 $w_2$ 进行测定;

③$w_2 - w_1 \geq 1\%$ 的最大深度即为浸润深度。

(5)试验结果与分析。

按照上述浸润深度的测定方法,经多组检测数据对比分析,试坑平均浸润深度为100mm,试验结果见表3-10~表3-14、图3-11~图3-14。

单线法溶陷试验数据表(最大加载量120kPa) 表3-10

| 压力(kPa) | 0 | 15 | 30 | 45 | 60 | 75 | 90 | 105 | 120 | 120(浸水下) | 溶陷量 |
|---|---|---|---|---|---|---|---|---|---|---|---|
| 沉降量(mm) | 0 | 10.1 | 12.2 | 14.2 | 17.9 | 20.4 | 26.7 | 28.2 | 37.4 | 40.6 | 3.2 |

双线法溶陷试验数据表(最大加载量120kPa) 表3-11

| 压力(kPa) | | 0 | 15 | 30 | 45 | 60 | 75 | 90 | 105 | 120 |
|---|---|---|---|---|---|---|---|---|---|---|
| 沉降量(mm) | 天然状态 | 0 | 10.1 | 12.2 | 14.2 | 17.9 | 20.4 | 26.7 | 28.2 | 37.4 |
| | 浸水状态 | 1.0 | — | 5.1 | 7.7 | 10.0 | 15.2 | 23.8 | 26.6 | 42.0 |
| 溶陷量(mm) | | | | | | | | | | 4.6 |

由表3-10、表3-11可知,在最大加载量120kPa施荷条件下,地基土溶陷系数采用单线法测定为0.032,采用双线法测定为0.046。

**单线法溶陷试验数据表**（最大加载量 200kPa）　　　　　表 3-12

| 压力(kPa) | 0 | 25 | 50 | 75 | 100 | 125 | 150 | 175 | 200 | 200(浸水下) | 溶陷量 |
|---|---|---|---|---|---|---|---|---|---|---|---|
| 沉降量(mm) | 0 | 5.7 | 11.3 | 15.6 | 25.6 | 33.6 | 50.1 | 70.4 | 91.1 | 93.1 | 2.0 |

**双线法溶陷试验数据表**（最大加载量 200kPa）　　　　　表 3-13

| 压力(kPa) | | 0 | 25 | 50 | 75 | 100 | 125 | 150 | 175 | 200 |
|---|---|---|---|---|---|---|---|---|---|---|
| 沉降量(mm) | 天然状态 | 0 | 5.7 | 11.3 | 15.6 | 25.6 | 33.6 | 50.1 | 70.4 | 91.1 |
| | 浸水状态 | 1.0 | 4.5 | 7.8 | 11.3 | 22.4 | 35.6 | 56.4 | 89.8 | 103.6 |
| 溶陷量(mm) | | — | — | — | — | — | 2.0 | 6.3 | 19.4 | 12.5 |

**溶陷系数试验结果**（最大加载量 200kPa）　　　　　表 3-14

| 压力(kPa) | | 125 | 150 | 175 | 200 |
|---|---|---|---|---|---|
| 溶陷系数 | 单线法 | — | — | — | 0.020 |
| | 双线法 | 0.020 | 0.063 | 0.194 | 0.125 |

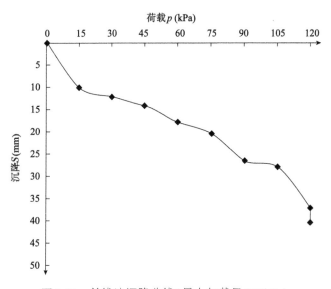

图 3-11　单线法沉降曲线(最大加载量 120kPa)

根据表 3-10~表 3-14 和图 3-11~图 3-14 可以得出以下结论：

①当施加荷载超过 75kPa 时，无论是在天然状态还是浸水饱和状态下，地基沉降曲线均发生急剧下沉现象，沉降曲线斜率较大，沉降速率相对较快。说明现场地基溶陷起始压力为 75kPa，地基土的沉降主要发生于溶陷起始压力以后。

②双线法试验，荷载 0~110kPa 试验过程中，同一级荷载作用下，天然状态地基沉降量较浸水状态地基沉降量要大。分析其原因，是浸水饱和后的岩盐地基在荷载压力的作

用下产生了超孔隙水压力,排水固结缓慢,盐渍土体浸水饱和后增加的水分无法彻底排出,从而导致天然状态下地基的压缩变形量要大于压缩固结变形量。定义交点处压力(110kPa)为真溶陷起始压力。在真溶陷起始压力以后,各级荷载作用下浸水状态的地基沉降量大于天然状态的地基沉降量。盐渍土的溶陷主要发生于真溶陷起始压力之后。

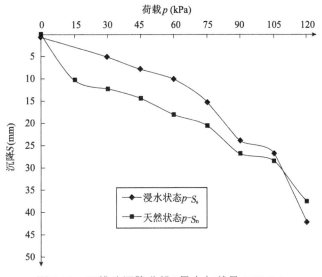

图 3-12  双线法沉降曲线(最大加载量 120kPa)

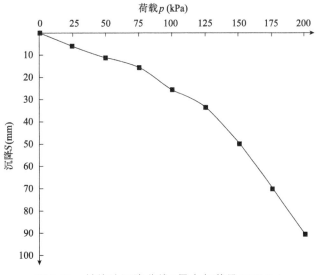

图 3-13  单线法沉降曲线(最大加载量 200kPa)

③在真溶陷起始压力以后,$p\text{-}S_s$ 和 $p\text{-}S_n$ 两曲线上各对应压力下的沉降差,即为溶陷曲线 $p\text{-}S_m$。从溶陷 $p\text{-}S_m$ 曲线中可以看出,盐渍土各级荷载下的溶陷量随着浸水压力的增加而增加,当压力增加到一定值时,溶陷曲线有一个明显的拐点,最大的溶陷性在该拐点对

应的荷载处产生。溶陷试验过程存在一个峰值溶陷压力和峰值溶陷量(对应地存在峰值溶陷系数,为0.194)。

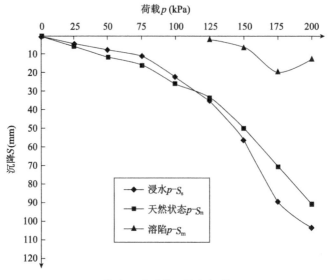

图 3-14 双线法沉降曲线(最大加载量 200kPa)

④现场溶陷试验压力 120kPa,单线法溶陷量为 3.2mm,溶陷系数为 0.032,双线法溶陷量为 4.6mm,溶陷系数为 0.046;试验压力 200kPa,单线法溶陷量为 2.0mm,溶陷系数为 0.020,双线法溶陷量为 12.5mm,溶陷系数为 0.125。

⑤无论最大加载量为 120kPa 还是 200kPa,采用双线法测得的盐渍土溶陷系数均大于单线法测得的溶陷系数,其原因主要在于两种方法中地基土具有不同的浸水条件。单线法浸水时,试样已在上部荷载的作用下挤压,其孔隙率、吸水性均逐级减小;而双线法是先浸水饱和再逐级加荷,因此,单线法测得的溶陷量一般小于双线法测得的溶陷量。

⑥对比室内溶陷试验和现场溶陷试验结果可知,针对盐渍土试样而言,采用室内测得的溶陷系数远大于现场测定值。造成该现象的主要原因是两者浸水与受力环境不同,盐渍土的溶陷主要是易溶盐的溶解,对于室内试验而言,浸水是在封闭环境下,水中易溶盐的溶解是受压的盐渍土试样自身的溶解,溶质来自盐渍土自身;对于现场试验而言,试坑内易溶盐的溶解来自受压岩盐自身和试坑周围盐分的供应。对于达到相同浓度的饱和卤水,现场试验受压盐渍土溶解量要少。此外,室内试验所施加的荷载压力由试样全部承受,且受尺寸效应的影响;而现场试验对象为一完整的且具有水平面无限大的地基结构层,起到了应力扩散的作用,实际所受压力较小。

## 3.2.5 岩盐的微观结构特征

通过岩盐的微观结构来分析解释其物理力学特性。岩盐试样的制备采用烘干法。采用电子显微镜扫描,依次选取 200 倍、400 倍、800 倍进行观测,其中在 200 倍和 400 倍下观测试样的整体微观结构特征,在 800 倍下观测试样的局部微观结构特征。具体微观结构如图 3-15～图 3-17 所示。

  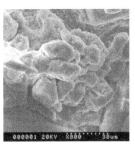

图 3-15　表层盐壳的微观结构

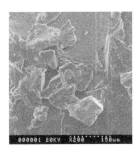  

图 3-16　天然岩盐的微观结构

 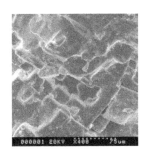 

图 3-17　人工卤水结晶岩盐的微观结构

从图 3-15～图 3-17 中可以看出:

(1)盐渍土表层盐壳中盐晶体与黏粉粒混杂,且颗粒分布明显,晶体内部孔隙由黏粒和粉粒填充,盐晶体包覆土颗粒,联结方式为接触胶结,类似于骨架密实结构。试样的颗粒和级配分布随着细颗粒的填充而发生了明显变化,在宏观上表现为表层盐壳试样抗压强度较高。

（2）天然岩盐盐晶体结构较为清晰,晶体间的黏结作用,促使盐晶体之间呈现无架空、密实状态,从微观角度进一步解释了天然岩盐的抗压强度大于卤水结晶岩盐的抗压强度。

（3）卤水结晶岩盐,整体结构由多晶体堆叠而成,结构相对疏松,其絮状物质可在较大的放大倍数下清楚地观测到。这也解释了卤水结晶岩盐试样抗压强度低于其他试样抗压强度的原因。

## 3.3 天然盐壳层地基浸水荷载试验

### 3.3.1 盐壳层地基地质情况

岩盐夹层地基最大的隐患是在降雨情况下地表盐壳层发生溶解、溶滤和溶陷,从而降低地基承载力或复合地基承载力。本节将通过实体工程,对岩盐夹层地基等进行荷载试验和浸水荷载试验,模拟分析降雨浸水对岩盐地基承载力和沉降的影响。

试验段位于 G3011 线(青海境)察尔汗盐湖互通区发展大道段。该区地貌类型为湖积平原,地形较平坦。工程地质层构成为,地基表层为 0~1.0m 厚氯盐型盐壳层;下层为低液限粉土,软塑,揭示厚度 10.9m,厚度未揭穿;地下水为表层潜水,水位在 1.50m,第二层水为承压卤水,水头在 2~5m 之间。地下水和土对混凝土均具强腐蚀性。现场取试坑土样,取土深度为 0.3~0.5m,土样基本性质见表 3-15 ~ 表 3-17。由试验结果可知,试坑浅层土样总含盐量 89.1%,天然含水率 5.9%。

土 样 颗 粒 分 析　　　　表 3-15

| 土 样 | 颗粒组成质量百分比(%) | | | 不均匀系数 $C_u$ | 曲率系数 $C_c$ |
| --- | --- | --- | --- | --- | --- |
| | 粒径 2~0.074mm | 粒径 0.074~0.002mm | 粒径 <0.002mm | | |
| 低液限粉土 | 56.29 | 40.78 | 2.92 | 2.33 | 0.63 |

土样易溶盐离子含量　　　　表 3-16

| 各离子的含量(mg/L) | | | | | | | 溶解性固体 | 总含盐量(%) | 盐渍化程度 |
| --- | --- | --- | --- | --- | --- | --- | --- | --- | --- |
| $CO_3^{2-}$ | $HCO_3^-$ | $Cl^-$ | $SO_4^{2-}$ | $Ca^{2+}$ | $Mg^{2+}$ | $K^+ + Na^+$ | | | |
| 0 | 26.84 | 268112 | 599.16 | 0 | 23.59 | 268714.4 | 616500 | 89.09 | 氯过盐渍土 |

土样界限含水率　　　　　　　　　　　　　　表3-17

| 土　样 | 密　度 | 天然含水率 | 液限 $w_L$(%) | 塑限 $w_p$(%) | 塑性指数 $I_p$ |
|---|---|---|---|---|---|
| 低液限粉土 | 2.69 | 5.9 | 21.3 | 15.0 | 6.3 |

## 3.3.2　试验方案

### 1）试验设备

根据《盐渍土地区建筑规范》(SY/T 0317—2012)相关规定，试坑宽度或直径宜大于承载板宽度或直径的3倍。承载板的面积，可采用0.5m²；对于中、强、过盐渍土地基，不应小于1.0m²。

本试验承载板直径1.13m，试坑直径为承载板直径的3倍，即3.39m，现场试坑浸水易引起试坑周围土层地表的溶陷沉降，因此，两堆载支点均应距试坑边缘不小于2m，压重平台所使用的工字钢或其他板件、杆件长度不应短于9m，且有足够的强度与刚度，保证配重放置在平台后不产生过大的挠度和水平摆动。可采取在工字钢跨度范围内增加支点的措施，以减少工字钢的挠度，保证平台的稳定。

根据《盐渍土地区建筑规范》(SY/T 0317—2012)相关规定，荷载压力不应小于基底计算压力，总加荷分级不宜少于8级。本试验根据依托工程路基高度确定为最大加载量分别为120kPa和200kPa。

### 2）试验步骤

为减少场地地质环境变化对试验结果造成的误差，试验选取在同一试验场地进行两个荷载试验，分别在天然状态条件下和地基充分浸水饱和条件下逐级加载至地基沉降稳定。试验过程如图3-18～图3-20所示。

(1) 天然地基荷载试验过程。

①准备：根据勘察资料，选择有代表性的试验点，开挖并整平试坑；在试坑中心处铺设5cm厚的砂垫层并压密；在砂垫层上安装并调平承载板，在承载板边缘三等分点处架设大量程百分表，并沿径向设置沉降水准测量点；然后安放、调零百分表，对承载板同一直径上两测量点进行水准测量。

②加荷：每级加载完成后，按间隔10min、10min、10min、15min、15min读数，以后每隔30min测读一次沉降。连续2h内每小时沉降量均小于0.1mm时，认为沉降已稳定，可施

加下一级荷载,依次加荷至最大试验压力。

图 3-18　现场静荷载试验(天然地基)

图 3-19　现场静荷载试验(浸水饱和状态)

图 3-20　浸水荷载试验试坑(试验完成后)

(2)浸水状态下的荷载试验。

①浸水饱和:试坑内平整,承载板底面下铺设粗砂或中砂找平层,其厚度不超过20mm。放置承载板,在承载板等边的三个方向安装百分表并调零。向试坑内缓慢匀速注入淡水,保持水头高为30cm。水头稳定后每隔0.5h测读一次百分表读数,持续2h每小时沉降量均小于0.1mm时,认为地基浸水达到饱和。

②加荷:地基浸水饱和后,逐级施加荷载。每级加荷完成后,依次按间隔10min、10min、10min、15min、15min读数,之后每隔半小时测读一次沉降。连续2h内,每小时的沉降量小于0.1mm时,认为沉降已稳定,然后再施加下一级荷载,直至最后一级压力作

用下沉降稳定。

③水准校核:为避免百分表在试验过程中超过量程,应及时调零,并应同时进行水准校核。水准测量应在承载板加荷前和该级荷载作用下沉降稳定后各进行一次,以计算每级荷载作用下地基的分级沉降量。百分表测量的地基沉降量与水准测量的地基沉降量之差的绝对值不应大于3mm。

### 3.3.3 试验结果分析

最大加载量根据依托工程路基高度确定为120kPa和200kPa,天然状态和浸水状态的平板荷载试验结果分别见表3-18和表3-19;荷载试验 $p\text{-}S$ 曲线分别如图3-21和图3-22所示。

平板荷载试验数结果(最大加载量120kPa)　　　　表3-18

| 压力(kPa) | | 0 | 15 | 30 | 45 | 60 | 75 | 90 | 105 | 120 |
|---|---|---|---|---|---|---|---|---|---|---|
| 沉降量(mm) | 天然状态 | 0 | 10.12 | 12.15 | 14.24 | 17.88 | 20.44 | 26.71 | 28.16 | 37.43 |
| | 浸水状态 | 0.98 | — | 5.06 | 7.70 | 10.04 | 15.20 | 23.79 | 26.64 | 41.96 |

平板荷载试验数结果(最大加载量120kPa)　　　　表3-19

| 压力(kPa) | | 0 | 25 | 50 | 75 | 100 | 125 | 150 | 175 | 200 |
|---|---|---|---|---|---|---|---|---|---|---|
| 沉降量(mm) | 天然状态 | 0 | 5.72 | 11.26 | 15.63 | 25.62 | 33.63 | 50.05 | 70.36 | 91.06 |
| | 浸水状态 | 1.04 | 4.52 | 7.79 | 11.34 | 22.35 | 35.61 | 56.41 | 89.79 | 103.55 |

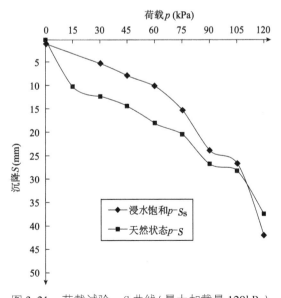

图3-21　荷载试验 $p\text{-}S$ 曲线(最大加载量120kPa)

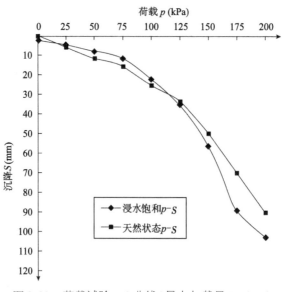

图 3-22　荷载试验 $p$-$S$ 曲线（最大加载量 200kPa）

由表 3-18、表 3-19 和图 3-21、图 3-22 可知：

（1）测定浸水前后试坑分层土体的含水率，以含水率增加值 ≥1% 的最大深度作为渗透深度，计算盐壳层的渗水系数。其中，120kPa 试坑 8720min 渗透深度为 90mm，200kPa 试坑 12360min 渗透深度为 100mm，渗透系数分别为 0.619mm/h 和 0.485mm/h，盐壳层具有较好的封水性。

（2）从表 3-18 和表 3-19 可以计算出，在最大加载量 120kPa 条件下，荷载试验浸水饱和地基最大沉降量为 41.96mm，天然状态地基沉降量最大值为 37.43mm，两者差值为 4.53mm；在最大加载量 200kPa 条件下，荷载试验浸水饱和地基最大沉降量为 103.55mm，天然状态地基沉降量最大值为 91.06mm，两者差值为 12.49mm。这说明，由于盐壳层的封水性，在较低路基作用下，降雨浸水并不能显著增加盐壳层地基的沉降。随着路基高度的增加，基底附加应力增大，降雨浸水引起的盐壳层地基也在增加。盐渍土地区地表盐壳层可以显著地减少路基基底的沉降，现场试验结果与以上数值计算结果吻合。

（3）从两组荷载试验曲线来看，$p$-$S$ 曲线并未出现明显的拐点，加载量并未达到地基承载力极限，无法准确判断出地表盐壳层地基的容许承载力。$p$-$S$ 曲线显示，随着荷载的增加，天然极限承载力逐渐增大，浸水饱和地基极限承载力略小，但两者较为接近，说明地表降雨积水。由于表层盐壳层渗透系数较小，盐壳层较为密实，积水对盐壳层的溶解能力有限，对地基表层盐壳层承载力影响较小，盐渍土地区地表盐壳层可以有效地为路基提供足够的支撑。

## 3.4 岩盐夹层复合地基浸水荷载试验

为与天然岩盐夹层地基承载特性进行对比,本节在同一地质路段进行砾石桩复合地基浸水荷载试验,分析评价赋存岩盐夹层的砾石桩复合地基在浸水工况下的承载性能,为岩盐夹层地基的处理与利用提供科学依据。

### 3.4.1 岩盐夹层复合地基荷载试验结果

地基处理采用砾石桩处理,设计桩长8.0m,桩径0.5m,桩间距1.5m,呈梅花形布置。单桩承载力设计值为58.9kN,单桩复合地基承载力设计值为150kPa,根据面积置换率计算单桩复合地基承载力试验承载板直径为1.575m。成桩28d后对单桩密实度、桩长、承载力和复合地基承载力进行检测。平板静荷载试验最大加载量按设计值的2倍施加,加载方式采用慢速维持荷载法,把施加的荷载分为8级,逐级加载。单桩静荷载试验最大加载量为117.8kN,单桩复合地基静荷载试验最大加载量为300kPa。共进行了4组对比试验,其中编号1-1、2-1、3-1、4-1为未浸水工况下单桩(复合地基)承载力荷载试验,1-2、2-2、3-2、4-2为浸水工况下单桩(复合地基)承载力荷载试验。平板静荷载试验结果,见表3-20和表3-21。

单桩静荷载试验分级荷载与沉降量结果统计表　　表3-20

| 编号 | | | | | | | | | | | | | |
|---|---|---|---|---|---|---|---|---|---|---|---|---|---|
| | 1-1 | 荷载(kN) | 0 | 29.4 | 44.2 | 58.9 | 73.6 | 88.3 | 103.0 | 117.8 | 88.3 | 58.9 | 29.4 | 0 |
| | | 沉降量(mm) | 0 | 0.92 | 2.05 | 2.98 | 6.01 | 10.29 | 15.74 | 22.25 | 22.25 | 22.08 | 20.95 | 19.08 |
| | 1-2 | 荷载(kN) | 0 | 14.7 | 29.4 | 44.2 | 58.9 | 73.6 | 58.9 | 14.7 | 0 | — | — | — |
| | | 沉降量(mm) | 0 | 1.76 | 3.83 | 6.87 | 8.82 | 15.54 | 15.52 | 15.29 | 12.20 | | | |
| | 2-1 | 荷载(kN) | 0 | 14.7 | 29.4 | 44.2 | 58.9 | 73.6 | 88.3 | 103.0 | 117.8 | 88.3 | 29.4 | 0 |
| | | 沉降量(mm) | 0 | 1.17 | 3.22 | 3.34 | 3.43 | 5.33 | 6.55 | 11.22 | 18.20 | 18.09 | 17.86 | 17.87 |

续上表

| 编号 | | | | | | | | | | | | | |
|---|---|---|---|---|---|---|---|---|---|---|---|---|---|
| | 2-2 | 荷载(kN) | 0 | 14.7 | 29.4 | 44.2 | 58.9 | 73.6 | 58.9 | 29.4 | 0 | — | — | — |
| | | 沉降量(mm) | 0 | 1.42 | 1.69 | 2.76 | 5.59 | 13.72 | 13.72 | 13.15 | 11.63 | — | — | — |
| | 3-1 | 荷载(kN) | 0 | 29.4 | 44.2 | 58.9 | 73.6 | 88.3 | 103.0 | 117.8 | 88.3 | 58.9 | 29.4 | 0 |
| | | 沉降量(mm) | 0 | 1.20 | 4.90 | 7.40 | 12.84 | 17.19 | 24.63 | 30.58 | 30.57 | 30.04 | 28.96 | 25.76 |
| | 3-2 | 荷载(kN) | 0 | 14.7 | 29.4 | 44.2 | 58.9 | 73.6 | 58.9 | 29.4 | 0 | — | — | — |
| | | 沉降量(mm) | 0 | 0.85 | 2.63 | 4.84 | 6.76 | 14.85 | 14.83 | 14.78 | 12.77 | — | — | — |

**单桩复合地基静荷载试验分级荷载与沉降量结果统计表**　　表3-21

| 编号 | | | | | | | | | | | | | | |
|---|---|---|---|---|---|---|---|---|---|---|---|---|---|---|
| | 4-1 | 荷载(kN) | 0 | 37.5 | 75.0 | 112.5 | 150.0 | 187.5 | 225.0 | 262.5 | 300 | 225 | 150 | 75 | 0 |
| | | 沉降量(mm) | 0 | 1.00 | 3.28 | 7.28 | 11.85 | 16.41 | 21.60 | 25.93 | 32.23 | 31.98 | 31.23 | 30.39 | 28.45 |
| | 4-2 | 荷载(kN) | 0 | 37.5 | 75.0 | 112.5 | 150.0 | 75.0 | 0 | — | — | — | — | — | — |
| | | 沉降量(mm) | 0 | 1.12 | 5.05 | 11.56 | 19.00 | 18.44 | 15.76 | — | — | — | — | — | — |

图3-23为第一组砾石桩单桩静荷载试验结果。由图3-23可知，未浸水1-1桩的$Q$-$S$曲线变化规律表现为：在整个静荷载加载和卸载试验过程中，$Q$-$S$曲线呈抛物线状，变化比较均匀，未出现拐点或陡降点，$Q$-$S$曲线未达到单桩的极限承载力状态。由此判断，1-1桩单桩承载力极限值大于117.8kN。从分级加载沉降$S$-$\lg t$曲线可以看出，在同一级荷载作用下，沉降随时间变化基本上为直线，稳定较快。在各分级荷载作用下，沉降增量比较均匀。在加载量58.9kN下，累计沉降量为2.98mm；在加载量117.8kN下，累计沉降量为22.25mm。

1-2桩为浸水桩，从图3-23中可以看出，$Q$-$S$曲线斜率较大，在分级荷载作用下，沉降速率较快。在加载量58.9kN下，曲线出现陡降拐点，该级荷载下，累计沉降量达到了

8.817mm。各分级荷载作用下,$S$-$\lg t$ 曲线沉降增量随着荷载的增加并不均匀。在加载量达到 73.6kN 时,$S$-$\lg t$ 曲线出现了下弯陡降,且在 24h 内不能维持稳定,表明加载量达到了单桩承载极限。

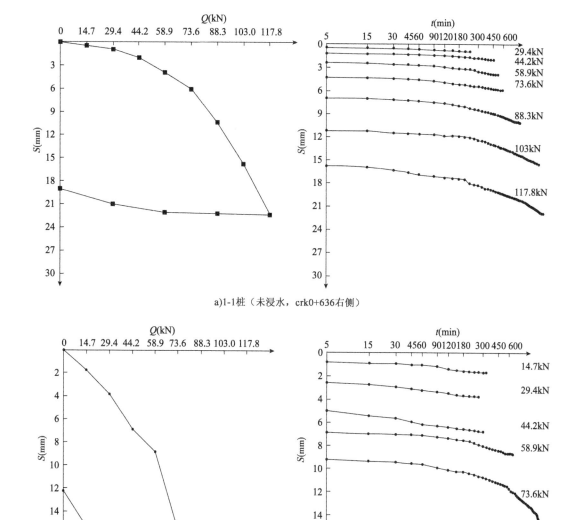

图 3-23 第一组砾石桩单桩静荷载试验曲线

图 3-24 为第二组砾石桩单桩静荷载试验结果,浸水与未浸水浸水荷载 $Q$-$S$ 曲线较为一致。在第 1~2 级荷载作用下,砾石桩沉降曲线陡降,说明桩体上部不密实,结合重

型圆锥动力触探监测结果,相邻桩桩头部分触探击数平均值为6击,密实度为稍密。未浸水工况下,在随后各级荷载试验过程中,单桩承载力 $Q\text{-}S$ 曲线为变化均匀,未出现明显的拐点。$S\text{-}\lg t$ 曲线表明,在最大加载量117.8kN作用下,桩体沉降在24h内未能稳定,但没有出现第 $n+1$ 级荷载的沉降增量/第 $n$ 级荷载的沉降增量 $\geq 2$ 的情况,荷载试验并未满足停止加载的条件。由此可以判断,未浸水工况下单桩极限承载力 $\geq 117.8$ kN。在静荷载试验过程中,荷载量58.9kN时单桩累计沉降量为3.433mm,荷载量117.8kN时单桩累计沉降量为18.20mm。

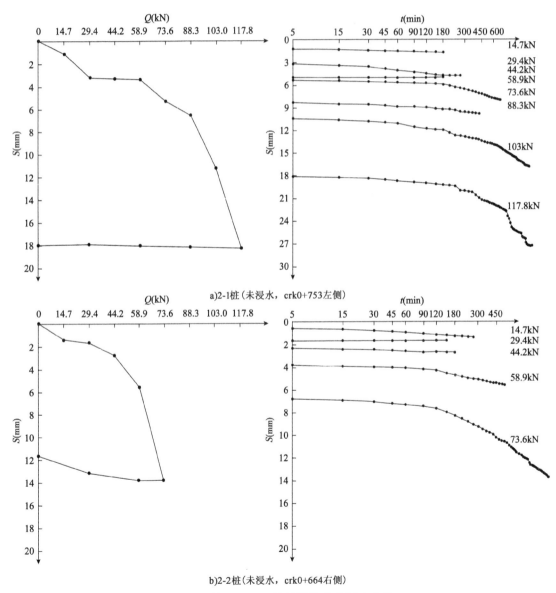

图 3-24 第二组砾石桩单桩静荷载试验曲线

浸水工况下,单桩 $Q$-$S$ 曲线未出现明显的陡降点,但在第 5 级(73.6kN)荷载过程中,$S$-$\lg t$ 曲线出现了明显的下弯点,其该级荷载下桩体沉降量大于上一级荷载桩体沉降量的 2 倍,且桩体沉降在 24h 内不能稳定,桩体达到了极限破坏状态,其极限承载力取为 58.9kN。在静荷载试验过程中,荷载量 58.9kN 时单桩累计沉降量为 5.59mm,最大荷载量 73.6kN 时单桩累计沉降量为 13.72mm。

图 3-25 为第三组砾石桩单桩静荷载试验结果。第三组砾石桩单桩静荷载试验结果与上述两组静荷载试验结果基本相同,未浸水工况下,$Q$-$S$ 曲线变化比较平缓,未出现明显的陡降拐点;$S$-$\lg t$ 曲线基本为直线,各分级荷载作用下,$S$-$\lg t$ 曲线基本平行,沉降增量比较均匀。在最大加载量 117.8kN 时,$S$-$\lg t$ 曲线未出现突然下弯现象。由此可以判断,单桩极限承载力≥117.8kN。浸水情况下,$Q$-$S$ 曲线在加载量达到 58.9kN 时出现陡降,$S$-$\lg t$ 曲线在加载量 73.6kN 作用下,出现明显陡降,且在 24h 内不能稳定。由此判断,浸水情况下,单桩极限承载力小于 73.6kN。

图 3-26 为砾石桩单桩复合地基静荷载试验结果。从图 3-26 中可以看出,未浸水情况下,砾石桩单桩复合地基的荷载试验 $p$-$S$ 曲线为缓变形曲线,$p$-$S$ 曲线没有明显的拐点和比例界限点。$S$-$\lg t$ 曲线基本为直线,无明显下弯;各分级荷载作用下,其沉降量增量比较均匀;在最大加载量(300kPa)作用下,$S$-$\lg t$ 曲线未出现明显下弯,复合地基未达到破坏状态。可以判断,单桩复合地基承载力极限值大于 300kPa。在加载量 150kPa 和 300kPa 作用下,复合地基累计沉降量分别为 11.85mm 和 32.23mm。

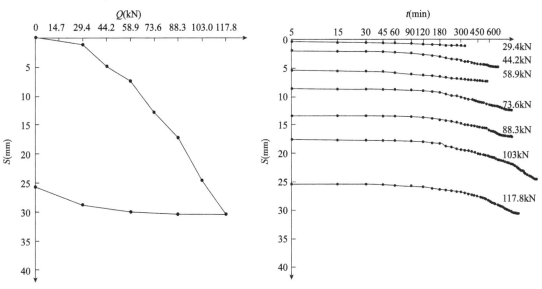

a)3-1桩(未浸水,crk0+758.5,右侧)

图 3-25

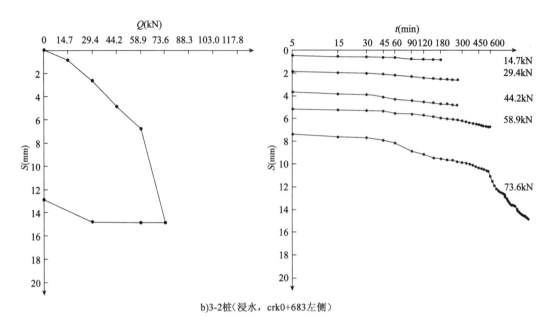

b) 3-2桩（浸水，crk0+683左侧）

图 3-25　第三组砾石桩单桩静荷载试验

浸水工况下，砾石桩单桩复合地基的荷载试验 $p$-$S$ 曲线为陡降曲线，在荷载试验加载过程中，分级沉降速率较快，且沉降量较大。在最大加载量 150kPa 作用下，$S$-$\lg t$ 曲线出现了明显下弯，且 24h 内不能稳定，该级荷载复合地基累计沉降量达到了 19.0mm。从而可以判断，浸水工况下单桩复合地基承载力小于 150kPa。降雨浸水显著降低了复合地基承载力，加剧了复合地基沉降。

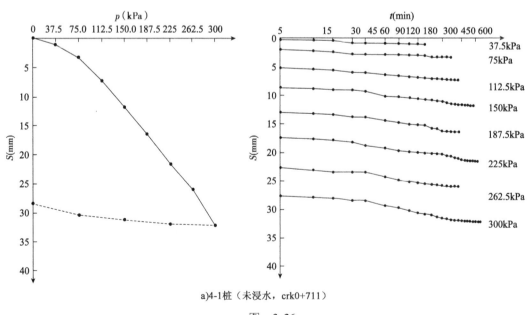

a) 4-1桩（未浸水，crk0+711）

图 3-26

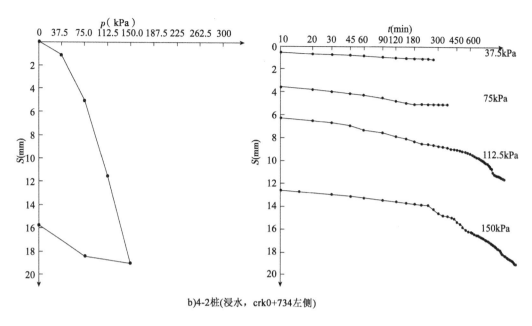

b) 4-2桩(浸水，crk0+734左侧)

图 3-26　砾石桩单桩复合地基静荷载试验

## 3.4.2　浸水对复合地基承载力影响分析

砾石桩单桩与复合地基承载力试验结果汇总见表 3-22 和表 3-23。结果表明，砾石桩未浸水和浸水情况下，承载力和沉降差异明显。浸水后，砾石桩承载力显著降低，沉降显著增大。单桩和单桩复合地基承载力主要由桩身摩阻力和地表盐壳层提供，考虑到该盐湖区地下水位约为 1.5m，降雨浸水入渗对地下水位以下桩身摩阻力并无太大影响，但降雨入渗软化了桩周上部的盐壳层，从而导致桩周摩阻力下降，承载力降低，沉降增大。

砾石桩单桩竖向静荷载试验结果统计表　　表 3-22

| 试验编号 | 里程桩号 | 58.9kN 沉降量 (mm) | 117.8kN 沉降量 (mm) | 荷载试验结果描述 |
|---|---|---|---|---|
| 1-1 | crk0+636 右侧加宽段 | 2.977 | 22.25 | $Q\text{-}S$ 曲线无陡降，在第 7 级荷载(117.8kN)下 24h 内沉降没有稳定，但并没有出现 $\Delta S_7 / \Delta S_6 > 2$ 的情形，取 $Q_u = 117.8$kN，$R_a = 58.9$kN |

续上表

| 试验编号 | 里程桩号 | 58.9kN 沉降量（mm） | 117.8kN 沉降量（mm） | 荷载试验结果描述 |
|---|---|---|---|---|
| 1-2 | crk0+641 左侧加宽段 | 8.817 | 未达到 | $Q$-$S$ 曲线无明显陡降，在第 5 级荷载（73.6kN）下出现 $\Delta S_5/\Delta S_4 > 2$ 且 24h 内沉降不能稳定的情况，取 $Q_u = 58.9$kN，$R_a = 29.5$kN |
| 2-1 | crk0+753 左侧加宽段 | 3.433 | 18.2 | 沉降速率不稳定，在第 8 级荷载(117.8kN)作用下，桩体沉降在 24h 内没有稳定，但未出现 $\Delta S_8/\Delta S_7 > 2$ 的情况，取 $Q_u = 117.8$kN，$R_a = 58.9$kN |
| 2-2 | crk0+664 右侧加宽段 | 5.59 | 未达到 | $Q$-$S$ 曲线无明显陡降，在第 5 级荷载（73.6kN）下出现 $\Delta S_5/\Delta S_4 > 2$ 且 24h 内沉降不能稳定的情况，取 $Q_u = 58.9$kN，$R_a = 29.5$kN |
| 3-1 | crk0+758.3 右侧加宽段 | 7.397 | 30.577 | $Q$-$S$ 曲线无陡降，$S$-lg$t$ 曲线无明显下弯，取 $Q_u = 117.8$kN，$R_a = 58.9$kN |
| 3-2 | crk0+683 左侧加宽段 | 6.757 | 未达到 | $Q$-$S$ 曲线无明显陡降，在第 5 级荷载（73.6kN）下出现 $\Delta S_5/\Delta S_4 > 2$ 且 24h 内沉降不能稳定的情况，取 $Q_u = 58.9$kN，$R_a = 29.5$kN |

注：$Q_u$ 指单桩竖向极限承载力，$R_a$ 指单桩竖向承载力特征值。

砾石桩单桩复合地基静荷载试验结果统计表    表 3-23

| 试验编号 | 里程桩号 | 150kPa 沉降量 (mm) | 300kPa 沉降量 (mm) | 荷载试验结果描述 |
|---|---|---|---|---|
| 4-1 | crk0+711 | 11.85 | 32.23 | $p$-$S$ 曲线无陡降,该路段以砂性土为主,由 $S/B=0.01$,得 $f_{spk}=184.1$ kPa,最大加载量为 300kPa,取 $P_u=300$ kPa,$f_{spk}=150$ kPa |
| 4-2 | crk0+734 左侧加宽段 | 19.0 | 未达到 | $p$-$S$ 曲线无明显比例极限,在第 4 级荷载 (150kPa) 作用下,24h 内沉降不能稳定,取 $P_u=112.5$ kPa,$f_{spk}=56.3$ kPa |

注:复合地基承载力特征值依据《建筑地基处理技术规范》(JGJ 79—2012)进行确定。
$S$ 指荷载试验承压板的沉降量,$B$ 指承压板宽度,$f_{spk}$ 指复合地基承载力特征值,$P_u$ 指复合地基极限承载力,简称极限荷载。

砾石桩单桩静荷载试验、复合地基静荷载试验现场如图 3-27、图 3-28 所示。

图 3-27　砾石桩单桩静荷载试验

对比浸水桩和未浸水桩的 $Q$-$S$ 曲线和 $S$-$\lg t$ 曲线可知,在相同的分级荷载作用下,浸水桩沉降量显著增加,沉降量较大。$Q$-$S$ 曲线表明,未浸水桩单桩承载力极限值大于

117.8kN,浸水桩极限承载力≤58.9kN。降雨浸水造成单桩附加沉降量增大,单桩承载力显著降低。这种情况与天然地基浸水饱和荷载试验情况不同,分析其原因,一方面是单桩自身承载力比地表盐壳层承载力低;另一方面,砾石桩破坏了地基盐壳层,降雨浸水造成水分侵入地基及软化桩周盐壳层。单桩承载力由桩周摩阻力提供,桩周盐壳层的软化导致桩周摩阻力降低,从而造成降雨浸水后单桩承载力显著降低。

图 3-28 砾石桩单桩复合地基静荷载试验

含盐壳层天然地基和砾石桩复合地基浸水前后承载力和沉降变化情况对比表明,含盐壳层天然地基浸水饱和对其承载力和沉降影响较小,主要是因为试验场地盐壳层具有一定厚度,较为密实,具有良好的封水性和自身的强度,可以为上部路基提供有效支撑;而降雨浸水对砾石桩单桩及复合地基承载力和沉降均有较大影响,主要原因是砾石桩单桩承载力主要由桩周摩阻力提供,降雨浸水对桩周盐壳层具有溶解、软化作用,致使其桩周摩阻力显著下降,承载力显著降低,沉降增大。另外,砾石桩施工对地表盐壳层也存在一定的破坏作用,从而降低了天然地基提供的那部分承载力。

## 3.5 岩盐夹层地基受力与变形特征

### 3.5.1 岩盐夹层地基计算模型设计

我国察尔汗盐湖地区公路路基多为低路基,路基附加应力对地基沉降及承载力影响深度较浅。因此,本节分析岩盐夹层对地基沉降与承载力的影响,仅考虑埋藏深度3.0m范围内岩盐夹层的影响。

路面厚度0.7m,采用沥青混凝土路面,视为线弹性体。路基高度$h$分别取2.0m、

4.0m、6.0m、8.0m,路基宽度 $B$ 采用 13m、26m、33.5m、44m,边坡坡度为 1:1.5,采用一级边坡。

为避免模型边界效应,地基计算宽度取路基基底宽度的 5 倍,地基计算深度 ≥ 20.5m。岩盐夹层厚度 $d$ 为 0.5m、1.0m,埋藏深度(buried depth, bd)为 0m(地表盐壳)、1.0m、2.0m 和 3.0m,计算模型如图 3-29 所示。地基土和岩盐渗透系数取 1m/d。地基与岩盐夹层均视为弹塑性体,采用 Mohr-coulomb 屈服准则计算。

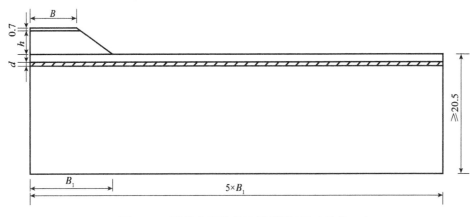

图 3-29 岩盐夹层地基计算模型(尺寸单位:m)

### 1)模型基本假定与边界条件

(1)材料的本构模型:除路面视为线弹性体外,其他各结构层视为弹塑性体,假定服从 Mohr-coulomb 屈服准则。

(2)地基、岩盐夹层层、路基与路面各结构层,同层材料视为各向同性且连续,各结构层之间为完全连续,沉降变形过程中层间不发生脱空。

(3)岩盐夹层假设为平面半无限体,不考虑岩盐在荷载作用下随时间的蠕变。

(4)假定水位下岩盐夹层不溶化,地下水位为零水位,地表为自由排水边界。考虑路基分层填筑过程中地基土的排水固结。

(5)路基为分层填筑,分层厚度为 1m。为使地基充分排水固结,每填筑一层路基,均设置停工期:在路基高度 $h \leqslant 3.0m$ 时,填筑施工和停工固结时间均为 30d;填筑高度 $h > 3m$ 时,为保证地基充分固结和路基稳定,填筑施工和停工固结时间均为 60d。公路设计服役期为 15 年。

(6)约束模型左、右两边水平位移,约束模型底边的水平和竖向位移。

**2）计算模型参数**

按照岩石分类标准,岩盐可归为软岩范畴。由于其自身抗压强度较高,其变形模量及其力学指标室内不易获取。根据中国科学院岩土力学所等科研单位对岩盐力学性质的研究成果,岩盐相关参数见表3-24。结合察尔汗盐湖地区调查,试验段区域盐壳的极限抗压强度平均值为6.64MPa,计算模型岩盐模量取5600MPa,泊松比取平均值0.28,黏聚力取平均值5.6MPa,内摩擦角取平均值38°。其他结构层参数见表3-25。

岩盐力学指标统计表　　　　　　　　　　　　　　表3-24

| 弹性模量(MPa) | 泊松比 | 黏聚力(MPa) | 内摩擦角(°) | 单轴抗压强度(MPa) |
|---|---|---|---|---|
| 5900 | 0.253 | 2.46 | 41.36 | 17.8 |
| >350~400 | 0.35 | 6.78 | 59.53 | >5 |
| 5394 | 0.343 | 8.30 | 20.3 | 6.4 |
| 4394 | 0.313 | 4.36 | 39.9 | 17.7 |
| 7451 | 0.410 | 6.29 | 28.6 | — |

路基路面、地基、桩身等设计参数　　　　　　　　　表3-25

| 结构层 | 重度(kN/m³) | 变形模量(MPa) | 泊松比 | 黏聚力(kPa) | 内摩擦角(°) |
|---|---|---|---|---|---|
| 路面 | 22 | 1200 | 0.25 | | |
| 路基 | 20 | 40 | 0.30 | 20 | 20 |
| 地基土 | 18 | 8 | 0.35 | 8 | 15 |
| 岩盐 | 18 | 5600 | 0.28 | 5600 | 38 |

**3）计算工况**

工况一:路基高度 $h=6m$,路基宽度 $B=26m$,岩盐夹层厚度0.5m,埋藏深度分别为0m、1.0m、2.0m、3.0m。

工况二:路基高度 $h=6m$,路基宽度 $B=26m$,岩盐夹层厚度1.0m,埋藏深度分别为0m、1.0m、2.0m、3.0m、4.0m。

工况三:路基高度 $h$ 取2m、4m、6m和8m,岩盐夹层厚度取0.5m,埋藏深度为0m。

工况四:路基高度 $h$ 取2m、4m、6m和8m,岩盐夹层厚度取1.0m,埋藏深度为0m。

其中,工况一和工况二,分析岩盐夹层厚度及其埋藏深度对地基沉降和水平位移的影响;工况三和工况四,分析在不同路基高度情况下地表盐壳层对地基沉降和水平位移的影响。

## 3.5.2 岩盐夹层地基沉降计算结果与分析

本小节主要分析岩盐夹层的厚度与埋置深度对岩盐夹层地基沉降的影响,计算结果见图 3-30 和图 3-31。图 3-30 为路基高度 $h=6m$、岩盐夹层(layer)厚度分别为 0.5m 和 1.0m,不同埋置深度($b_d$)情况下(工况一和工况二)路基基底沉降曲线与自然地基(Natural-ground)沉降曲线的对比。

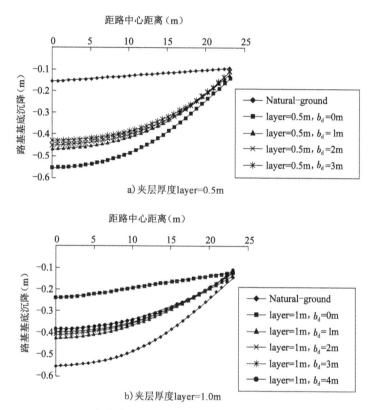

图 3-30 岩盐夹层埋藏深度对地基沉降的影响($h=6m$)

从图 3-30 中可以看出:

(1)岩盐夹层的赋存可以显著减少地基沉降,岩盐夹层埋藏深度越浅,其地基沉降量越小。以岩盐夹层厚度为 0.5m 为例,当其埋置深度 $b_d=0m$(即地表为盐壳层)时,路基基底中心处的沉降量为 0.159m,相对于自然地基路中心处的沉降量 0.551m,沉降量减少了 0.392m。

(2)对比岩盐夹层厚度分别为 0.5m 与 1.0m 时不同埋置深度情况下的地基沉降曲线,可以发现,当岩盐夹层埋置深度 $b_d=0m$ 时,厚 0.5m 的岩盐夹层地基沉降小于厚

1.0m的岩盐夹层地基沉降,当其埋置深度 $b_d = 1m$、2m、3m 时,厚 1.0m 的岩盐夹层地基沉降小于厚 0.5m 的岩盐夹层地基沉降。整体看来,岩盐厚度越厚其地基沉降越小,以岩盐埋置深度 $b_d = 1m$ 为例,厚 1.0m 岩盐夹层地基沉降量为 0.418m,而厚 0.5m 岩盐夹层地基沉降量为 0.464m,两者沉降量差值为 46mm。

图 3-31 为岩盐夹层厚度分别为 0.5m 和 1.0m、埋藏深度为 0m、路基高度 $h$ 分别为 2m、4m、6m 和 8m 情况下(工况三和工况四)盐壳夹层地基沉降和自然地基沉降曲线,以此来分析在不同路基高度情况下,地表盐壳层对地基沉降的影响。从图 3-31 中可以看出,路基越高自然地基沉降量越大,盐壳夹层地基与自然地基沉降差值越大,说明路基高度越高,盐壳夹层地基对沉降的减小作用越大。以路基高度 $h$ 分别为 2m 和 6m 地基沉降为例,其自然地基中心处沉降量分别为 0.107m 和 0.551m,地表盐壳(layer = 0.5m)地基中心处沉降量分别为 0.093m 和 0.159m。在地表盐壳层赋存情况下,相对于自然地基沉降量,其沉降量分别减少了 0.014m 和 0.392m。

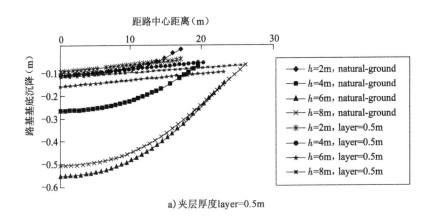

a) 夹层厚度 layer=0.5m

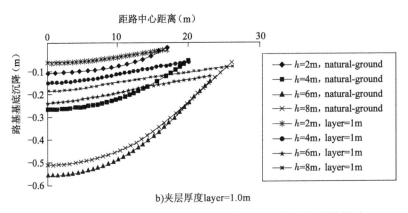

b) 夹层厚度 layer=1.0m

图 3-31　不同路基高度情况下,地表盐壳层对地基沉降的影响

## 3.5.3 岩盐夹层地基水平位移计算结果与分析

图 3-32 为路基高度 $h=6$m、岩盐夹层(layer)厚度分别为 0.5m 和 1.0m、不同埋置深度(bd)情况下(工况一和工况二)的路基基底水平位移曲线与 Natural-ground 位移曲线的对比。由图 3-32 中可以看出,Natural-ground 地基水平位移曲线在路肩至坡脚范围水平位移量最大,岩盐夹层地基可以显著地减少地基水平位移,坡脚范围岩盐夹层地基水平位移约为自然地基水平位移的一半。其中,当岩盐夹层埋置深度 bd=0m 时(即地表盐壳地基),其地表水平位移基本为 0。其他岩盐夹层埋置深度时,随着埋置深度的增加,其路肩至坡脚范围内的水平位移逐渐增加,但相对增加幅度不大。

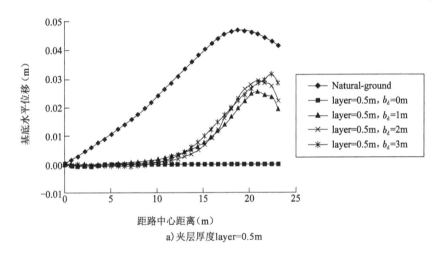

a) 夹层厚度 layer=0.5m

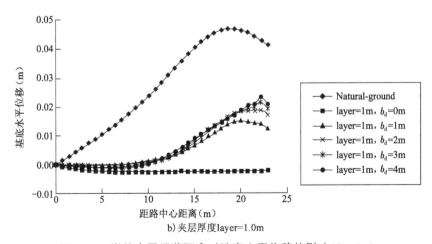

b) 夹层厚度 layer=1.0m

图 3-32 岩盐夹层埋藏深度对地表水平位移的影响($h=6$m)

## 3.5.4 岩盐夹层地基应力分布计算结果与分析

图 3-33～图 3-38 为路基高度 $h=6\mathrm{m}$、岩盐夹层(layer)厚度为 1.0m、不同埋置深度($b_\mathrm{d}$)情况下及无岩层夹层情况下的地基路基 Mises 应力云图。从应力云图中可以看出,相对于自然地基应力云图,岩盐夹层地基岩盐夹层处存在明显的应力集中现象。岩盐夹层埋置深度越浅,其应力集中现象越明显,Mises 应力值越大,应力水平影响范围越大。这说明,岩盐夹层起到了主要的应力分担作用,岩盐埋置深度越浅,其对应力分担、减小地基沉降与水平位移的作用越大。

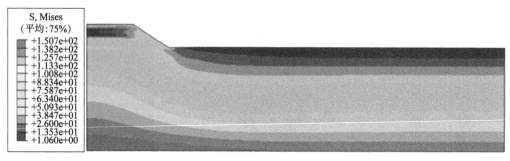

图 3-33　应力云图(Natural-ground, $h=6\mathrm{m}$)

图 3-34　应力云图($h=6\mathrm{m}$, layer$=1.0\mathrm{m}$, $b_\mathrm{d}=0$)

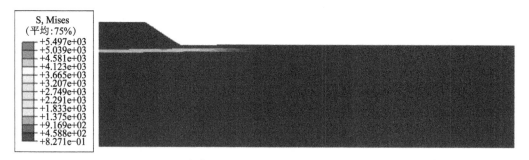

图 3-35　应力云图($h=6\mathrm{m}$, layer$=1.0\mathrm{m}$, $b_\mathrm{d}=1\mathrm{m}$)

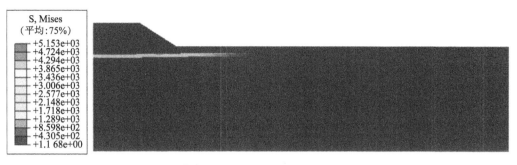

图 3-36 应力云图($h=6\text{m}, \text{layer}=1.0\text{m}, b_d=2\text{m}$)

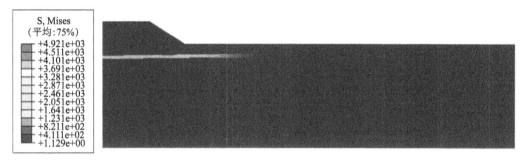

图 3-37 应力云图($h=6\text{m}, \text{layer}=1.0\text{m}, b_d=3\text{m}$)

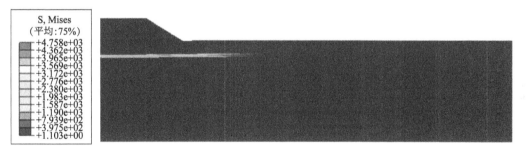

图 3-38 应力云图($h=6\text{m}, \text{layer}=1.0\text{m}, b_d=4\text{m}$)

由数值分析结果可以看出,岩盐夹层特别是地表盐壳层可以显著地减少路基基底沉降和基底水平位移,岩盐夹层特别是地表盐壳层应力集中,成为地基主要的持力层。根据现场荷载试验和数值计算结果可知,具有一定厚度(厚度≥0.5m)含盐壳层天然地基可以为高度≤5m 的路基(基底容许压力≤100kPa)提供有效的地基承载力,且受降雨积水影响较小。而砾石桩复合地基(含盐壳层)承载力受降雨积水影响较大,在设计与施工时,应采取一定的隔水和阻水措施,防治降雨积水或外来水源对复合地基承载力和附加沉降的影响。

## 3.6 本章小结

为了探明察尔汗盐湖区岩盐的工程特性及岩盐夹层作为公路地基的适应性,本章通过室内试验、现场试验、数值仿真计算等多种手段,进行了公路路基下伏岩盐夹层地基沉降与承载性能研究,得出如下主要结论:

(1)察尔汗盐湖岩盐主要为氯化钠结晶体,天然密度大、摩氏硬度高、分布较厚,盐湖岩盐的溶解度与晶间卤水矿化度基本相同,为岩盐与地下水的互层共存提供了条件。

(2)表层盐壳抗压强度为5.46~7.37MPa,天然岩盐抗压强度高为1.76~7.43MPa,达到了软岩的抗压强度,较一般路基填料强度要高。从自身强度来看,作为公路地基能够保证其不被压裂破坏。

(3)盐湖岩盐与地下水$Cl^-$和$SO_4^{2-}$含量高,总矿化度高,对沥青、水泥等工程材料具有强结晶腐蚀性和强结晶分解复合腐蚀性。

(4)对岩盐室内溶陷试验仪器进行改进,试验压力为50~400kPa,单线法测得岩盐的溶陷量为6.558~9.451mm,溶陷系数为0.164~0.239;双线法测得的溶陷量为6.297~10.109mm,溶陷系数为0.157~0.253,岩盐试样具有强溶陷的工程特性。限于试验环境条件与仪器尺寸效应等影响,室内溶陷试验并不能真正反映岩盐的实际溶陷性。

(5)通过现场溶陷浸水荷载试验,采用双线法测定时,存在一个真溶陷起始压力值,该压力值是指自然状态和浸水饱和状态下地基沉降量的临界点,一般大于常规的溶陷起始压力值。在真溶陷起始压力之后的各级荷载作用下,浸水饱和状态下的地基沉降量大于自然状态下的地基沉降量。岩盐夹层地基的溶陷主要发生于真溶陷起始压力之后;溶陷试验过程存在一个峰值溶陷压力和峰值溶陷量,本试验岩盐地基峰值溶陷压力为175kPa,峰值溶陷系数为0.194;双线法测得的岩盐溶陷系数比单线法测得的溶陷系数要大。

(6)根据岩盐地基现场溶陷试验结果,岩盐夹层地基溶陷量小,按照《盐渍土地区建筑技术规范》(GB/T 50942—2014)溶陷等级和《公路路基设计规范》(JTG D30—2015)溶陷性标准,满足高速公路、一级公路地基的技术要求。

(7)岩盐的微观结构决定了其不同的抗压强度,表层盐壳和天然岩盐晶体与晶体之间黏结密实,在宏观上表现为较高的抗压强度。

(8)天然盐壳层地基现场荷载试验结果表明,在120kPa分级压力下,天然状态盐壳层地基累计沉降量为 37.43mm,浸水饱和地基累计沉降量为 41.96mm,两者相差仅为 4.53mm;在 200kPa 分级压力下,天然状态盐壳层地基累计沉降量为 91.06mm,浸水饱和地基累计沉降量为 103.55mm,两者相差 12.49mm。由于盐壳层地基具有良好的封水性和自身强度,浸水对地基承载力和沉降影响较小。

(9)浸水荷载试验 $p$-$S$ 曲线未出现明显的拐点,加载量并未达到地基承载力极限,天然岩盐夹层地基即使在浸水情况下,其极限承载力也将超过 200kPa,天然岩盐夹层地基可以作为公路地基持力层。

(10)降雨浸水对岩盐夹层复合地基承载力和沉降均有较大影响,浸水后单桩和复合地基沉降量显著增加,承载力显著降低,不再满足设计要求。主要原因是砾石桩破坏了盐壳层的封水性和强度,砾石桩形成新的降雨入渗通道,降雨入渗软化了桩周上部的盐壳层,导致桩周摩阻力下降,承载力降低,沉降量增大。

(11)与无岩盐夹层赋存情况下自然地基沉降相比,岩盐夹层的赋存可以显著地减小地基沉降,岩盐夹层埋藏深度越浅,其地基沉降量越小。岩盐夹层越厚,地基沉降越小,但随着岩盐夹层厚度的增加,沉降量减小幅度降低。路基高度越高,岩盐夹层抑制地基沉降的作用越大。

(12)岩盐夹层的赋存,可显著地减小地基水平位移,与无岩盐夹层赋存情况下自然地基水平位移相比,岩盐夹层地基水平位移约为自然地基水平位移的 0.5 倍(坡脚处最大水平位移)。岩盐夹层埋置深度越浅,其地表水平位移越小,表层盐壳层地基水平位移基本为 0。岩盐夹层越厚,其减小地基水平位移能力越强。

(13)与无岩盐夹层赋存情况下自然地基应力云图相比,岩盐夹层地基出现了应力集中现象,岩盐夹层埋置深度越浅,其应力集中现象越明显,应力值越大,应力水平影响范围越大。这说明,岩盐夹层起到了主要持力层的作用,岩盐夹层埋置深度越浅,其应力分担越大,减小地基沉降和水平位移作用越显著。

# 第 4 章
CHAPTER 4

# 察尔汗盐湖区公路路基稳定性分析

# 第4章 察尔汗盐湖区公路路基稳定性分析

## 4.1 引言

　　察尔汗盐湖区公路路基路面破坏的主要原因之一是盐分随毛细水向上迁移造成路基次生盐渍化,路基产生盐胀、溶蚀等病害,最终导致整个路基、路面的变形破坏。公路路基次生盐渍化灾害主要经历两个过程,首先是路基土体水盐迁移造成路基内部含盐量增加,"盐随水迁,水去盐留",盐分结晶析出使土体更加密实,结晶盐占据更大的体积,改变了土体的内部结构,造成路基次生盐渍化,这是路基的聚盐过程。路基路用性能的改变以及路基破坏,与路基填料含水状态的变化有必然的关系,在公路运营过程中,路基土体会受到大气降雨、地下水毛细作用、蒸发与四季温差变化等不利因素的影响,其含水状态势必发生变化,从而导致其路基使用状态与稳定性的改变。其中,大气降雨对路基状态与路基稳定性的影响最为直接和直观。由于易溶盐的存在,降雨对察尔汗盐湖地区公路地基和路基的稳定性影响较一般路基更大。此外,察尔汗盐湖地区位于我国西北部,根据中国公路自然自然区划,该区域昼夜温差与季节性温差均较大,在昼夜温差与季节大温差环境影响情况下,路基中盐分反复溶解与结晶,加剧水分和盐分向路基上部迁移,易造成路基土体密实度降低和路用性能的弱化,严重影响公路路基的稳定性与公路运营安全。

　　本章将通过室内试验与数值模拟等手段,分析察尔汗盐湖区公路路基在毛细势作用、温度场梯势作用下水盐迁移规律,探明区域环境影响下路基次生盐渍化高度,以及水盐迁移对路基路用性能的影响;同时分析降雨入渗对路基沉降、位移与路基含水率的影响,确定砾类土路基降雨入渗影响范围,旨在为察尔汗盐湖地区公路路基设计与养护提供理论支撑,保证路基的稳定性与耐久性。

## 4.2 毛细势作用下非饱和土路基稳定性分析

### 4.2.1 盐渍土水盐迁移基本理论

　　察尔汗盐湖地区,地下水或地基土中盐分向路基上部迁移是路基土体毛细作用的结果,毛细水携盐迁移造成路基次生盐渍化。盐渍土的水盐迁移应从基质吸力作用下毛细水迁移和盐溶质运移两方面进行分析。目前,水分迁移理论和盐溶质运移模型主要以 Richard 方程和对流弥散方程为基础。

### 1) Richard 水分迁移方程

Richard(1931 年)将适用于饱和土的达西定律推广到非饱和土中,三维水通量 $q$ 方程表述为:

$$q_x = Bk_x(h_m)\frac{\partial h}{\partial x}, q_y = ek_y(h_m)\frac{\partial h}{\partial x}, q_z = ek_z(h_m)\frac{\partial h}{\partial x} \tag{4-1}$$

式中:$h_m$——基质吸力水头;

$k_i(h_m)$——非饱和土的水力传导度,$i = x, y, z$。

由于没有渗透水压力头,非饱和土中的总水头等于基质吸力水头和高程水头之和,即 $h = h_m + z$。根据质量守恒定律,并假设水的密度恒定,则非稳态非饱和土中水分的运动可以表达为:

$$\frac{\partial}{\partial x}\left[k_x(h_m)\frac{\partial h_m}{\partial x}\right] + \frac{\partial}{\partial y}\left[k_y(h_m)\frac{\partial h_m}{\partial y}\right] + \frac{\partial}{\partial z}\left[k_z(h_m)\left(\frac{\partial h_m}{\partial z}+1\right)\right] = \frac{\partial \theta}{\partial t} \tag{4-2}$$

等式右侧可以改写为以基质吸力水头为参数的表达式:

$$\frac{\partial \theta}{\partial t} = \frac{\partial \theta}{\partial h_m} \cdot \frac{\partial h_m}{\partial t} \tag{4-3}$$

式中:$\frac{\partial \theta}{\partial h_m}$——体积含水率和吸力水头的斜率,该斜率被称为容水度,常用 $C$ 来表示,将比容水度表示成吸力或者吸力水头的函数,如下式所示:

$$C(h_m) = \frac{\partial \theta}{\partial h_m} \tag{4-4}$$

将式(4-3)和式(4-4)带入非稳态非饱和土的水分运动方程中可得:

$$\frac{\partial}{\partial x}\left[k_x(h_m)\frac{\partial h_m}{\partial x}\right] + \frac{\partial}{\partial y}\left[k_y(h_m)\frac{\partial h_m}{\partial y}\right] + \frac{\partial}{\partial z}\left[k_z(h_m)\left(\frac{\partial h_m}{\partial z}+1\right)\right] = C(h_m)\frac{\partial h_m}{\partial t} \tag{4-5}$$

Richard 方程也可以通过体积含水率来表征。例如,在 $x$ 方向上可以变换为:

$$q_x = -k_x(\theta)\frac{\partial h_m}{\partial x} = -k_x(\theta)\frac{\partial h_m}{\partial \theta}\frac{\partial \theta}{\partial x} = -D_x\frac{\partial \theta}{\partial x} \tag{4-6}$$

同样,在 $y$、$z$ 方向上可以变换为:

$$q_y = -D_y\frac{\partial \theta}{\partial y}, q_z = -D_z\frac{\partial \theta}{\partial z} - k_z(\theta) \tag{4-7}$$

因此，Richard 方程可以写为：

$$\frac{\partial}{\partial x}\left[D_x(\theta)\frac{\partial \theta}{\partial x}\right] + \frac{\partial}{\partial y}\left[D_y(\theta)\frac{\partial \theta}{\partial y}\right] + \frac{\partial}{\partial z}\left[D_z(\theta)\frac{\partial \theta}{\partial z}\right] + \frac{\partial k_z(\theta)}{\partial z} = \frac{\partial \theta}{\partial t} \quad (4-8)$$

本节在进行数值模拟时，采用二维水分迁移方程：

$$\frac{\partial}{\partial x}\left[D_x(\theta)\frac{\partial \theta}{\partial x}\right] + \frac{\partial}{\partial z}\left[D_z(\theta)\frac{\partial \theta}{\partial z}\right] + \frac{\partial k_z(\theta)}{\partial z} = \frac{\partial \theta}{\partial t} \quad (4-9)$$

**2）盐分运移对流弥散方程**

盐分运移是水分携盐和水分蒸发的综合结果，盐分运移的载体和动力是水分迁移。目前，盐分运移过程主要通过对流、扩散以及机械弥散这三个作用来解释。

对流是指盐溶质随水分迁移而移动的过程。对流通量与土体中的水通量密度和溶液浓度有关，对流通量方程为：

$$J_c = qC \quad (4-10)$$

式中：$J_c$——盐溶质对流通量，它是指由于对流作用单位时间通过单位面积土体的溶质的量[mol/(m²·s)]；

$q$——水通量密度(m/s)；

$C$——浓度(mol/m³)。

扩散指的是由分子扩散作用引起溶质的分散和混合。扩散主要受溶液的浓度梯度影响。溶质的扩散方程为：

$$J_s = -D_s \frac{\partial C}{\partial x} \quad (4-11)$$

式中：$J_s$——溶质的扩散通量[mol/(m²·s)]；

$D_s$——溶质有效扩散系数(m²/s)；

$\frac{\partial C}{\partial x}$——浓度梯度。

机械弥散作用是由于土体水的微观渗流速度变化引起的。由大量的统计数值归纳，机械弥散方程可表示为：

$$J_h = -D_h(v)\frac{\partial C}{\partial x} \quad (4-12)$$

式中：$J_h$——溶质的机械弥散通量[mol/(m²·s)]；

$D_h(v)$——机械弥散系数(m²/s)，其与渗流速度关系为 $v = q/Q$，$Q$ 为土壤体积含水率(m/s)，即：

$$D_h(v) = a|v| \tag{4-13}$$

实际应用中,将扩散与弥散方程联合称为水动力弥散方程:

$$J_{sh} = (-D_s(\theta) + D_h(v))\frac{\partial C}{\partial x} = -D_{sh}(\theta_z v)\frac{\partial C}{\partial x} \tag{4-14}$$

式中:$J_{sh}$——溶质的水动力弥散通量;

$D_{sh}$——水动力弥散系数。

$$D_{sh}(\theta_z v) = D_0 a e^{he} + a|v| \tag{4-15}$$

因此,盐分运移可以视为对流和水动力弥散综合作用的结果,即溶质运移总通量为:

$$J = J_c + J_{sh} = qC + D_{sh}\frac{\partial c}{\partial x} \tag{4-16}$$

在 $x$、$y$、$z$ 三个方向上流入与流出立方微元体的盐溶质质量差为:

$$\Delta M = -\frac{\partial J_x}{\partial x} + \frac{\partial J_y}{\partial y} + \frac{\partial J_z}{\partial z}\Delta x \Delta y \Delta z \Delta t \tag{4-17}$$

在时段内,微元体溶质质量变化量为:

$$\frac{\partial(\theta C)}{\partial t}\Delta x \Delta y \Delta z \Delta t$$

根据质量守恒原理,假定流入与流出立方微元体的盐溶质质量差与该时段溶质质量变化量相同,联立上述两式,可得:

$$\frac{\partial(\theta C)}{\partial t} = -\frac{\partial J_x}{\partial x} + \frac{\partial J_y}{\partial y} + \frac{\partial J_z}{\partial z} \tag{4-18}$$

$$\frac{\partial(\theta C)}{\partial t} = -\frac{\partial J_x}{\partial x} + \frac{\partial J_z}{\partial z} \tag{4-19}$$

假设各方向水动力弥散系数相等,则溶质运移方程为:

$$\frac{\partial(\theta C)}{\partial t} = -\frac{\partial q_x C}{\partial x} - \frac{\partial q_z C}{\partial z} + \frac{\partial}{\partial x}D_{sh}\frac{\partial C}{\partial x} + \frac{\partial}{\partial z}D_{sh}\frac{\partial C}{\partial z} \tag{4-20}$$

式中:$q_x$、$q_z$——$x$、$z$ 方向上的水通量密度。

## 4.2.2 毛细势作用下水分迁移高度界限分析

毛细水最大上升高度范围内,路基土体的含水率从下到上逐渐变小。路基土含水率对路基的稳定性潜在一定的危害,含水率越大,其危害越大;但一般而言,只有含水率达到或超过某一界限值,才能对路基造成危害。因此,有必要探讨对路基稳定性具有威胁性的那部分毛细水上升高度,即有害毛细水上升高度 $H_c$。

为了区别有害毛细水和无害毛细水之间的界限,首先需要了解土中水分向上迁移形式,其主要迁移形式如下:

(1)由液体表面压力梯度造成的毛细水上升运动;

(2)由渗透压力梯度(不同浓度的溶液间)造成的矿化水渗透运动;

(3)由吸附力梯度(土粒表面电分子)造成的薄膜水楔入运动;

(4)由蒸汽压力梯度造成的气态水扩散运动。

显然,上述4种运动都不同程度地受到气温和蒸发的影响。无论水分向上迁移的形式和内容如何,盐渍土路基可能存在相同的危害。比如,自由水的运动包括毛细水的上升运动和矿化水的入渗运动。相较而言,自由水的运动速度较快、参与度较高,溶解盐晶的能力也较强,故在水盐迁移过程中,自由水发挥着关键性的作用。而其他类型的液态水中,薄膜水的运动速度缓慢、参与度低;气态水的扩散运动也存在局限性,无法对盐分进行转移。因此,可认为只有自由水参与的运动形式才会极大威胁到路基的稳定性。鉴于此,有害毛细水上升的界限可采用砂类土的最大分子含水率与黏性土的塑限含水率表示,其理论意义重大:①从物理角度考虑,当土体处于最大分子含水率或塑限时,其内部仅含有黏结水,自由水已不存在;②从力学角度考虑,在外力作用下,当土体的含水率不大于塑限含水率时,其抵抗变形的能力已较大;③从冻结角度考虑,当土体的含水率低于最大分子含水率或塑限时,聚冰现象在短时间内难以形成。总而言之,当土的含水率低于最大分子含水率或塑限时,不会对盐渍土路基造成各种病害,这也是其作为有害毛细水上升的界限的原因。

从以上理论分析出发,待毛细水在新填路基内上升稳定后,只要测定路基一定高度或地基一定深度土体含水率,分层取土样作筛分、塑限或最大分子含水率试验,根据试验结果,用土体含水率作为横坐标,用路基高度或地基深度作为纵坐标,绘制含水率沿路基高度或地基深度的分布曲线,并用竖直线标出各土层的最大分子含水率值或塑限,竖直线与含水率分布曲线的最高的交点位置即为有害毛细水上升的高度,如图4-1所示。

毛细水上升高度的影响因素主要包括土的粒度、毛细水含盐量、含盐种类、土体密实度、温度场、土体渗透系数和路基表面的上覆条件等。

(1)土的粒度。

对于毛细水上升高度而言,土的粒度是最重要的影响因素,粒组越粗时,其毛细水上升越低,但其速率越快。当粒径大于1cm时,土颗粒表面吸附作用可视为零,其毛细结构无法形成;当粒径介于0.5~0.05cm之间时,颗粒间毛细作用较大;当粒径小于0.05cm时,土颗粒表面吸附作用较大,毛细阻力较大,故毛细水迁移比较困难。

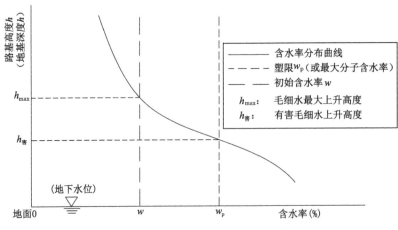

图 4-1 毛细水上升高度界限示意图

(2)毛细水含盐量。

当毛细水含盐量越大时,其上升高度越小。毛细水上升高度受盐分的影响主要体现在两个方面:①由于含盐量能够显著增大其表面张力,毛细水的上升高度也随之提高;②由于盐分增大其比重和颗粒间的水膜厚度,毛细水上升的阻力随之增大,从而其上升高度显著降低。

(3)含盐种类。

含盐种类也是影响水分迁移重要因素之一。例如:当含盐种类为 NaCl 时,由于温度对 NaCl 晶体析出影响不大,故盐晶对水分迁移通道阻力较小,即对水分迁移影响可忽略不计。然而,当含盐种类为 $Na_2SO_4$ 时,由于温度对 $Na_2SO_4$ 晶体析出影响加大,其盐晶会阻塞水分迁移通道,从而土体水分和盐分迁移量都显著减小。此外,由于土中含有的离子价、离子种类不同,水化膜形成的厚度也大小不一,在一定程度上影响水分迁移。因此,察尔汗盐湖地表以氯盐为主,并且含盐量很高。

(4)土体密实度。

当土的密实度越大时,土颗粒之间越致密,水分迁移通道被局部堵塞;此外,土体的容水能力随着土孔隙体积的减小而逐渐降低,从而水分和盐分迁移量会显著减小。

(5)温度场。

温度场(降温速率、持续时间)对路基中水盐迁移量的影响较大。当温度下降越快时,土体的冻结速度自然越快,水分重分布与冻结锋面伸展的速度差也随之减小。然而,当温度下降较慢时,具备足够的时间使土体水分向上迁移,并出现水分重新分配的现象。因此,降温速率的快慢主要体现在水分迁移的数量与速率上。

(6)土体渗透系数。

土的渗透系数能够反映土渗水性程度,是影响水分迁移重要因素之一。当土的渗透系数越大时,其水分迁移速率和迁移量也随之增大。此外,土的渗透系数与含盐量、含盐类型等紧密相关。

(7)路基表面的上覆条件。

路基上覆条件能够有效地改变毛细水的上升高度,与无上覆层路基相比,有上覆层的毛细水上升高度更高。

## 4.2.3　毛细势作用下路基水盐迁移试验

毛细水的迁移与地下水水位有直接关系,为准确掌握项目区域地下水位随季节的变迁规律,本节通过在察格高速公路沿线不同地段埋设水位管,通过两个运营期的监测,得出各观测断面水位变化一致:监测区地下水位为 0.5~2m,部分路段为零水位。1—8 月地下水位逐渐升高至最高水位,8—12 月地下水位逐渐降低,升降幅度为 0.20~0.50m,地下水位总体变化趋势是升高,同一观测断面最高水位与最低水位之差为 0.1~0.3m。为分析最不利工况对路基次生盐渍化的影响,室内毛细水迁移试验地下水位拟定为最不利水位——零水位,饱和卤水供应,采用能保持恒定水位的盛水器皿控制。

### 1)试验方案设计

路基毛细水上升高度,特别是有害毛细水的上升高度是影响盐渍土地区公路路基设计高度的重要因素;另外,路基隔断层的设置也依据此参数。察格高速公路沿线分布着大量的弱氯盐渍土、粉土(非盐渍土)和砾类土,可作为公路路堤填料。

(1)试验目的是提出高等级公路路基毛细水上升高度和盐分迁移高度。

(2)根据《公路路基设计规范》(JTG D30—2015),路堤压实度≥93%。

(3)温度影响盐分的溶解度,根据察格高速公路察尔汗盐湖区路基基底温度监测,全年 7—8 月基底温度最高(此时气温也最高),温度在 15~25℃之间。该温度范围盐分溶解度最大,其水分迁移引起的盐分迁移量最大,对路基造成的次生盐渍化最为严重。因此,试验温度控制在 15~25℃之间。

(4)试验所用土样、卤水等均取自察格高速公路察尔汗盐湖区段;地下水位拟定为最不利水位——零水位,饱和卤水供应。样品物理性质见表 4-1~表 4-5。

土样界限含水率  表4-1

| 取样地点 | 密度 | 液限 $w_L$(%) | 塑限 $w_p$(%) | 塑性指数 $I_p$ |
|---|---|---|---|---|
| K619+000 | 2.69 | 21.3 | 15.0 | 6.3 |
| K624+000 | 2.70 | 22.0 | 13.8 | 8.2 |

土样易溶盐含量  表4-2

| 取土地点 | K619+000 | K624+000 | 黎明山料场土样A |
|---|---|---|---|
| 易溶盐含盐量(%) | 0.54 | 0.07 | 1.32 |
| $\dfrac{2Cl^-}{SO_4^{2-}}$ | 2.18 | — | — |

土样筛分结果与分类  表4-3

| 取样地点 | 各粒径占百分率(%) | | | 不均匀系数 $C_u$ | 曲率系数 $C_c$ | 土 分 类 |
|---|---|---|---|---|---|---|
| | 2~0.075mm | 0.075~0.002mm | <0.002mm | | | |
| K619+000 | 56.29 | 40.78 | 2.92 | 2.33 | 0.63 | 粉土质砂（弱氯盐渍土） |
| K624+000 | 42.33 | 50.49 | 7.18 | 4.13 | 1.64 | 含砂低液限粉土（非盐渍土） |

土样筛分结果与分类  表4-4

| 取样地点 | 各粒径占百分率(%) | | | | | |
|---|---|---|---|---|---|---|
| | 60~40mm | 40~2mm | 2~0.5mm | 0.5~0.25mm | 0.25~0.075mm | <0.075mm |
| 黎明山料场土样A | 3.2 | 70.4 | 9.4 | 12.9 | 2.8 | 1.3 |
| 黎明山料场土样B | 0.82 | 99.06 | 0.12 | 0 | 0 | 0 |

卤水化学成分分析结果  表4-5

| 土样名称 | 各离子的含量(mg/L) | | | | | | 溶解性固体 |
|---|---|---|---|---|---|---|---|
| | $CO_3^{2-}$ | $HCO_3^-$ | $Cl^-$ | $SO_4^{2-}$ | $Ca^{2+}$ | $Mg^{2+}$ | $K^+ + Na^+$ | |
| 卤水 | 0 | 26.84 | 268112 | 599.16 | 0 | 23.59 | 268714.4 | 616500 |

根据上述试验结果可知，桩号K619+000、K624+000的盐渍土土样类型依次为弱盐渍土、非盐渍土；按含盐性质划分，桩号K619+000土样为氯型盐渍土，其盐分主要包括NaCl、KCl，矿化度和卤水浓度均较高。桩号K619+000、K624+000的盐渍土土样，其粒径都主要介于0.002~0.25mm之间，不均匀系数$C_u<5$，前者曲率系数$C_c<1$，后者曲率系数$C_c>1$，但均属于级配不良含砂粉土的范畴。此外，在黎明山料场取的土样A和

土样 B,其粒径均主要介于 2~40mm 之间,前者不均匀系数 $C_u = 27.81$,曲率系数 $C_c = 1.7$,属于级配良好砾的范畴;而后者不均匀系数 $C_u = 3.14$,属于级配不良砾的范畴。

### 2)试验仪器的设计

本试验仪器基于竖管法试验原理制作,其主要内容为:在三相(固、液、气)多孔结构中,固体的密度最大,液体水在固体引力作用下逐渐上升,而基于气态表面张力的收缩膜逐渐拉伸,并带动液态水继续上升。当玻璃管直径较小时,液态水在收缩膜的拉伸作用将沿着管壁持续上升,逐渐出现弯月面的形状。在已知玻璃管直径为 $d$ 的前提下,毛细水的上升高度取决于水与玻璃管间的接触角 $\alpha$ 以及水的表面张力,根据水体竖向平衡可推导出下述表达式:

$$h_c = \frac{4T\cos\alpha}{\gamma_w d} \tag{4-21}$$

式中:$h_c$——毛细水的上升高度;

$T$——表面张力;

$\alpha$——接触夹角;

$\gamma_w$——水的重度;

$d$——管径。

参照毛细水作用机理,土柱可认为是一种具有概率分布特征的平行毛管束模型。为了建立该模型,按照毛细力大的小空隙逐渐向毛细力小的大空隙的顺序,将毛细力、重力、吸附力进行横向分配,从而使小空隙注水。单位重水体在毛细力或吸附力作用下逐渐转化为等量重力势能,即毛细水的上升高度。

为减小竖管直径对试验结果的尺寸效应的影响,选用大直径透明亚克力圆柱筒作为试验竖管,可较好地模拟实际情况。按照 1:4 的模拟试验要求,各试验筒的尺寸大小取决于各土样的最大粒径与材料的供应标准,具体见表 4-6。

试 筒 尺 寸 表　　　　表4-6

| 土样编号 | 土　类 | 取样地点 | 试筒尺寸 |
|---|---|---|---|
| 1 | 低液限粉土 | K624+000 | 高200cm,内径18cm,壁厚1.0cm |
| 2 | 弱氯盐渍土(粉土质砂) | K619+000 | 高200cm,内径18cm,壁厚1.0cm |
| 3 | 砾类土 | 黎明山料场土样A | 高150cm,内径22cm,壁厚1.5cm |

试验筒采用透明亚克力材料制作。为了达到地下水供应充足的目的,在圆筒下端每间隔2cm设置一系列圆孔(直径0.5cm),卤水通过圆孔注入底座中。此外,为了保持供

应水位高度,注入卤水时应从底座进水口进入、出水口排出并循环利用,其供应水量约为1.5L/d,并采用止水夹控制供应导管,保证试验过程中地下水水位恒定。试验仪器设计示意图如图4-2～图4-4所示。

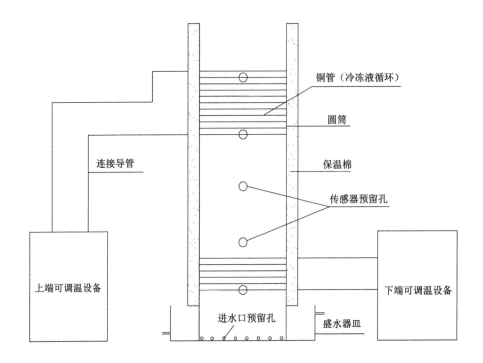

图4-2　试验仪器设计示意图

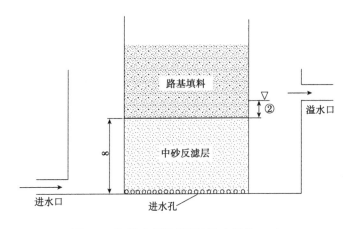

图4-3　仪器底部示意图(尺寸单位:cm)

图 4-4　水盐迁移试验设备

试验步骤如下：

(1)按每层 0.05m 厚装填土样,采用重锤击实(压实度为 93%),并利用式(4-22)~式(4-25)计算每层土样质量。

$$\gamma = \gamma_d(1+w) \qquad (4-22)$$

$$\gamma_d = \gamma_{dmax} \times 93\% \qquad (4-23)$$

$$m = \frac{\gamma \times V}{10} \qquad (4-24)$$

$$V = \pi \times R^2 \times h \qquad (4-25)$$

式中：$w$——土样最佳含水率；

$\gamma_d$——土样的干重度；

$\gamma_{dmax}$——土样的最大干重度；

$\gamma$——土样的湿密度；

$m$——每层土样质量；

$R$——试筒内半径；

$h$——每层土样高度。

(2)注入卤水,其水面应高于土样 0.02m,并启动止水夹保证水位不变。

(3)做好毛细水上升高度观测。观测时间间隔,第一天 2h 观测一次,之后每天观测一次,做好记录。

(4)建立毛细水上升高度 $h$ 随时间 $t$ 变化的曲线。

(5)毛细水上升稳定后,测定每层土的含水率、含盐量,并绘制含盐量随高度变化的曲线。试验前应将土样烘干、磨细、筛分,然后进行易溶盐含量测定试验,共做两组平行试验求其平均值。

### 3）粉土（非盐渍土）毛细水、盐分迁移试验结果分析

桩号 K624+000 的盐渍土土样为含砂低液限粉土，属于细粒土的范畴，其细粒含量可达 57.67%，其中介于 0.075~0.002mm 之间的颗粒占 50.49%，而小于 0.002mm 颗粒仅占 7.18%，土样初始含水率 11.3%，初始含盐量 0.07%。试样在试筒内分层人工击实均匀，压实度为 93%，观测时间为 90d，待毛细水上升稳定后，从上往下依次取土测定含水率与含盐量。试验中，共分 31 层取土，1~7 号每 0.10m 一层取土，8~31 号每 0.05m 一层取土，试验结果见表 4-7 和图 4-5。

非盐渍化粉土水分和盐分迁移试验结果　　　　表 4-7

| 土样编号 | 高度(m) | 含盐量(%) | 含水率(%) |
|---|---|---|---|
| 1-1 | 1.90 | 0.07 | 5.4 |
| 1-2 | 1.80 | 0.06 | 6.5 |
| 1-3 | 1.70 | 0.05 | 7.4 |
| 1-4 | 1.60 | 0.07 | 7.7 |
| 1-5 | 1.50 | 0.07 | 7.9 |
| 1-6 | 1.40 | 0.06 | 7.9 |
| 1-7 | 1.30 | 0.12 | 8.8 |
| 1-8 | 1.20 | 0.07 | 8.5 |
| 1-9 | 1.15 | 0.07 | 8.9 |
| 1-10 | 1.10 | 0.08 | 9.7 |
| 1-11 | 1.05 | 0.10 | 9.2 |
| 1-12 | 1.00 | 0.09 | 10.4 |
| 1-13 | 0.95 | 0.08 | 10.2 |
| 1-14 | 0.90 | 0.10 | 10.5 |
| 1-15 | 0.85 | 0.09 | 11.0 |
| 1-16 | 0.80 | 0.09 | 11.5 |
| 1-17 | 0.75 | 0.10 | 11.8 |
| 1-18 | 0.70 | 0.10 | 12.3 |
| 1-19 | 0.65 | 0.10 | 13.0 |
| 1-20 | 0.60 | 0.10 | 14.1 |
| 1-21 | 0.55 | 0.11 | 15.0 |

续上表

| 土样编号 | 高度(m) | 含盐量(%) | 含水率(%) |
|---|---|---|---|
| 1-22 | 0.50 | 0.38 | 12.8 |
| 1-23 | 0.45 | 0.14 | 16.0 |
| 1-24 | 0.40 | 0.94 | 16.5 |
| 1-25 | 0.35 | 2.09 | 17.2 |
| 1-26 | 0.30 | 3.64 | 15.9 |
| 1-27 | 0.25 | 6.06 | 14.7 |
| 1-28 | 0.20 | 7.43 | 12.8 |
| 1-29 | 0.15 | 9.66 | 12.2 |
| 1-30 | 0.10 | 9.20 | 12.0 |
| 1-31 | 0.05 | 10.03 | 11.6 |

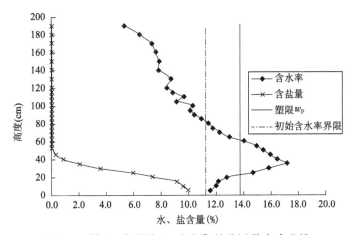

图 4-5　粉土(非盐渍土)水分和盐分迁移高度曲线

从表 4-7 和图 4-5 中可以看出：

(1)水分沿试样高度的重分布情况是：试样高度 35cm 为拐点，5~35cm 高度范围含水率随高度逐渐变大；35~190cm 高度范围含水率逐渐降低，此高度范围内试样的含水率并没有稳定在初始含水率，主要是因为试样顶部未封闭，试样水分被蒸发掉一部分，造成含水率下降，低于初始含水率，这与未封闭的路基边坡或顶部未封闭(如未铺设土工布隔断层或路面层)的路基水分分布情况一致。在 85cm 高度处，水分蒸发量与毛细水上升补给量相平衡，含水率与初始含水率基本持平，为 11.0%，表明毛细水最大上升高度为 85cm。

(2)试样高度 60~65cm 范围含水率为 14.1%~13.0%，试样的塑性为 13.8%，判定有害毛细水上升高度约为60cm。

(3)盐分沿试样高度重分布情况是:从含盐量最大值10.03%逐渐降低,50cm高度处降低至最低值,含盐量为0.38%,略大于弱氯盐渍土含盐量标准,结果表明试样的次生盐渍化高度为50cm;试样高度50~190cm范围内,含盐量为0.1%~0.07%,按含盐量分类,50cm以上高度试样属于非盐渍土。盐渍化界限以上高度试样含盐量略大于初始含盐量的原因是:有害毛细水以上那部分无害毛细水上升和蒸发,造成"盐随水迁,水去盐留",试样含盐量略有增加。

(4)50cm以下高度试样盐渍化情况:5~15cm高度范围内,试样盐渍化程度为过盐渍土,15~25cm高度范围内为强盐渍土,25~40cm高度范围内为中盐渍土,40~50cm高度范围内为弱盐渍土。

(5)由水、盐迁移高度对比分析可知,试样的次生盐渍化高度与有害毛细水上升高度相当(后者略高)。有害毛细水上升高度范围内,存在自由水参与毛细运动,从而携带盐分向上迁移,导致卤水面以上试样的次生盐渍化。由于盐渍土含盐量测定试验比较烦琐和费时,而有害毛细水上升高度试验方法简单,可通过室内试验或原位测试得出。因此,可以从有害毛细水上升高度来判定路基发生次生盐渍化的高度。

(6)试样为由固相、液相和气相三相组成的非盐渍土。在毛细水上升试验中,地下水由饱和卤水提供,盐分进行溶解,并以液体的方式出现。伴随着试样水分的蒸发和毛细水的上升,盐分被迁移到和滞留在试样有害毛细水上升高度范围内,改变了原来非盐渍土的组成相,此时组成相为四相:固相、液相、气相和易溶盐相。在含水率测定试验中,待水分完全蒸发后,土体中含有毛细水携带的盐分,其盐分以固体的形式出现,在计算含水率时,相当于固体质量增加,此时试验得出的含水率反映了盐渍化程度改变后试样的含水率,并不能反映原来试样的含水率变化。

此外,高矿化度毛细水改变了土体孔隙结构。试验卤水的矿化度较高,可达616.5g/L;而试验土样颗粒较细,为含砂低液限粉土。试验结果显示,在0.05~0.15m高的试验土样中,其含盐量大于8%,属于过盐渍土;在0.20m高的试验土样中,其含盐量约为5%,属于强盐渍土。因此,随着试样土样增高,其含盐量逐渐减小至中、弱盐渍土。图4-6~图4-8为不同含盐量盐渍土的微观结构照片。

含盐量0.57%的盐渍土的微观结构如图4-6所示,由微观图可知,整体呈架空疏松排列,颗粒性状多为圆形和椭圆形,孔隙较大,孔隙间砂粒含量较多,属于点式接触。

含盐量6.62%的盐渍土的微观结构如图4-7所示。由微观图可知,整体上呈紊流状定向排列,孔隙分布较均匀,颗粒间相互包覆和胶结,属于点-面叠聚。

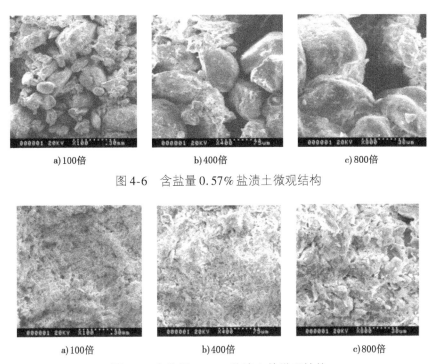

图 4-6 含盐量 0.57% 盐渍土微观结构

图 4-7 含盐量 6.62% 盐渍土的微观结构

含盐量 12.36% 的盐渍土的微观结构如图 4-8 所示。由微观图可知,整体上呈较密实状态排列,孔隙较小且数量较少,孔隙呈现无贯通架空结构,盐晶分布均匀且胶结成集粒。

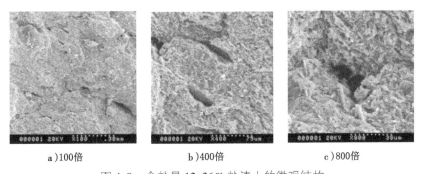

图 4-8 含盐量 12.36% 盐渍土的微观结构

从盐渍土微观结构观测与分析的结果来看:盐渍土含盐量由低到高,盐渍土由架空结构向点式接触或接触-胶结的结构发展;盐渍土中的孔隙和裂隙被盐、黏粒等紧密填充,其结构比较密实。在毛细水上升过程中,水分携盐分上升,部分盐分滞留在试样一定的高度范围内,毛细水上升的通道被逐渐堵塞,毛细作用减弱,从而造成试样含水率随试样高度的增加先从小到大变化,达到最大值后又逐渐降低;而含盐量随试样高度的增加从高至低逐渐变化,最后趋于稳定。

**4)弱氯盐渍土(粉土质砂)毛细水、盐分迁移试验结果分析**

桩号 K619+000 的弱氯盐渍土属于粉土质砂,其细粒含量为 43.71%,其中 0.075~0.002mm 颗粒占有 40.78%,而小于 0.002mm 颗粒仅占有 2.93%,初始含水率为 12.1%,初始含盐量为 0.54%,观测时间为 90d。毛细水上升稳定后,测定各层土样含水率与含盐量试验结果见表 4-8 和图 4-9。

弱盐渍土水分和盐分迁移试验结果　　　　表 4-8

| 土样编号 | 高度(m) | 含水率(%) | 含盐量(%) |
|---|---|---|---|
| 2-1 | 1.90 | 5.4 | 0.34 |
| 2-2 | 1.80 | 6.6 | 0.58 |
| 2-3 | 1.70 | 7.2 | 0.57 |
| 2-4 | 1.60 | 7.7 | 0.57 |
| 2-5 | 1.50 | 8.4 | 0.78 |
| 2-6 | 1.40 | 9.2 | 0.52 |
| 2-7 | 1.30 | 8.9 | 0.79 |
| 2-8 | 1.20 | 8.4 | 0.63 |
| 2-9 | 1.15 | 9.4 | 0.71 |
| 2-10 | 1.10 | 9.6 | 0.70 |
| 2-11 | 1.05 | 10.3 | 0.93 |
| 2-12 | 1.00 | 10.3 | 1.00 |
| 2-13 | 0.95 | 10.3 | 1.01 |
| 2-14 | 0.90 | 10.5 | 0.69 |
| 2-15 | 0.85 | 11.0 | 0.89 |
| 2-16 | 0.80 | 10.9 | 0.77 |
| 2-17 | 0.75 | 11.3 | 0.84 |
| 2-18 | 0.70 | 11.0 | 0.72 |
| 2-19 | 0.65 | 11.4 | 0.90 |
| 2-20 | 0.60 | 12.1 | 0.93 |
| 2-21 | 0.55 | 7.2 | 1.05 |
| 2-22 | 0.50 | 13.0 | 0.85 |

续上表

| 土样编号 | 高度(m) | 含水率(%) | 含盐量(%) |
|---|---|---|---|
| 2-23 | 0.45 | 14.6 | 0.79 |
| 2-24 | 0.40 | 15.2 | 0.97 |
| 2-25 | 0.35 | 15.9 | 0.85 |
| 2-26 | 0.30 | 16.4 | 1.00 |
| 2-27 | 0.25 | 16.4 | 1.92 |
| 2-28 | 0.20 | 16.9 | 2.82 |
| 2-29 | 0.15 | 15.1 | 4.29 |
| 2-30 | 0.10 | 13.7 | 6.03 |
| 2-31 | 0.05 | 13.2 | 9.32 |

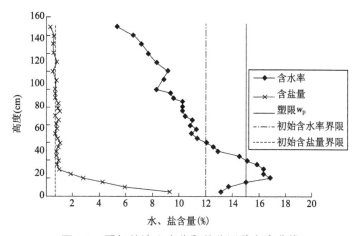

图 4-9　弱氯盐渍土水分和盐分迁移高度曲线

从表 4-8 和图 4-9 中可以看出：

(1)弱氯盐渍土试样的含水率、含盐量沿高度重分布情况(分布曲线)与低液限粉土试样含水率、含盐量的重分布情况相似。含水率沿高度方向先从低至高，至 20cm 高度处含水率达到最大值 16.9%，之后沿高度逐渐变低。经化学成分测定试验，测得试样易溶盐含量为 0.54%；而由表 4-8 可知，土样上部含盐量始终在 0.7% 左右，故初始含盐量可取为 0.7%。由表 4-8 中还可得知，试样在 75cm 高度处的含水率为 11.3%，其值大致和初始含水率相同；此外，在该高度上下 25cm 范围内的含盐量平均值为 0.82%，其值大于初始含盐量，故可确定 75cm 为毛细水最大的上升高度。

(2)含盐量随高度的变化趋势是由大逐渐变小，30cm 高度为转折点，30cm 以上高度含盐量基本趋于稳定。在 30cm 高度处的试样，其含盐量为 1.00%，其值与界限含盐量相同,已属于中盐渍土的范畴,由此可判断在卤水供应条件下盐渍土盐渍化程度变化的最大临界高度为 0.3m;0.15~0.30m 高度试样由弱盐变为中盐渍土,其下高度范围试样已变为强、过盐渍土。

(3)高度 40cm 处试样含水率约等于塑限(15%),有害毛细水上升高度为 40cm,这与盐渍土盐渍化程度变化的最大临界高度相当。

(4)当细粒土的密实度越大时,其土颗粒间越密实,孔隙体积逐渐减小,导致水分进入土体的通道变少,此外结合水膜相互叠加,在一定程度上影响了毛细水的迁移,从而其水分、盐分迁移量均减小。对于细粒土填筑路基,为了限制毛细水的上升,压实度的保证有利于阻止水分、盐分的迁移。

5)砾类土毛细水、盐分迁移试验结果分析

砾土样粗粒含量达到 98.7%,其中大于 2mm 含量达 73.6%,属粗粒土,初始含水率 0.4%,初始含盐量 1.32%。观测时间为 90d,毛细水上升稳定后,测定各层土样含水率与含盐量,试验结果见表 4-9 和图 4-10。

砾类土水分和盐分迁移试验结果　　　　表 4-9

| 土样编号 | 高度(m) | 含水率(%) | 含盐量(%) |
| --- | --- | --- | --- |
| 3-1 | 1.45 | 0.3 | 1.51 |
| 3-2 | 1.25 | 0.3 | 1.45 |
| 3-3 | 1.05 | 0.3 | 1.30 |
| 3-4 | 0.85 | 0.4 | 1.25 |
| 3-5 | 0.65 | 0.4 | 1.13 |
| 3-6 | 0.60 | 0.4 | 1.47 |
| 3-7 | 0.55 | 0.3 | 1.44 |
| 3-8 | 0.50 | 0.9 | 1.75 |
| 3-9 | 0.45 | 1.3 | 2.49 |
| 3-10 | 0.40 | 1.6 | 3.06 |
| 3-11 | 0.35 | 1.8 | 3.89 |
| 3-12 | 0.30 | 2.2 | 3.96 |
| 3-13 | 0.25 | 2.6 | 5.64 |
| 3-14 | 0.20 | 3.1 | 5.04 |
| 3-15 | 0.15 | 4.0 | 6.77 |
| 3-16 | 0.10 | 4.8 | 8.33 |
| 3-17 | 0.05 | 5.3 | 9.87 |

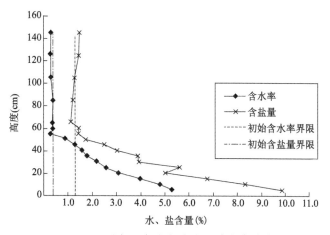

图 4-10 砾类土水分和盐分迁移高度曲线

从表 4-9 和图 4-10 中可以得出：

(1)砾类土含水率沿高度从大至小变化,高度 55cm 处为明显的拐点,含水率为 0.3%,其以上高度含水率稳定在初始含水率附近。从初始含水率界限与含水率曲线的交点判断,毛细水最大上升高度为 55cm。

(2)含盐量沿高度的变化曲线与含水率曲线类似,在高度 55cm 处含盐量与初始含盐量基本相等,其上高度含盐量稳定在初始含盐量附近。盐分迁移高度为 55cm,与毛细水最大上升高度一致。

(3)根据《公路路基设计规范》(JTG D30—2015)关于粗粒盐渍土盐渍化程度分类的标准:在 0.45m 处的试样,其含盐量为 2.49%,略超过 2% 的界限含盐量,属于弱盐渍土的范畴;由此可知,在卤水供应条件下,0.45m 为砾类土的次生盐渍化临界高度;此外,在 0.25m、0.10m 处的试样,其含盐量分别为 5.64%、8.33%,均大于各自的界限含盐量,分别属于中盐渍土、强盐渍土的范畴。

(4)砾类土属于粗粒组材料,大于 2mm 粒径组分占 73.6%。当砾类土试样浸水时,由于结合水阻力为零,弯液面下的水柱重量等于其弯液面周边表面张力的合力,因此符合毛细水上升高度随孔隙越细而越高的规律。此外,由于毛细管的通畅与否对毛细水上升速度有一定的影响,砾类土结合水阻力为零,故毛细水具有较畅通的上升通道,毛细水以较快速度上升。

(5)对以上三种土样盐分迁移曲线进行拟合,可以得出不同土样含盐量 $w$ 在路基高度 $h(\mathrm{cm})$ 上的分布情况,计算任一高度处土体的含盐量。拟合曲线采用幂函数 $w = a \times h^b$ 拟合,相关系数 $\geq 0.85$。各土样拟合参数为:粉土(非盐渍土),$a = 780.41$,$b = -1.94$;弱盐渍土(含砂粉土),$a = 21.93$,$b = -0.74$;砾类土,$a = 43.43$,$b = -0.75$。

### 6）细粒含量对砾类土路基水盐迁移的影响分析

本试验采用将砾类土和砂质粉土进行干燥和分档筛分,根据试验拟定的细粒含量对土样进行配合比设计,土样配比见表4-10。不同细粒含量砾类土路基毛细水和盐分迁移试验结果见表4-11、表4-12和图4-11、图4-12。

土 样 配 比 结 果　　　　　　　　　　　　表4-10

| 细粒含量(%) | 颗粒粒径所占比例(%) | | | | | | | |
|---|---|---|---|---|---|---|---|---|
| | 40~20mm | 20~10mm | 10~5mm | 5~2mm | 2~1mm | 1~0.5mm | 0.5~0.25mm | 0.25~0.075mm | <0.075mm |
| 1.3 | 14.7 | 14.9 | 13.1 | 19.1 | 6.6 | 14.3 | 11.7 | 4.3 | 1.3 |
| 10.0 | 14.4 | 14.7 | 13.1 | 15.5 | 6.0 | 11.0 | 11.0 | 4.3 | 10.0 |
| 20.0 | 13.0 | 12.3 | 10.6 | 12.0 | 9.5 | 7.3 | 11.0 | 4.3 | 20.0 |
| 30.0 | 12.2 | 10.8 | 8.2 | 11.0 | 7.0 | 5.5 | 11.3 | 4.0 | 30.0 |

不同细粒含量砾类土路基水分迁移试验结果　　　　　　表4-11

| 细粒含量(%) | 路基高度(m) | | | | | | | | | | | | |
|---|---|---|---|---|---|---|---|---|---|---|---|---|---|
| | 0.05 | 0.15 | 0.25 | 0.30 | 0.35 | 0.40 | 0.45 | 0.50 | 0.55 | 0.60 | 0.85 | 1.05 | 1.25 | 1.45 |
| 1.3 | 5.3 | 4 | 2.6 | 2.2 | 1.8 | 1.6 | 1.3 | 0.9 | 0.3 | 0.4 | 0.4 | 0.3 | 0.3 | |
| 10 | 7.9 | 6.8 | 4.9 | 3.4 | 2.8 | 2.5 | 2.2 | 1.9 | 1.2 | 1.1 | 0.6 | 0.4 | 0.3 | 0.3 |
| 20 | 8.8 | 7.2 | 5.6 | 5.4 | 4.1 | 3.8 | 3.2 | 2.7 | | 1.6 | 0.4 | 0.3 | 0.3 | |
| 30 | 9.5 | 8.3 | 7.1 | 6.4 | 5.6 | | 4.4 | 3.1 | 2.2 | 1 | 0.5 | 0.3 | 0.3 | 0.2 |

不同细粒含量砾类土路基盐分迁移试验结果　　　　　　表4-12

| 细粒含量(%) | 路基高度(m) | | | | | | | | | | | | |
|---|---|---|---|---|---|---|---|---|---|---|---|---|---|
| | 0.05 | 0.15 | 0.25 | 0.30 | 0.35 | 0.40 | 0.45 | 0.50 | 0.55 | 0.60 | 0.85 | 1.05 | 1.25 | 1.45 |
| 1.3 | 9.87 | 6.77 | 5.64 | 3.96 | 3.89 | 3.06 | 2.49 | 1.75 | 1.44 | 1.47 | 1.25 | 1.30 | 1.45 | 1.51 |
| 10.0 | 12.32 | 10.55 | 8.32 | 9.9 | 6.78 | 5.43 | 3.55 | 2.3 | 1.96 | 1.85 | 1.36 | 1.42 | 1.32 | 1.47 |
| 20.0 | 14.51 | 12.22 | 10.8 | 10.32 | 7.89 | 6.92 | 5.6 | 3.44 | 2.39 | 2.1 | 1.57 | 1.32 | 1.63 | 1.78 |
| 30.0 | 16.53 | 15.46 | 13.59 | 12.57 | 10.36 | 8.61 | 6.77 | 5.52 | 4.11 | 3.28 | 2.25 | 1.75 | 1.56 | 1.58 |

由表4-11和图4-11试验结果表明,与初始含水率进行对比,细粒含量1.3%的细粒土毛细水最大上升高度为55cm,当细粒含量≥10%时,毛细水最大上升高度达到85cm,与粉土路基的毛细水最大上升高度相同,且细粒含量越高,相同高度处土体含水率越高。分析原因,细粒含量的增加,形成了土体毛细迁移通道,增加了路基土体的基质势,为毛细水迁移创造了有利条件。从阻断毛细水方面考虑,路基填料应适当控制细粒含量,保证路基的长期稳定性。

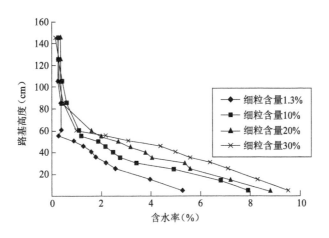

图 4-11　不同细粒含量砾类土路基水分迁移曲线

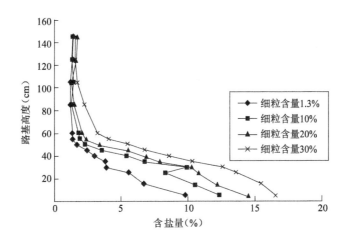

图 4-12　不同细粒含量砾类土路基盐分迁移曲线

表 4-12 和图 4-12 为不同细粒含量砾类土路基盐分迁移试验结果。试验结果表明，不同细粒含量的砾类土路基均发生了盐分迁移和次生盐渍化。与初始含盐量相比，整个路基试验高度均发生了盐分迁移。与次生弱盐渍土 2% 的界限含盐量相比，细粒含量 1.3% 的砾类土路基次生盐渍化高度为 45cm，细粒含量 10% 的砾类土路基次生盐渍化高度为 55cm，细粒含量 20% 的砾类土路基次生盐渍化高度为 60cm，细粒含量 30% 的砾类土路基次生盐渍化高度为 85cm。细粒含量的增加导致砾类土路基次生盐渍化高度的增加，且相同高度范围，细粒含量越高，其含盐量越大。从降低次生盐渍化角度考虑，砾类土填料应控制细粒含量。

## 4.2.4 水盐迁移作用对路基路用性能的影响

### 1）试验方案设计

本小节主要分析路基次生盐渍化后（聚盐后），含水率与含盐量对路基强度的影响。路基水盐迁移过程中，水分和盐分含量必然存在某种对应关系。考虑到在相同的含盐量下，不同含水率的土样其强度必然不同，因此，土样（原样土与次生盐渍化土样）含水率与含盐量根据室内路基水盐迁移试验结果及数值计算结果拟定。考虑到下路堤在公路路基中所占比重较大，且更易受地表水、地下毛细水迁移和降雨影响，因此，本小节将重点试验分析水盐迁移作用对公路下路堤路用性能的影响，下路堤压实度拟为93%，路用性能测定其CBR。试验对象对依托工程路基填料——粉土和砾类土。

### 2）路基填料基本性质

（1）粉土的基本性质。

本试验的土样取自察格高速公路沿线，土样取回后进行了颗粒分析试验、击实试验和化学试验分析，试验结果见表4-13、表4-14。试验采用重型击实，其最大干密度为 $1.82\text{g/cm}^3$，对应的最佳含水率为11.0%。

土样筛分试验结果  表4-13

| 土样 | 颗粒粒径所占比例（%） | | | 不均匀系数 $C_u$ | 曲率系数 $C_c$ | 土分类 |
| --- | --- | --- | --- | --- | --- | --- |
| | 2~0.075mm | 0.075~0.002mm | <0.002mm | | | |
| 粉土 | 42.33 | 50.49 | 7.18 | 4.13 | 1.64 | 含砂粉土 |

土样离子含量测定结果  表4-14

| 土样 | 离子的含量（%） | | | | | | | $Cl^-$（mmol/kg） | $SO_4^{2-}$（1/2mmol/kg） | 含盐量（%） |
| --- | --- | --- | --- | --- | --- | --- | --- | --- | --- | --- |
| | $CO_3^{2-}$ | $HCO_3^-$ | $Cl^-$ | $SO_4^{2-}$ | $Ca^{2+}$ | $Mg^{2+}$ | $K^++Na^+$ | | | |
| 粉土 | 0 | 0 | 0.11 | 0.07 | 0.03 | 0.002 | 0.15 | 31.13 | 14.30 | 1.975 |

依据《公路路基设计规范》（JTG D30—2015），并结合以上试验结果可知：在0.002~0.25mm范围内的粉土粒径所占比例最大，不均匀系数 $C_u<5$，曲率系数 $C_c=1.64$，属于级配不良含砂粉土。土样中氯离子和硫酸根离子比值为2.18，含盐量为1.98%，可以判定粉土土样属于氯盐中盐渍土。

(2)砾类土的基本性质。

试验土样取自依托工程锡铁山料场,并分别进行了颗粒筛分试验、易溶盐测定试验和击实试验,试验结果见表4-15、表4-16。通过击实试验,测得砾类土的最佳含水率和最大干密度分别是8.5%、2.13g/cm³。

土样筛分试验结果　　　　　　表4-15

| 土样名称 | 颗粒粒径所占比例(%) | | | | | 不均匀系数 $C_u$ | 曲率系数 $C_c$ | 土分类 |
|---|---|---|---|---|---|---|---|---|
| | 40~20mm | 20~10mm | 10~5mm | 5~2mm | <2mm | | | |
| 颗粒比例 | 14.7 | 14.9 | 13.1 | 19.1 | 38.2 | 17.53 >5 | 0.43 <1 | 级配不良砾类土 |

土样含盐量测定结果　　　　　　表4-16

| 砂砾编号 | 浸出液体积 $V$ (ml) | 蒸发皿与残留物 (g) | 蒸发皿质量 (g) | 含盐量 (%) | 平均值 (%) |
|---|---|---|---|---|---|
| 1 | 50 | 77.171 | 77.116 | 0.550 | 0.542 |
| 2 | 50 | 75.843 | 75.790 | 0.534 | |

参照《公路路基设计规范》(JTG D30—2015),并结合以上试验结果可知:对于砾类土而言,测得其初始含盐量0.542%,氯离子与硫酸根离子之比为2.18,可以判定该土样为氯盐弱盐渍土。

3) 试验结果分析

土样(原样土与次生盐渍化土样)含水率与含盐量根据室内路基水盐迁移试验结果及数值计算结果初定。根据水盐迁移试验结果,采用在原样土中掺拌适量卤水的方法制备预定拟定的含水率和含盐量试样。试件分别采用压实度93%压实成型。试验结果见表4-17和表4-18。

粉土 CBR 试验结果　　　　　　表4-17

| 序号 | 加卤水量 (mL) | 实测含水率 (%) | 实测含盐量 (%) | 贯入量为2.5mm CBR 值 | | | 贯入量为5.0mm CBR 值 | | |
|---|---|---|---|---|---|---|---|---|---|
| | | | | 最大值 (%) | 最小值 (%) | 3个试件平均值 (%) | 最大值 (%) | 最小值 (%) | 3个试件平均值 (%) |
| 1 | 0 | 10.97 | 1.975 | 14.89 | 5.69 | 9.70 | 40.39 | 7.92 | 19.56 |
| 2 | 75 | 9.99 | 2.847 | 23.54 | 3.26 | 14.52 | 25.49 | 11.00 | 19.58 |
| 3 | 150 | 8.99 | 3.630 | 9.30 | 3.32 | 6.23 | 16.16 | 8.03 | 11.93 |
| 4 | 225 | 9.04 | 5.189 | 9.04 | 0.60 | 3.68 | 13.03 | 1.24 | 5.67 |

续上表

| 序号 | 加卤水量（mL） | 实测含水率（%） | 实测含盐量（%） | 贯入量为2.5mm CBR值 | | | 贯入量为5.0mm CBR值 | | |
|---|---|---|---|---|---|---|---|---|---|
| | | | | 最大值（%） | 最小值（%） | 3个试件平均值（%） | 最大值（%） | 最小值（%） | 3个试件平均值（%） |
| 5 | 300 | 9.73 | 7.254 | 3.49 | 2.10 | 2.75 | 12.20 | 3.67 | 7.52 |
| 6 | 375 | 13.20 | 8.809 | 0.30 | 0.17 | 0.22 | 0.45 | 0.22 | 0.31 |

注：试验采用重型击实，其最大干密度为 $1.82g/cm^3$，对应的最佳含水率为 11.0%；结果按 93% 的压实度成型试件；卤水含盐量 658g/L；卤水加至 375mL 时试件开始出水，即达到饱和状态。

**砾类土 CBR 试验结果**　　　　　　　　　　　　　　　　　　表 4-18

| 序号 | 加卤水量（mL） | 实测含水率（%） | 实测含盐量（%） | 贯入量为2.5mm CBR值 | | | 贯入量为5.0mm CBR值 | | |
|---|---|---|---|---|---|---|---|---|---|
| | | | | 最大值（%） | 最小值（%） | 3个试件平均值（%） | 最大值（%） | 最小值（%） | 3个试件平均值（%） |
| 1 | 0 | 7.03 | 0.438 | 9.05 | 3.05 | 5.99 | 15.60 | 7.27 | 11.55 |
| 2 | 50 | 1.87 | 1.160 | 17.48 | 6.80 | 10.57 | 20.33 | 8.16 | 13.24 |
| 3 | 150 | 3.48 | 2.267 | 20.18 | 11.64 | 15.41 | 28.10 | 13.40 | 19.00 |
| 4 | 250 | 5.29 | 3.580 | 26.04 | 8.64 | 19.23 | 40.78 | 12.54 | 27.05 |
| 5 | 300 | 6.49 | 5.158 | 20.28 | 6.06 | 14.32 | 28.25 | 12.40 | 21.99 |
| 6 | 350 | 7.94 | 4.908 | 22.15 | 9.51 | 15.05 | 30.69 | 15.57 | 24.10 |

注：试验采用重型击实，其最大干密度为 $2.13g/cm^3$，对应的最佳含水率为 8.5%；结果按 93% 的压实度成型试件；卤水含盐量 658g/L；卤水加至 350mL 时试件开始出水，即达到饱和状态。

图 4-13 和图 4-14 为粉土路堤填料和砾石土路堤填料 CBR 值随含盐量的变化曲线，从变化曲线中可以看出：

（1）随含盐量的增加，粉土填料 CBR 值整体上呈减小趋势，次生盐渍化引起路堤土体含水率和含盐量的增加，导致其强度的降低。从曲线可以看出，当含盐量超过 5.189% 后，其贯入量 2.5mm 的 CBR 值将逐渐小于 3%，强度值已不能满足《公路路基设计规范》（JTG D30—2015）对下路堤最小承载比的要求。此时，次生盐渍土路堤盐渍化程度为强盐渍土。

（2）砾类土路堤填料 CBR 值随含盐量的变化规律与粉土路堤填料不同。砾类土路堤填料 CBR 随含盐量的增加逐渐增大至峰值，其后，随含盐量的增加，其 CBR 值逐渐减小。从曲线中可以看出，CBR 峰值对应含盐量为 3.58%。

（3）在路堤发生次生盐渍化后，对于粉土（细粒土）路堤，受次生盐渍化程度（含盐量)影响较大,当次生盐渍化程度达到强盐渍土后,其强度将不再满足规范与设计要求;对于砾类土(粗粒土)路堤,其强度同样受次生盐渍化(含盐量)的影响,但较粉土影响较弱,路堤次生盐渍化后,其强度仍能满足规范要求。从满足路堤强度角度考虑,对于细粒土填料填筑的路堤,应加强采取有效措施防止或降低其次生盐渍化程度。

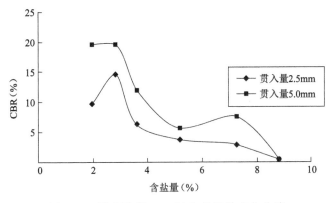

图 4-13　粉土路堤 CBR 随含盐量的变化曲线

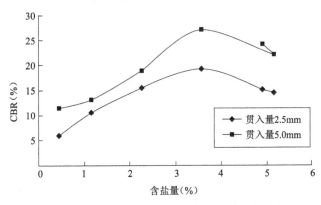

图 4-14　砾类土路堤 CBR 随含盐量的变化曲线

## 4.3　降雨入渗作用下非饱和土路基稳定性分析

### 4.3.1　公路路基降雨入渗基本理论

降雨是诱发众多工程事故的主要原因之一,许多边坡的失稳就发生在降雨期间。为了研究降雨影响下路基的稳定性,首先要分析边坡降雨入渗的机理,建立符合工程实际的入渗模型,然后基于边坡稳定性分析理论,提出降雨影响下的路基稳定分析方法。

降雨入渗基本理论以非饱和土地下水迁移理论为基础,将地面视为上部入渗边界,地下水位以下的垂直一维系统为下部边界,其入渗基本方程为:

$$\frac{\partial}{\partial z}\left[k_z k_r(h)\left(\frac{\partial h}{\partial z}+1\right)\right]=\left[c(h)+\beta S_s\right]\frac{\partial h}{\partial t} \tag{4-26}$$

式中:$k_z$——介质饱和渗透张量;

$k_r(h)$——介质相对渗透率,非饱和区 $0<k_r(h)<1$,饱和区 $k_r(h)=1$;

$h$——压力水头;

$z$——位置水头;

$c(h)$——容水度;

$\beta$——参数,非饱和区 $\beta=0$,饱和区 $\beta=1$;

$S_s$——单位储水系数,对非饱和体 $S_s=0$,饱和体为一常数;

$t$——时间变量。

根据达西定律,$t$ 时刻上部边界最大垂直入渗量为:

$$R(t)=k_z k_r(h)\left(\frac{\partial h}{\partial z}+1\right) \tag{4-27}$$

对于 $t$ 时刻降雨强度为 $\varepsilon(t)$ 的降雨,则实际入渗流量 $q(t)$ 为:

$$\begin{cases} q(t)=R(t), & \varepsilon(t)>R(t) \\ q(t)=\varepsilon(t), & \varepsilon(t)\leqslant R(t) \end{cases} \tag{4-28}$$

对于路基边坡坡面外法线方向为 $\vec{\boldsymbol{n}}=(n_x,n_y,n_z)$,则降雨在坡面法线方向的分量为:

$$q_n(t)=\varepsilon(t)n_z \tag{4-29}$$

根据 Darcy 定律,可得边坡坡面各个方向的最大入渗量为:

$$R_i(t)=k_{if}k_r(h)\left[\frac{\partial h}{\partial x_j}+1\right] \tag{4-30}$$

式中:$k_{if}$——坡面任意方向处介质饱和渗透张量。

则位于坡面法线方向上入渗量的表达式为:

$$R(t)=R_1(t)n_i \tag{4-31}$$

因此,坡面入渗量和降雨强度的表达式为:

$$\begin{cases} q(t)=R(t), & q_n(t)>R(t) \\ q(t)=q_n(t), & q_n(t)\leqslant R(t) \end{cases} \tag{4-32}$$

## 4.3.2 瞬态降雨和连续降雨模型

降雨模型主要包括两种类型,分别是瞬态型和连续型。

**1)瞬态降雨模型**

瞬态降雨模型是指在间断瞬时的降雨条件下,雨水将直接渗入土壤中,不会产生地表径流,并且土壤含水率将发生变化,考虑到部分雨水的蒸发作用,故通常将饱和度损失值和降雨量进行比较,两者中的较小值即为水的渗透深度,其表达式如下:

$$I_D = \min[nH_r(1-w_i), D] \tag{4-33}$$

式中:$I_D$——水的渗透深度;

$w_i$——土的原始含水率;

$n$——土的孔隙率;

$H_r$——土层厚度;

$D$——降雨量。

对上式标准化得:

$$y(\check{D}, w_i) = \begin{cases} \check{D}, & 0 \leq \check{D} \leq (1-w_i) \\ 1-w_i, & \check{D} > (1-w_i) \end{cases} \tag{4-34}$$

其中:

$$\check{D} = D/(nH_r) \tag{4-35}$$

在降雨量超过$(1-w_i)$的条件下,将形成亏损累积,并发生地表径流现象。

**2)连续降雨模型**

20世纪60年代初,针对路面未铺筑、包边未处理的情况,Philip 在 Richard 方程的基础上深化,提出适用于该情况下的降雨入渗速率表达式:

$$i(t) = \frac{S(w_i)t^{-0.5}}{2} + \chi k_s \tag{4-36}$$

式中:$t$——连续降雨时间;

$S(w_i)$——土壤吸水率,可用下式计算:

$$S(w_i) = \left[\frac{2\zeta(1-w_i)\psi_s}{1+3\xi}(w_i^{(1+3\xi)/\xi} - 1)\right]^{1/2} k_s^{1/2} \tag{4-37}$$

$\psi_s$——进气压(非饱和土);

$\chi$——常数,一般为1.0;

$\xi 、\zeta$——土质参数。

通过求解 Philip 方程可知:①在较短连续降雨的情况下,降雨速率势必小于土的渗透速率,其降雨曲线与渗透速率曲线保持一致;②在连续降雨达到一定时间($t_e$)的情况下,降雨速率势必超过土的渗透速率,则发生路面积水现象,直至发生径流,此时土的最大渗透率即为渗雨率,可采用如下公式表示:

$$i(t) = \begin{cases} 0.5S(w_i)t^{-0.5} + \chi k_s, & 0 \leq t \leq t_e \\ P_{rmax}, & t > t_e \end{cases} \quad (4\text{-}38)$$

$t_e$ 可由式(4-38)计算得:

$$t_e = \frac{S(w_i)^2}{4(P_r - \chi k_s)^2}, \quad P_r > k_s \quad (4\text{-}39)$$

式中:$P_r$——土的渗透速率。

根据相关监测与研究成果,实际积水时间 $t_p$ 一般长于经 Philip 方程求解的积水时间 $t_e$,其表达式如下:

$$t_p = t_e + t_c \quad (4\text{-}40)$$

式中:$t_c$——计算积水时间和实际积水时间的差值。

式(4-40)可以写成:

$$i(t) = \begin{cases} 0.5S(w_i)(t - t_c)^{-0.5} + \chi k_s, & 0 \leq t \leq t_p \\ P_{rmax}, & t > t_p \end{cases} \quad (4\text{-}41)$$

对上式积分,得:

$$I_D(t) = \begin{cases} P_r t_p + S(w_i)[(t - t_c)^{1/2} - t_e^{1/2}] + \chi k_s(t - t_p), & 0 \leq t \leq t_p \\ P_{rmax} t, & t > t_p \end{cases} \quad (4\text{-}42)$$

## 4.3.3 路基路面降雨入渗数值模型设计

### 1)数值分析模型设计

本节降雨模型设计采用连续降雨模型,将路基边坡和路面作为降雨入渗面。路基高度 $h = 8\text{m}$,沥青路面厚度拟为 0.7m,路面顶面宽度 $B$ 为 26m,边坡坡度 1:1.5,路基基底换填 50cm 厚砾石垫层。模型取一半路基宽度 $B/2 = 13\text{m}$,地基计算深度为 20.5m,计算宽度为 5 倍基底宽度。计算模型如图 4-15 所示。

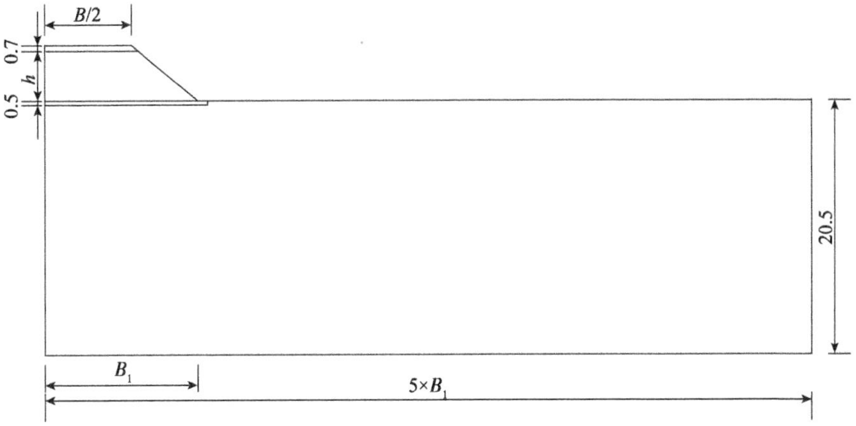

图 4-15　降雨入渗计算模型(尺寸单位:m)

**2)降雨入渗模型与边界条件**

降雨入渗是一个随地理位置与时间变化的动态过程。就目前研究可知,雨水的入渗量主要受路基土的初始含水率、边坡坡面坡度、临空面面积、受降雨强度、降雨历时等因素影响。当降雨强度小于土体的入渗能力时,土体入渗能力取决于降雨能力,称为"降水模型"。当降雨强度超过土体的入渗能力时,降雨将会在坡面和地表形成径流,称为"积水模型"。设 $k_s$ 为饱和水力传导系数,$q$ 为降雨强度,路基土入渗容量为 $R$。本降雨入渗模型将路基边坡入渗过程分为三个阶段:

(1)$q < k_s$ 时,主要发生在降雨初期,坡面和地表不发生径流,降雨将全部入渗。

(2)$k_s < q < R$ 时,主要发生在降雨历时一段时间后,降雨将全部入渗,降雨强度并未达到路基土体的入渗量,路基土入渗量减小,降雨强度已超过路基土体水力传导能力,路基边坡和地表即将发生径流。

(3)$q > R$ 时,此时降雨强度已经超过路基土体的入渗容量,部分降雨将在路基坡面和地表发生径流。

模型边界条件:

(1)约束模型左、右两竖面的水平位移,约束模型底面的竖向和水平位移。

(2)地下水位假定为零水位,地基土体设置随深度线性增加的静水孔压。

(3)地表为自由渗透边界,路面和边坡为降雨入渗和蒸发边界。

(4)在建立降雨入渗模型前,首先建立未降雨入渗模型分析,获得降雨入渗前地基和路基初始有效应力。降雨入渗模型计算时,代入初始有效应力。

### 3）计算模型参数

根据格尔木地区最大降雨量统计,最大降雨发生在 2009 年 5 月,降雨量达到 48.7mm/12h($4.058 \times 10^{-3}$ m/h),降雨强度为暴雨,降雨历时 12h。年蒸发量 3000mm/年,即 $0.342 \times 10^{-3}$ m/h。计算模型降雨强度拟为 $4.058 \times 10^{-3}$ m/h,降雨总历时拟为 12h 和 24h。路面为弹性体,其他各结构层为弹塑性体。地基与路基抗剪强度参数依据依托工程地勘成果选取,其他参数与路面各结构层材料参数参考《公路沥青路面设计规范》(JTG D50—2017)选取,参数见表 4-19。

路基、路面结构层材料参数　　表 4-19

| 结构层 | 重度(kN/m³) | 变形模量 $E$(MPa) | 泊松比 | 黏聚力 $c$(kPa) | 内摩擦角(°) |
|---|---|---|---|---|---|
| 路面 | 22 | 1200 | 0.25 | — | — |
| 路基 | 21 | 40 | 0.30 | 15 | 30 |
| 砾石垫层 | 20 | 40 | 0.35 | 5 | 38 |
| 地基 | 18 | 12 | 0.35 | 20 | 18 |

路基降雨入渗模拟参数主要有路基、路面各结构层干密度、初始含水率、孔隙比、渗透系数以及 VG 模型路基、路面各结构层渗透系数和参数 $\alpha$、$n$ 的确定。参数 $\alpha$、$n$ 主要参考依托工程现场渗透试验资料、其他科研院校和西部交通课题研究成果综合选取,其他参数通过室内试验与现场试验获得。各结构层与渗透有关的参数如下:

路面(细粒式沥青混凝土):

$k_s = 1.0 \times 10^{-6}$ cm/s $= 3.6 \times 10^{-3}$ cm/h,$\alpha = 0.013$,$n = 3$,$\rho_d = 2.20$ g/cm³。

路基(透水性路基):

$k_s = 1.35 \times 10^{-3}$ cm/s $= 4.86$ cm/h,$\alpha = 0.1$,$n = 6$,$\rho_d = 2.13$ g/cm³,初始含水率 $\omega = 3\%$。

路基土密度为 $G_s = 2.69$ g/cm³,路基土孔隙比 $e = \dfrac{G_s}{\rho_d} - 1 = 0.263$。

地基(粉质黏土):

渗透系数根据现场试坑浸水试验获得,$k_s = 4.17$ cm/h;

地基土比重为 $G_s = 2.71$,孔隙比 $e = 1$,含水率 $\omega = 21\%$,$\alpha = 0.005$,$n = 1.09$。

## 4.3.4 降雨入渗作用对路基稳定性的影响

**1）考虑路面入渗工况下降雨对路基稳定性的影响**

表4-20为分别考虑两种情况的结果：情况1，路床底部隔断，仅考虑路基边坡降雨入渗；情况2，考虑路面与边坡同时降雨入渗的两种情况，并进行了降雨历时12h和24h的情况。对比降雨历时12h和24h不同工况下计算结果及变量云图（图4-16～图4-23），除竖向位移 $U2$ 略有区别外，其余变量变化不大；云图分布情况基本一致。为尽量模拟公路路基路面实际降雨入渗工况，本小节计算模型选择情况1为降雨入渗工况。

不同入渗工况下路基稳定性对比表　　　　表4-20

| 变量 | 降雨历时12h | | 降雨历时24h | |
|---|---|---|---|---|
| | 情况1：路床底部隔断，仅考虑边坡降雨入渗 | 情况2：考虑路面与边坡降雨入渗 | 情况1：路床底部隔断，仅考虑边坡降雨入渗 | 情况2：考虑路面与边坡降雨入渗 |
| 孔压 POR(kPa) | $1.20 \times 10^{-2}$（底部） $-8.66 \times 10^{1}$（顶部） | $7.00 \times 10^{-2}$ $-7.36 \times 10^{1}$ | $5.19 \times 10^{-1}$ $-7.66 \times 10^{1}$ | $2.51$ $-6.01 \times 10^{1}$ |
| 饱和度 SAT | 1.08（底部） $8.30 \times 10^{-2}$（顶部） | 1.08 $9.00 \times 10^{-2}$ | 1.03 $8.50 \times 10^{-2}$ | 1.03 $9.00 \times 10^{-2}$ |
| 水平位移 $U1$(m) | $1.10 \times 10^{-2}$（坡脚） $6.11 \times 10^{-4}$（路中） | $1.20 \times 10^{-2}$ $6.15 \times 10^{-4}$ | $1.20 \times 10^{-2}$ $6.15 \times 10^{-4}$ | $1.20 \times 10^{-2}$ $6.31 \times 10^{-4}$ |
| 竖向位移 $U2$(m) | $1.58 \times 10^{-4}$（坡脚） $-4.38 \times 10^{-2}$（路中） | $1.53 \times 10^{-4}$ $-4.42 \times 10^{-2}$ | $3.11 \times 10^{-4}$ $-4.28 \times 10^{-2}$ | $2.91 \times 10^{-4}$ $-4.88 \times 10^{-2}$ |

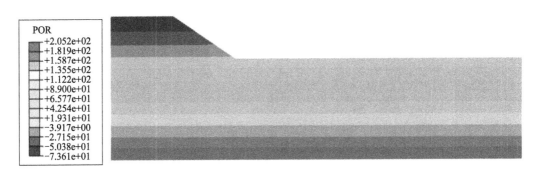

图4-16　降雨历时12h的孔压分布云图

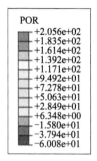

图 4-17　降雨历时 24h 的孔压分布云图

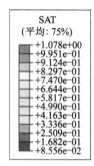

图 4-18　降雨历时 12h 的饱和度分布云图

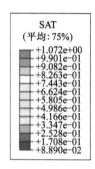

图 4-19　降雨历时 24h 的饱和度分布云图

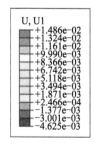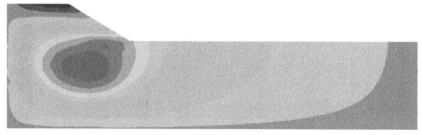

图 4-20　降雨历时 12h 的路基水平位移云图

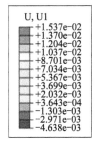

图 4-21 降雨历时 24h 的路基水平位移云图

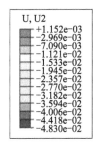

图 4-22 降雨历时 12h 的路基沉降云图

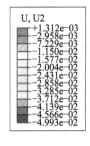

图 4-23 降雨历时 24h 的路基沉降云图

降雨入渗过程中，饱和区域由地表向路基上部非饱和区域扩展，上部路基基质吸力减小，孔压增大，含水率增加，导致土体强度下降。由于路基边坡为主要临空面且为主要降雨渗流通道，其孔压和饱和度增加速率与影响范围较其他区域更大。降雨导致地基路基整体沉降和水平位移增加，其中，路基坡脚水平位移最大，为路基稳定最不利部位。工程实例和相关研究文献表明，路基土体含水率增大，土体由非饱和状态向饱和状态过渡，往往是路基发生病害的主要外因。

### 2）降雨前后路基孔压、沉降与位移对比

图 4-24、图 4-25 为降雨前和降雨历时 12h 地基与路基孔压分布云图。云图显示，降

雨过程中,路基内部非饱和区范围减小,饱和区向路基上部和边坡区域扩展。路基底部毛细水的向上迁移和降雨入渗造成底部土体含水率增加,其基质吸力逐渐减小。路基下部和路基边坡是降雨入渗和毛细水上升的主要影响区域。

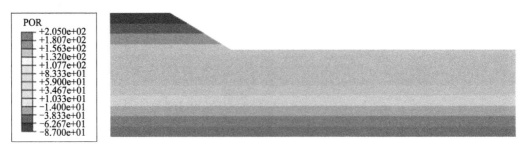

图 4-24　降雨前($t=0$)孔压分布云图

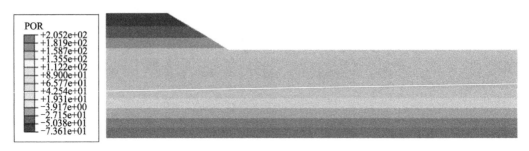

图 4-25　降雨历时 12h 孔压分布云图

对比降雨前后孔压分布云图(图 4-26、图 4-27)可以看出,路基土体降雨过程中,其孔隙水压力增大,路基上部基质吸力逐渐减小,非饱和区域减小;停雨后 24h,由于地表径流与基底毛细水作用,基底与坡脚边坡处孔隙水压力持续增大,基质吸力仍在减小(图 4-27)。

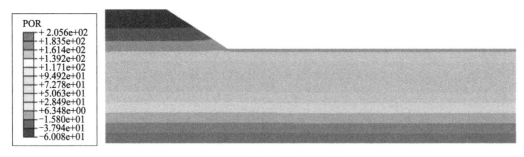

图 4-26　降雨历时 24h 的孔压分布云图

图 4-28 ~ 图 4-30 为停雨后 24h 地基与路基水平位移、沉降云图与位移矢量图。由图中可以看出,路基降雨入渗后,其最大水平位移发生在坡脚范围,最大水平位移为 4.6mm;

最大沉降发生在路基中部,为 56.7mm。从位移矢量图可以看出,降雨入渗引起路基边坡有向外滑移的趋势,滑移面将从路基与地基中部向路基坡脚剪出,降雨入渗造成路基稳定性的降低。

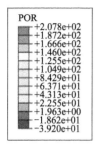 

图 4-27　停雨后 24h 孔压分布云图

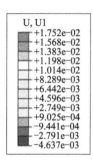 

图 4-28　停雨后 24h 水平位移云图

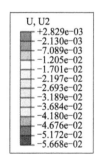 

图 4-29　停雨后 24h 沉降云图

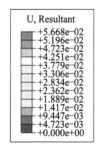 

图 4-30　停雨后 24h 位移矢量图

3）路基孔隙水压力随时间、空间变化规律

图 4-31 为降雨 12h 后路基不同高度处孔隙水压力在水平方向上的分布变化曲线，从图中可以看出，路基底部孔压≥0，路基基底坡脚范围孔压大于 0，土体达到饱和。路基高度 $h=0\sim 2m$ 路基土体孔压受毛细水与降雨影响较大，其边坡处孔隙水压力高于路中心处土体孔隙水压力，降雨入渗在路基边坡坡面水平入渗影响深度为 $1.0\sim 1.5m$。

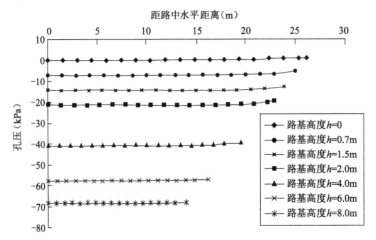

图 4-31　降雨 12h 后孔压在路基内水平向的分布特征

选取路基高度 $h=4m$ 处为研究断面，分析孔隙水压力随时间与水平距离的变化规律，计算结果如图 4-32 所示。从图 4-32 中可以看出，随着降雨时间的增加，孔压逐渐增加。路基土体在降雨初期孔压增加较慢，在降雨中后期孔压增加较快。在降雨中后期，降雨入渗对路基边坡的孔压影响比较显著。

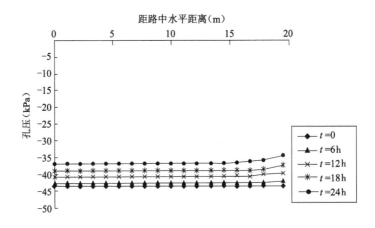

图 4-32　路基高 $h=4m$ 处孔压随时间与水平距离的分布特征

图4-33为降雨历时12h后路基中心和路基边坡坡面孔压在竖向的分布曲线。从图中可以看出,路基边坡作为自然临空面,更易受降雨入渗的影响,降雨入渗造成路基边坡基质吸力减小,这种影响在路基中下部表现比较明显。

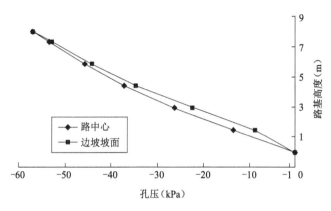

图4-33　降雨12h后孔压在竖向的分布特征

**4）路基含水率随时间、空间变化分布**

图4-34为降雨12h后路基各层含水率水平分布曲线。从图中可以看出,路基高度0~2m范围内的土体含水率受毛细水迁移和降雨影响较大,在靠近路基边坡范围含水率曲线出现上弯,边坡处含水率增加明显。在路基高度$h=0.7m$高度坡脚处,含水率接近饱和含水率,其边坡降雨入渗影响高度约为0.7m,水平向影响深度约为1.5m。

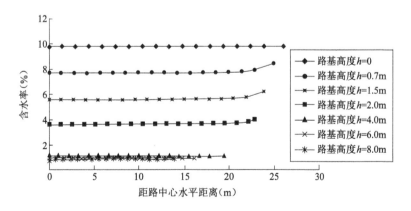

图4-34　降雨12h后路基各层含水率水平的分布特征

选取路基高度$h=4m$处为研究断面,分析路基含水率随降雨历时的变化数据,如图4-35所示。从图4-35中可以看出,在相同的降雨历时过程中,在降雨历时的中后期,其边坡范围土体的含水率增加明显(曲线上弯段),与前述研究结果相同。

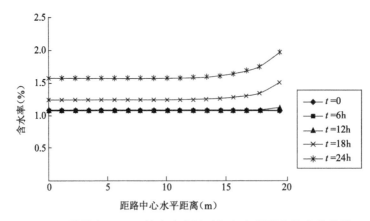

图 4-35　路基高 $h=4m$ 处含水率随时间与水平距离的变化曲线

图 4-36 为路中和边坡坡面在降雨 12h 后含水率沿垂直方向上的变化曲线。从图中可以看出,降雨入渗对路中心范围的土体含水率影响较小;对于边坡坡面,由于直接受地下水、地表水和坡面临空面降雨入渗的直接影响,其土体含水率较路中心含水率要大,且这种差异在路基中下部表现明显,这是造成连续降雨情况下边坡中下部出现局部垮塌和滑移的主要原因。

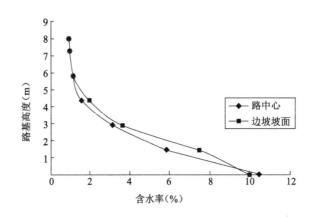

图 4-36　降雨 12h 后路基高度方向含水率分布特征曲线

**5) 基底水平位移、沉降与水平应力随降雨时间的变化规律**

图 4-37 为不考虑渗流与降雨历时 12h 路基基底水平位移曲线。由图中可知,降雨入渗情况下,基底水平位移大于不考虑入渗情况下的位移,两者之间的差异在坡脚一定范围(自路肩至坡脚处)表现最为明显。

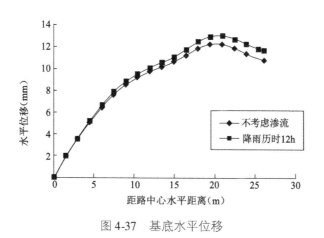

图 4-37 基底水平位移

图 4-38 为不考虑渗流与降雨历时 12h 两种情况下路基中心竖向位移曲线。由图中可知,两种情况下路基中心竖向位移变化规律基本相同,降雨渗流引起路基竖向位移增加,两种情况竖向位移差值约为 2mm。

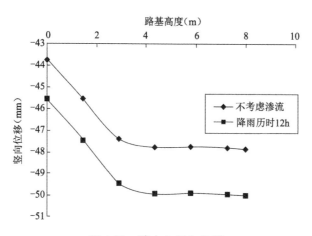

图 4-38 路中心竖向位移

表 4-21 为降雨入渗历时 12h 路基中心处路基高度方向上各点位应力计算结果。从表 4-21 中可知,降雨入渗情况下,路基顶部和底部最大主应力和最小主应力差值最大(以下简称差值,可视为剪切应力),路基中部差值相对较小。降雨入渗在路基表面(本书模型为路面)的影响深度为路基表面(路面)以下约 1.5m 范围内。对于路基而言,路基底部应力差值较大是由地下水毛细上升引起的,路基表面应力差值急剧增大是由降雨入渗引起的。按照第三强度理论,路基底部和路基表面土体在毛细水向上迁移与降雨入渗情况下,其抗剪强度降低,剪切应力增加,造成路基底部和路基表面较早出现剪切破坏。

降雨入渗12h路基中心分层应力值　　　　　表4-21

| 路基高度(m) | 最大主应力(max princical) | 最小主应力(min princical) | 差值(plus) |
| --- | --- | --- | --- |
| 0 | -35.06 | -159.08 | 124.02 |
| 1.5 | -30.53 | -143.60 | 113.07 |
| 3.0 | -20.40 | -113.42 | 93.02 |
| 4.5 | -36.93 | -84.08 | 47.15 |
| 6.0 | -57.48 | -75.26 | 17.78 |
| 7.3 | -32.96 | -112.91 | 79.95 |
| 8.0 | -25.16 | -123.41 | 98.25 |

**6）降雨入渗影响范围**

表4-22为不同路基高度$h=2m$、$4m$、$6m$、$8m$与坡度$1:1.5$、$1:1.75$、$1:2.0$情况下，降雨历时12h的降雨入渗影响高度和边坡入渗水平深度。

不同边坡高度及坡度的路基,降雨入渗影响范围　　　　表4-22

| 路基高度(m) | 坡率 | 入渗影响最大高度(m) | | | |
| --- | --- | --- | --- | --- | --- |
| | | 路中心 | | 边坡 | |
| | | 竖向 | 水平向 | 竖向 | 水平向 |
| 2 | 1:1.5 | 0.35 | — | 0.5 | 0.5 |
| 4 | 1:1.5 | 0.35 | — | 0.7 | 1.5 |
| 6 | 1:1.5 | 0.35 | — | 0.7 | 1.5 |
| 8 | 1:1.5 | 0.35 | — | 0.7 | 1.5 |
| 8 | 1:1.75 | 0.35 | — | 0.7 | 1.5 |
| 8 | 1:2.0 | 0.35 | — | 0.8 | 1.6 |

注：竖向：自基底($h=0$)向上高度；水平向：自坡面水平向路基中心线方向的深度。

由以上分析可知，降雨入渗与毛细水迁移对路基基底和边坡下部影响较大。为此，建立低路堤降雨入渗模型，分析降雨入渗对低路堤稳定性的影响。图4-39为高度2m路基降雨历时12h和24h饱和度分布云图。从图中可以看出，随着降雨历时的增加，坡脚处土体饱和区不断向上扩展，坡脚处路基土体受降雨影响最大，在持续降雨工况下首先达到饱和状态。进一步说明，路基坡脚是降雨影响敏感区，为保证路基的稳定，应加强路基边坡坡脚的设计与运营期稳定性监测。

从表4-22中可以看出，在不同路基高度和坡度情况下，路中心降雨入渗影响高度约为0.35m；路基边坡竖向影响高度为$0.5\sim0.8m$，边坡水平向影响深度为$0.5\sim1.6m$。坡度的变化主要引起降雨入渗强度分量的变化，坡度越缓，其边坡降雨入渗强度分量越大，边坡竖向和水平向入渗深度有所增加。由于本小节设定的边坡坡度相差不大，坡度角分别为33.7°($1:1.5$)、29.8°($1:1.75$)、26.6°($1:2.0$)，整体来看，路基高度和坡度对降雨入渗深度影响不大。从数值分析的结果来看,路基基底与边坡中下部更易受毛细水迁移与降雨入渗的影响,路基设计时应重点考虑路基底部毛细水隔断与路基边坡中下部防护设计等,避免或减缓路基不稳定状态的出现。

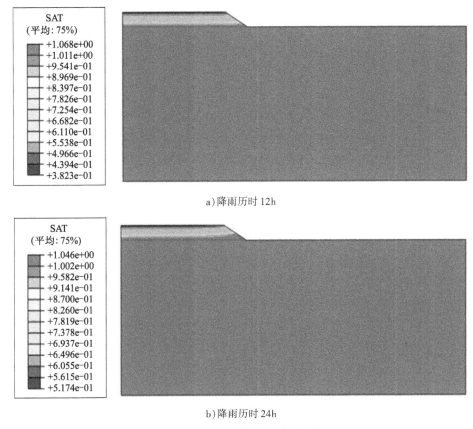

图 4-39　高度 2m 路基路基降雨饱和云图

## 4.4　温度梯度作用下非饱和土路基稳定性分析

### 4.4.1　试验方案设计

1）试验土样

试验所用土样来源于察格高速公路的路基填料,土样的颗粒分析试验以及易溶盐含量试验参照《公路土工试验规程》(JTG E40—2007)执行,试验结果见表4-23和4.2.3章节相关试验数据。

土样筛分试验结果    表4-23

| 土样名称 | 颗粒粒径所占比例 | | | | | 不均匀系数 $C_u$ | 曲率系数 $C_c$ | 土分类 |
|---|---|---|---|---|---|---|---|---|
|  | 40~20mm | 20~10mm | 10~5mm | 5~2mm | <2mm |  |  |  |
| 颗粒占比(%) | 14.7 | 14.9 | 13.1 | 19.1 | 38.2 | 17.53>5 | 0.43<1 | 级配不良砾类土 |

由试验结果可知,该砾类土样初始含盐量为0.54%,为氯盐弱盐渍土。根据重型击实试验结果可以得出,土样的最大干密度约为2.13g/cm³,其最优含水率约为8.5%。

**2)试验仪器设计**

试验仪器设计是很重要的一个环节,既要保证接近模拟现场,又要保证试验数据可靠。在冻融循环作用下,通过自行研制的试验仪器系统研究路基的水盐迁移规律,试验过程中需要保证室内通风良好。试验设备如图4-40所示。

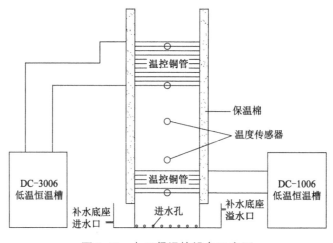

图4-40 大口径温控设备示意图

温控设备筒体如图4-41所示。试筒采用亚克力材料制成,高100cm、内径28.4cm、壁厚16mm。为保证装料击实过程中筒体不开裂、不变形,采用25mm宽的轮胎加筋线缠绕于试筒外侧,加筋线间距15cm。鉴于铜管良好的物理性能(质量轻、可塑性高、导热性能好、耐久性好等),选用内径8mm的铜管来控温。试验中,各缠绕25圈铜管于设备上下端,高度分别为20cm、16cm,其中铜管距离筒体上、下边缘均为15cm。考虑到盐渍土具有一定的腐蚀性,在试验前采用涂抹防锈油漆对铜管和固定钢丝进行防锈处理。

图 4-41 温控设备筒体

基于工业酒精的温度循环机理,采用 6L 的 DC 型低温恒温槽。其中,上、下端型号分别为 DC-3006、DC-1006,各自的温度控制范围分别为 $-30\sim100℃$、$-10\sim100℃$。

温度量测设备为万能表,MYT-NO1 型温度传感器。在试桶顶盖上安装位移传感器可以实时量测冻融循环过程中的冻胀变形量。

地下水补给设备主要由底板和短筒黏结而成,其中短筒直径略大于圆筒直径。卤水的供应一般采用医用硅胶管以防止其对管道产生腐蚀作用,水位保持不变,溢出的卤水经收集后可循环使用。

与其他相应验设备相比,自制设备具有许多优点,主要表现在:试筒尺寸与构造合理(直径、高度大、侧向限制),温控设备便捷且灵敏,循环周期长,从而导致适用范围广、操作简便,工程应用性强,试验结果更接近实际情况。

### 3)试样制备

根据试验要求,所制备试样的高度为 0.8m,试样共分 16 层且层高均为 5cm。在最佳含水率和压实度分别为 8.5%、93% 的条件下,按式(4-22)~式(4-25)分别计算各土层的质量。

为了防止每次所用土样的级配不一致,有必要提前进行筛分试验。将试样按照 16 层进行配备,为保证水分和盐分完全均匀分布,将所有配备好的土样放在一定的容器中共同拌和并静置 24h,之后再进行装料并击实,准备工作做好后再进行冻融试验。填料之前,应先将含有一定击实度的中砂反滤层铺设于试筒底端,然后在其上部逐次(共 16 次)装填土样,击实时对相邻层之间进行抛毛处理,以保证各层形成一整体。自上每隔 0.10m 依次设 3 个温度传感器,自下每隔 0.10m 依次设 2 个温度传感器,共设 5 个温度传感器于试筒内部。通过传感器可时刻监测土样的温度情况,并据此微调恒温箱使其达到所需温度梯度。为防止土体与外界环境进行热交换,试样安装好后将试筒外面包裹两层厚度为 1cm 的保温棉。冻融循环试验现场如图 4-42 所示。

图 4-42 冻融循环试验现场

**4)室内冻融试验施温、控温方案**

为尽可能地接近现场实际,本书在依托工程路基内部分层埋设了温度传感器,对路基内部温度进行了监测,两年监测期内路基的实测温度均化值见表 4-24。室内试样制备完成后采用薄膜密封 24h 达到含水均衡,并根据现场实测温度值对试样进行冻融循环试验。

现场路基实测温度结果　　　　　　　　　　表 4-24

| 测温位置 | | 温度(℃) | |
|---|---|---|---|
| | | 夏季 | 冬季 |
| 路肩 | 基顶 | 6.0 | -11.8 |
| | 基底 | 17.3 | 4.2 |
| 路中 | 基顶 | 10.0 | -7.7 |
| | 基底 | 17.6 | 5.5 |

结果表明,路肩处路基温度变化受外界环境影响较大,为季节性冻融循环最不利影响区。为分析最不利条件对路基水分和盐分迁移的影响,室内试验采用路肩处监测温度来拟定冻融试验的温度梯度。试验所施加的温度梯度及施加方式见表 4-25。

室内试验温度设定　　　　　　　　　　表 4-25

| 部位 | 温度(℃) | |
|---|---|---|
| | 冻 | 融 |
| 上端 | -12 | 6 |
| 下端 | 5 | 18 |

在试验过程中,采用装置上端和下端同时调温的方法来模拟现场温度梯度。本试验设定一个冻融周期为14d(冻和融各7d),循环次数拟定为1次、2次、3次和5次。

**5)数据采集方案**

开始时,土样温度应每隔1~2h用万能表测定一次,室内实际温度值是通过温度值和传感器电阻值换算得到的。将室内温度实测值与目标温度值比较,若未达到目标温度,则可通过调节恒温槽的温度来实现。

采用质量法和烘干法,测定每层土样的易溶盐含量和含水率。

**6)数据分析方法**

以弱盐渍砾类土为研究对象,根据各周期完成时各层土的水、盐分布情况,总结分析四种不同循环周期结束后的试样在纵、横向上的水盐迁移分布规律。

分析方案具体为:按照烘干法和质量法,将每次冻融循环结束后的土样分8层测定其含水率和含盐量,每一层平均取两个样,分别测定含水率和含盐量并取平均值。为了研究水分在各个循环周期结束后的变化规律,在试验达到预设的周期后,取每层土分别进行测定其含水率与含盐量,并绘制两者与高度的关系曲线(即水盐迁移曲线),然后进行相关研究分析。

## 4.4.2 冻融循环作用下路基水盐迁移分析

根据温度梯度施加方案,土样制备完成后分别进行7d的冻结和融溶试验,即为第一次冻融循环。待拟定的冻融循环完成后,在路基土样内每间隔10cm取两组试样,然后采用质量法和烘干法分别测定各自的含盐量和含水率。

**1)冻融循环作用下路基水分迁移试验结果分析**

冻融循环条件下路基水分迁移试验结果见表4-26、图4-43。由试验结果可知,路基高度各测试点位含水率随冻融循环次数的增加而逐渐增加,在路基高度10~50cm范围内,各次冻融循环含水率增加幅度较大;50~80cm高度范围含水率增加幅度相对较小,且随着路基高度的增加含水率迁移曲线走向整体趋于一致。从表4-26中可以看出,各循环周期内路基高度各测试点位含水率均小于初始含水率8.50%,结合下文含盐量试验结果,路基整体上含盐量发生了改变,且底部和顶部含盐量增加较为明显,从而判断毛细水在路基内部发生了迁移,但由于冻融循环过程中路基顶面未进行封闭,毛细水携带盐分向路基顶部迁移,在路基顶面水分蒸发和盐分滞留积聚。试验结果说明,冻融循环加剧路基基底毛细水向路基顶部(冷端)迁移,间接加速了路基次生盐渍化。

**冻融循环作用下路基水分迁移试验结果**(单位:%)　　　表4-26

| 循环周期 | 路基高度 | | | | | | | |
|---|---|---|---|---|---|---|---|---|
| | 10cm | 20cm | 30cm | 40cm | 50cm | 60cm | 70cm | 80cm |
| 一次循环 | 8.16 | 7.71 | 4.83 | 3.80 | 3.84 | 3.00 | 3.22 | 2.50 |
| 二次循环 | 8.10 | 6.35 | 4.82 | 4.40 | 4.00 | 3.25 | 3.14 | 2.69 |
| 三次循环 | 8.02 | 6.29 | 5.83 | 4.26 | 4.07 | 3.34 | 3.01 | 2.85 |
| 五次循环 | 7.76 | 6.50 | 6.00 | 4.76 | 4.35 | 3.43 | 2.92 | 2.93 |

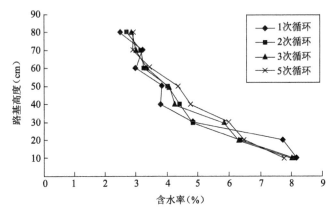

图4-43　冻融循环过程路基高度水分迁移曲线

**2)冻融循环作用下路基盐分迁移试验结果分析**

冻融循环作用下,各设定的循环周期路基盐分迁移试验结果见表4-27和图4-44。试验结果表明,各冻融周期砾类土中的盐分迁移曲线表现为基本相同的规律,含盐量随着冻融次数的增加而逐渐增加,且在路基底部和路基顶部含盐量增加显著,含盐量超过初始含盐量。

**冻融循环作用下路基盐分迁移试验结果**(单位:%)　　　表4-27

| 循环周期 | 路基高度 | | | | | | | |
|---|---|---|---|---|---|---|---|---|
| | 10cm | 20cm | 30cm | 40cm | 50cm | 60cm | 70cm | 80cm |
| 一次循环 | 0.64 | 0.56 | 0.57 | 0.49 | 0.46 | 0.68 | 0.61 | 0.58 |
| 二次循环 | 0.65 | 0.47 | 0.52 | 0.46 | 0.58 | 0.58 | 0.55 | 0.54 |
| 三次循环 | 0.75 | 0.58 | 0.58 | 0.54 | 0.59 | 0.60 | 0.55 | 0.64 |
| 五次循环 | 0.77 | 0.68 | 0.62 | 0.52 | 0.66 | 0.50 | 0.54 | 0.63 |

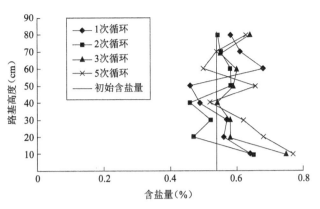

图 4-44　冻融循环过程路基盐分迁移曲线

从图 4-44 所示的整个冻融循环盐分迁移规律来看,不同路基高度处土体含盐量的变化规律不尽相同,其盐分分布在整体上呈现出类似"W"形。路基底部 10~40cm 试样含盐量从约 0.7% 降低至约 0.5%,由于路基底部距离毛细水位最近,按照常理此高度范围盐分迁移量最大,含盐量亦为最大,但试验结果却恰恰相反。结合上文含水分迁移曲线,分析出现这种现象的原因为:水分在此高度范围迁移作用显著,在路基上部低温势、毛细势与蒸发势的共同作用下,较多的水分携带盐分向上迁移,当达到一定饱和度时,盐分不再增加,从 5 次冻融循环试验结果可以看出,40cm 处土样的含盐量变化不大,基本稳定在初始含盐量附近,可以判定此高度即为盐分向路基上部迁移的平衡点,此高度范围土样主要发生水分和盐分迁移。路基高度 40~60cm 处土样含盐量逐渐增加,主要原因是此高度范围为冻融循环的降温范围,较大的温度梯度加剧盐分向负温区迁移。路基高度在 60~80cm 范围内,土样含盐量略有减小,此高度范围盐分迁移主要是基质势、重力势和蒸发作用平衡的结果。从整个冻融循环过程盐分迁移结果分析,40~60cm 高度范围路基受气温、蒸发等外界环境影响较大,即路基顶面 20cm 以下路基主要发生水盐迁移和水分蒸发盐分积聚,这亦解释了察尔汗盐湖地区路基顶部首先出现鼓包、坑槽、松散和唧泥等病害的原因。

## 4.4.3　冻融循环作用下路基冻胀变形分析

由上述章节冻融循环作用下路基水盐迁移试验结果分析得出,在经过数次冻融循环历程后,路基顶部一定范围主要发生了"水去盐留"的聚盐过程,路基顶部的含盐量明显增加。冻融循环试验过程中发现,路基顶部土体出现了冻胀变形,试样高度有一定的增加。众所周知,路基的压实度是评价路基施工质量、评价路基路用性能的重要指标,在冻融循环过程中,路基的水盐迁移以及在温度梯度作用下的冻胀、盐胀引起路基体积的改变,从而导致路基压实度的降低及其路用性能的衰减。本节将在上述章节研究的基础上,试验研究路基冻融循环作用下路基的冻胀变形特性,评价冻融循环对路基压实度的影响。在冻融循环试桶顶部安装位移传感器(图4-45),量测冻融循环过程中路基的变形量,试验结果见表4-28和图4-46、图4-47。

图4-45　冻融循环过程中路基顶面变形监测

冻融循环作用下砾类土路基顶面变形监测结果　　表4-28

| 循环周期 | 1次循环 | 2次循环 | 3次循环 | 5次循环 |
|---|---|---|---|---|
| 变形量 $\Delta h$ (mm) | 1.2 | 3.8 | 4.4 | 5.2 |
| 整体压实度衰减率 $\eta_1$ (%) | 0.15 | 0.47 | 0.55 | 0.65 |
| 负温区压实度衰减率 $\eta_2$ (%) | 0.60 | 1.86 | 2.15 | 2.53 |

注:根据试筒上端温控铜管布置高度,负温区高度按20cm考虑。

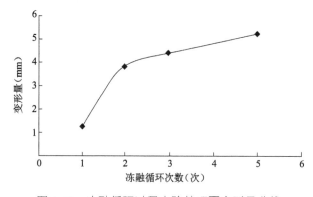

图4-46　冻融循环过程中路基顶面变形量曲线

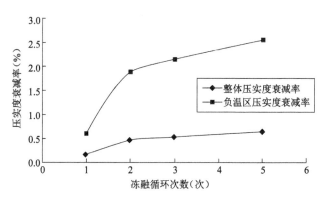

图 4-47 冻融循环过程中路基压实度衰减率曲线

为评价冻融循环对路基压实度的影响,提出整体压实度衰减率 $\eta_1$ 和负温区压实度衰减率 $\eta_2$ 的概念。整体压实度衰减率 $\eta_1$ 定义为由于冻胀变形引起整个路基土体压实度的衰减率,考虑的是整个路基的压实度变化,本试验路基高度为80cm。负温区压实度衰减率 $\eta_2$ 定义为由于冻胀变形引起负温区路基土体压实度的衰减率,考虑的是负温区路基的压实度变化,本试验根据试筒上端温控铜管布置高度,负温区高度按20cm考虑。计算公式推导如下,计算结果见表4-28。

假设冻融循环试验前路基土体的质量为 $m$,试筒半径为 $r$,试样高度为 $h_1$,试样体积为 $V_1$,密度为 $\gamma_1$。考虑路基顶端的水分蒸发与下部水盐的迁移补给,假设冻融循环结束后土体的质量不变,冻融循环后试样高度为 $h_2$,变形量为 $\Delta h$,半径不变,试样体积为 $V_2$,密度为 $\gamma_2$,则:

$$\gamma_1 = \frac{m}{\pi r^2 h_1} \tag{4-43}$$

$$\gamma_2 = \frac{m}{\pi r^2 h_2} \tag{4-44}$$

推导出密度改变率:

$$\Delta \gamma = \frac{\gamma_2}{\gamma_1} = \frac{h_1}{h_2} \tag{4-45}$$

即为压实度改变率。

压实度衰减率:

$$\eta = (1 - \Delta \gamma) \times 100\% = \left(1 - \frac{h_1}{h_2}\right) \times 100\%$$

$$= \left(1 - \frac{h_1}{h_1 + \Delta h}\right) \times 100\% \tag{4-46}$$

从表 4-28 和图 4-46、图 4-47 中可以看出,路基冻融变形量和压实度衰减率随着冻融循环次数的增加而增加,在冻融循环试验前期变形量和衰减率变化相对较大;在第二次冻融循环后,试样变形量和衰减率增加相对较平缓,但仍在继续增加。分析其变化规律,砾类土空隙相对较大,在冻融前期水盐冻胀需要克服的阻力相对较小,变形量相对较大;在冻融循环后期,由于试筒的侧向约束的增加,变形量相对较小。由于试验条件的限制,本试验未能测试出冻融循环过程中的冻胀力。依据《公路路基设计规范》(JTG D30—2015)季节性冻土的冻胀性分类标准,经过 5 次冻融循环后,负温区路基具有弱冻胀性。试验结果表明,路基在外界冻融循环条件下,压实度将会发生明显降低,从而导致路基路用性能的衰减。

由章节 4.2.2 和章节 4.2.3 分析可知,土的粒组显著影响毛细水和盐分迁移,同样,不同粒组特别是不同细粒含量的砾类土在冻融循环作用下其冻胀变形特性应有所不同。为分析和探明不同细粒含量的砾类土路基冻融变形特性,以及冻融循环对压实度的影响,本试验采用将砾类土和砂质粉土进行干燥和分档筛分,根据试验拟定的细粒含量对土样进行配合比设计,土样配比与章节 4.2.3 相同。不同细粒含量砾类土路基顶面冻融变形监测结果见表 4-29 和图 4-48、图 4-49。

**不同细粒含量砾类土路基顶面冻融变形监测结果** 表 4-29

| 细粒含量(%) | 变形值 | 循环周期(次) | | | |
|---|---|---|---|---|---|
| | | 1 | 2 | 3 | 5 |
| 1.3 | $\Delta h$ (mm) | 1.2 | 3.8 | 4.4 | 5.2 |
| | $\eta_2$ (%) | 0.60 | 1.86 | 2.15 | 2.53 |
| 10 | $\Delta h$ (mm) | 3.4 | 5.8 | 6.5 | 7.0 |
| | $\eta_2$ (%) | 1.67 | 2.82 | 3.15 | 3.38 |
| 20 | $\Delta h$ (mm) | 5.6 | 6.5 | 7.2 | 8.0 |
| | $\eta_2$ (%) | 2.72 | 3.15 | 3.47 | 3.85 |
| 30 | $\Delta h$ (mm) | 7.0 | 8.6 | 9.3 | 9.8 |
| | $\eta_2$ (%) | 3.38 | 4.12 | 4.44 | 4.67 |

从表 4-29 和图 4-48、图 4-49 中可以看出,细粒含量显著影响砾类土路基的冻融变形量,细粒含量越高,其冻融变形量越大,压实度衰减率越大。当细粒含量达到 20% 时,冻融变形量显著增加。结合上述章节毛细水和盐分迁移试验结果可知,细粒含量越高,毛细作用越强,水分和盐分迁移越显著,从而在温差梯度作用下,参与冻胀变形的细粒土、水分和盐分越多,冻融变形量越大。试验结果表明,当含盐量大于 10% 时,土样冻胀率 $\eta$ 大于 3.5%,按照《公路路基设计规范》(JTG D30—2015)冻胀性分类标准,路基达

到了Ⅲ级冻胀性。从减少毛细水和盐分迁移、减缓路基压实度衰减和冻胀角度出发，季节性大温差极端环境下察尔汗盐湖地区砾类土路基填料应将细粒含量控制在10%以下。

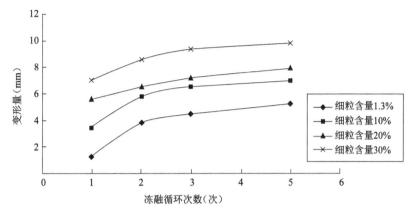

图4-48　不同细粒含量砾类土路基顶面冻融变形曲线

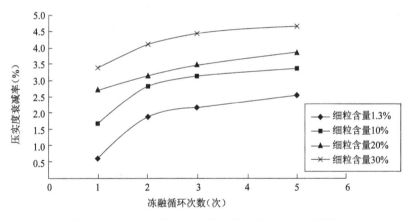

图4-49　不同细粒含量砾类土路基压实度衰减曲线

## 4.4.4　冻融循环作用对路基路用性能的影响

### 1）路基回弹模量试验结果分析

路基回弹模量试验试样最大干密度为 2.13g/cm³、最佳含水率为 8.5%、压实度为 93%、初始含盐量为 0.54%，采用室内强度仪法分别测定 3 个平行试样的回弹模量值。受限于仪器设备，冻融结束后的试样无法继续取出使用，于是根据 5 次冻融循环后土样含水率和含盐量分布进行重新制样。

采用注入淡水和卤水的方法试配试样的含盐量,成型配制的土样含盐量和含水率尽量与5次冻融循环后土样含盐量和含水率保持一致。由于试验条件、试验人员、试验操作等限制,原状土、土样1、土样2、土样3和土样4,配制后含盐量分别为0.54%、0.63%、0.67%、0.74%和0.80%,并分别在各含盐量下制样。

结合路基回弹模量和CBR的试验结果,有必要分析路用性能受路基次生盐渍化的影响,从而为盐渍土地区公路路基设计服务。针对原状土、土样1、土样2、土样3和土样4,当含盐量分别为0.54%、0.63%、0.67%、0.74%和0.80%时,其对应的回弹模量分别为31.64 MPa、25.70 MPa、21.41 MPa、20.05 MPa和19.70 MPa,见表4-30和图4-50。试验结果表明,随着路基盐分积聚量增多,土样的回弹模量会显著减小。值得注意的是,在超出初始含盐量的前提下,含盐量的增加程度和回弹模量的降低程度成正比。

砾类土回弹模量测定值 表4-30

| 土样含盐量(%) | 0.54 | 0.63 | 0.67 | 0.74 | 0.80 |
|---|---|---|---|---|---|
| 回弹模量(MPa) | 31.64 | 25.70 | 21.41 | 20.05 | 19.70 |

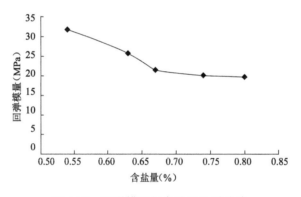

图4-50 回弹模量与含盐量关系曲线

### 2)路基CBR试验结果分析

作为路面设计和路基填料施工质量的控制指标,路基CBR能够较好地反映路基的稳定性和整体性。本次试验以粗粒土-砾类土为研究对象,该类土的黏聚力较小,遇水后呈松散状态,因此,本小节只探讨试样在浸水前的承载比,并进一步研究试样在冻融循环结束后,路基CBR受盐分积聚的影响程度,相关试验方案与上述回弹模量试验类似。同时,分别测定原状土和含盐量为0.63%、0.67%、0.74%和0.80%试样的CBR强度值,试验结果见表4-31和图4-51。

CBR 测 定 结 果　　　　表 4-31

| 土样 | 2.5mm 贯入量单位压力值(kPa) | 2.5mm 贯入量CBR 值(%) | 5mm 贯入量单位压力值 kPa | 5mm 贯入量CBR 值(%) | CBR 取值(%) |
|---|---|---|---|---|---|
| 原状土 | 1180 | 16.86 | 1750 | 16.67 | 16.86 |
| A | 1035 | 14.78 | 1525 | 14.53 | 14.78 |
| B | 857.5 | 12.25 | 1258 | 11.98 | 12.25 |
| C | 822.5 | 11.75 | 1211 | 11.53 | 11.75 |
| D | 797 | 11.39 | 1143.5 | 10.89 | 11.39 |

注：表中 A、B、C、D 分别表示含盐量为 0.63%、0.67%、0.74%、0.80% 的填料土样。

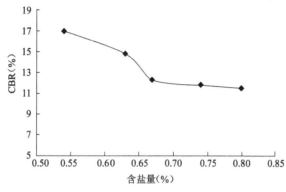

图 4-51　CBR 与含盐量关系曲线

表 4-31 和图 4-51 结果表明，在盐分大于初始含盐量的前提下，随着含盐量的增加，砾类土 CBR 值会逐渐降低；在含盐量 0.54% ~0.67% 范围内，CBR 随含盐量的增加显著降低；当含盐量超过 0.67% 后，CBR 随含盐量增加缓慢减小。含盐量对土样回弹模量和 CBR 影响规律基本相同，含盐量对回弹模量和 CBR 均具有显著的弱化影响。从试验结果分析得出，季节性大温差环境会加速察尔汗盐湖地区公路路基的次生盐渍化，从而导致路基路用性能的衰减。在此类地区，公路路基应加强其阻盐措施设计，减缓路基路用性能的衰减，保证公路路基的稳定性。

# 4.5　本章小结

为了摸清水分和盐分在公路路基内部的迁移规律，本章通过理论分析、室内试验、数值模拟等多种手段，进行了毛细势作用、降雨入渗作用、温度梯度作用下公路路基稳定性分析研究，得出如下主要结论：

（1）根据现场调查试验和理论探讨，提出了用黏性土的塑限含水率和砂类土的最大分子含水率作为路基工程中有害毛细水上升的界限。明确了这一界限,就可利用含水率分布曲线法在室内或现场进行有害毛细水上升高度的直接测定。

(2)通过毛细势作用下非饱和土路基水盐迁移试验研究,探明了毛细水和盐分的迁移规律,确定了毛细水和盐分在不同种类的路基中上升界限高度和次生盐渍化高度(表4-32);对比分析了不同细粒含量对砾类土路基水分和盐分迁移的影响,结果表明,砾类土中细粒含量越高,毛细水上升高度和次生盐渍化越高。

不同土类毛细水上升高度(单位:cm) 表4-32

| 土  类 | 盐渍化程度 | 毛细水最大上升高度 | 有害毛细水上升高度 | 次生盐渍化高度 |
|---|---|---|---|---|
| 含砂低液限粉土 | 非盐渍土 | 85 | 60 | 50 |
| 粉土质砂 | 弱盐渍土 | 75 | 40 | 30 |
| 砾类土 | 非盐渍土 | 55 | 45 | 45 |

(3)水盐迁移对粉土路基和砾类土路基路用性能有显著影响,但影响结果不一样。对于粉土路基,水盐迁移造成路基路用性能的降低,当路基次生盐渍化程度达到强盐渍土时,其强度不再满足相关规范的要求;对于砾类土路基,其强度随迁移含盐量的增加先增加至峰值,对应含盐量为3.58%,其后随含盐量的增加逐渐减小。相比而言,次生盐渍化对粉土路基路用性能的影响更甚。

(4)建立了公路路基降雨入渗有限元模型,分析了降雨入渗对路基稳定性的影响,主要结论有:①降雨入渗过程中,饱和区域由地表向路基上部非饱和区域扩展,上部路基基质吸力减少,孔压增大,含水率增加,导致土体强度下降。地基最大沉降发生在路中,路基坡脚水平位移最大,为路基稳定最不利部位。降雨入渗加剧了路基边坡向外滑移的趋势,降雨入渗造成路基稳定性的降低。②路基底部和路基表面土体在毛细水向上迁移与降雨入渗情况下,其抗剪强度降低,剪切应力增加,造成路基底部和路基表面较早出现剪切破坏。③不同路基高度和坡度情况下,路中心降雨入渗影响高度约为0.35m,路基边坡竖向影响高度为0.5~0.8m,边坡水平向影响深度为0.5~1.6m,路基高度和坡度对降雨入渗深度范围影响不大。

(5)自主研制了大型两端可自由控温的冻融循环试验装置,以砾类土为研究对象,开展了不同周期的冻融循环试验。试验结果表明:①在水分蒸发作用下,经历5次冻融循环后,路基高度的增加伴随土样的含水率逐渐减小,均低于初始含水率。整体而言,路基水分迁移比较稳定,其含水率随着循环次数的增加仅发生小幅度的变化。②路基盐分迁移通道经历了长时间、较复杂的过程。完成5次冻融循环试验后,在路基水盐迁移和水分蒸发积盐作用下,盐分主要积聚在0.40~0.60m高度范围内。③分析细粒含量对砾类土路基冻融循环冻胀变形量和压实度衰减率的影响,细粒含量越高,路基冻融变形量越大,压实度衰减率越大。从减少毛细水和盐分迁移、减缓路基压实度衰减和冻胀角度出发,季节性大温差极端环境下察尔汗盐湖地区砾类土路基填料应将细粒含量控制在10%以下。④多次循环结束后,随着砾类土路基含盐量的增加,路基发生了次生盐渍化现象,其回弹模量和CBR值均逐渐降低。为保证路基的路用性能并避免次生盐渍化,应及时采取有效的阻盐措施。针对低填路基,由于其中上部出现比较严重的积盐现象比较严重,因此,应特别注意对该部位采取有效的阻盐措施。

# 第 5 章
CHAPTER 5

# 察尔汗盐湖区公路路基阻盐技术

## 5.1 引言

根据对我国西北部盐渍土地区公路修筑情况的调查,由于早期公路建设对路基次生盐渍化危害重认识不足或技术局限,再加上当时经济水平、建设条件等因素的限制,采取的路基阻盐措施技术水平滞后,没有有效发挥作用。为了防止水分和盐分迁移对路基造成的侵蚀破坏,有些工程采取了提高路基法,但仍无法避免水、盐迁移造成路基次生盐渍化,以及路基发生沉陷、盐胀、溶蚀等次生盐渍化病害;此外,提高路基高度往往会大幅度提高工程造价,需要更多筑路材料的开采与运输,不利于公路沿线生态环境保护。察格高速公路是察尔汗盐湖地区修建的第一条高等级公路,与其他盐渍土地区高速公路相比,具有盐渍土地基盐渍化程度高、里程长、路幅宽、地下水位高等特点,路堤主要为低路堤,平均填土高度为 2.0m。察尔汗盐湖区盐渍土地基对上覆路基最大的隐患是盐分随毛细水向上迁移造成路基次生盐渍化,路基产生盐胀、溶蚀等病害。若不采取有效的阻盐防护措施,毛细水上升势必会造成上部路床的次生盐渍化,最终导致整个路基、路面的变形破坏。

本章将结合察尔汗盐湖地区路基原材料分布情况,以低液限粉土路基和砾类土路基为研究对象,通过室内试验对比分析不同设置部位的隔断层对毛细水和盐分的阻断作用,提出公路路基隔断层设置技术;并从公路路堤最小高度设计、路基填料控制、隔断层铺筑、护坡道和排碱沟设置等角度出发,提出察尔汗盐湖区高速公路路基阻盐措施,揭示毛细水与盐分迁移的时间效应。此外,通过对路基土含水率和含盐量进行长期监测,进一步验证路基水盐迁移阻断技术效果,为察尔汗盐湖地区公路路基建设与养护提供技术参考。

## 5.2 路基土体盐分迁移方式

盐渍土地区公路路基病害的产生是盐、水、温相互作用的结果,盐分是导致盐渍土产生盐胀、溶陷等病害的根源。一方面,盐渍土浸水后,其内部结晶盐发生溶解和移动,土体结构遭到破坏,从而造成土体强度显著下降;另一方面,在外界各种不利因素(如毛细势、降雨、温度梯度等)作用下,路基土的水、盐迁移会造成含盐量增加和非盐渍土次生盐渍化。工程实践表明,即使粗粒组的非盐渍土和弱盐渍土,在外界环境因素的驱动下,盐分和水分也会向路基上部迁移,导致路基内部盐分重分布。因此,要研究察尔汗盐湖区公路路基的阻盐技术,首先需要了解盐分在路基中的迁移方式。

(1)盐分伴随毛细水上升。

当地下水位高于盐渍化临界深度时,含有盐分的地下水就会通过土的毛细管作用上升,当上升的高度超过路基底面时,地表蒸发或气温降低,都会使毛细水中的盐分析出而滞留在路基中。盐渍土的这种有害的毛细水上升能直接引起路基土含盐量的增加,在地表水作用下使路基产生溶蚀等病害。

(2)盐分伴随地表水而下渗。

降雨会溶解路基和地表土体中的易溶盐,并随水分的下渗而将盐分和细粒土带走,造成路基和地表土体孔隙率增加,强度降低,影响路基的稳定性。

察尔汗盐湖区干旱时间较长,降水少,蒸发量远大于降雨量,因此,盐分随毛细水上升占绝对主导地位。

(3)盐分伴随聚流上升。

冬季气温下降,上层土基开始冻结,冻深不断发展。土基上层温度低下层温度高,形成温度梯度。负温区土中的毛细水、自由水先冻结,形成冰晶体。温度继续降低,弱结合水也开始冻结,土基周围水膜减薄,增大了从水膜较厚处的土粒吸收水分的能力,于是下层温度较高土中的水分就向上移动。若未冻结区域水源充足,且上层土不断冻结,则会产生水分的连续迁移,从而形成聚流。聚流会使下卧层土基比较温暖土体中的水分向路基上层已经冻结的土层聚集,增加路基中的水分并伴随盐分迁移。

由于盐渍土中盐特有的物理化学性质,溶液的冰点比纯水低,因此,路基下的水分就会有较长的时间向上聚集,即使在少雨的冬季,盐分入侵也十分严重。

(4)路面、路肩、边坡渗入。

在盐渍土地区,每当春夏冰雪融化或骤降暴雨后,形成地表径流,在其溶解了地表的结晶盐后成为含盐的高矿化度水。当其流经路面、路肩、边坡等道路结构时,这些矿化地表水就会渗入路基,使路基盐渍化。

(5)道路两侧差异积盐。

在盐渍土地区,由于公路阻断原来的自然排水体系,还会造成部分地区公路路基两侧差异性积盐。

盐分在土体中的迁移方式包括:盐分与土体间的吸附与解吸、在浓度梯度作用下的盐分扩散以及随土体湿度对流运动的盐分迁移。

## 5.3 公路路基水盐迁移阻断技术试验研究

出于最不利条件考虑,在有限的试验条件下,本节隔断层设置部位拟定为:隔断层设置于路床下部、隔断层设置于路基基底两种工况,路基高度拟定为40cm,隔断层结构(自下而上)为:35cm厚砾石+10cm厚中砂保护层+隔水复合土工膜。试验采用自制圆筒试验装置进行:装置高100cm,内径27cm,壁厚1.5cm,底部设置5mm圆孔模拟地下水供应,进水口间距2cm,保证试验过程中水位不变。

### 5.3.1 低液限粉土路基隔断层阻盐模拟试验

砾石隔断层材料中2mm以上粒径颗粒所占比例为99.88%,属于级配不良粗粒土,其毛细水上升高度较低且作用较小,因此,试验选用砾石作为隔断层。

工况一:隔断层设置于路床下部

模拟路基采用含砂低液限粉土填筑,粉土取自察格高速公路K624+000取土场;砾石隔断层设置在路床下部,隔断层以下为低液限粉土填筑路堤,如图5-1所示。

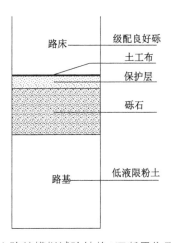

图5-1 粉土路基模拟试验结构(隔断层位于路床下部)

毛细水上升稳定后,分层取土样测定其含水率,分层厚度5~10cm,试验结果见表5-1和图5-2。

粉土路基水分和盐分迁移试验结果(隔断层位于路床下部)　　表 5-1

| 土 编 号 | 高度(mm) | 含水率(%) | 含盐量(%) | 备　　注 |
|---|---|---|---|---|
| 4-1 | 95 | 0.4 | 1.42 | 路床:砾类土 |
| 4-2 | 85 | 1.2 | 0.01 | 保护层:中砂 |
| 4-3 | 75 | 0.5 | 0.03 | |
| 4-4 | 70 | 0.6 | 0.03 | |
| 4-5 | 65 | 0.6 | 0.02 | |
| 4-6 | 60 | 0.6 | 0.04 | 砾石隔断层 |
| 4-7 | 55 | 0.7 | 0.06 | |
| 4-8 | 50 | 1.5 | 0.09 | |
| 4-9 | 45 | 2.0 | 0.10 | |
| 4-10 | 40 | 20.0 | 0.40 | |
| 4-11 | 35 | 20.4 | 0.72 | |
| 4-12 | 30 | 19.3 | 1.18 | |
| 4-13 | 25 | 19.2 | 2.54 | 含砂低液限粉土 |
| 4-14 | 20 | 16.7 | 4.60 | 路基 |
| 4-15 | 15 | 13.9 | 6.26 | |
| 4-16 | 10 | 13.9 | 6.57 | |
| 4-17 | 5 | 12.6 | 6.55 | |

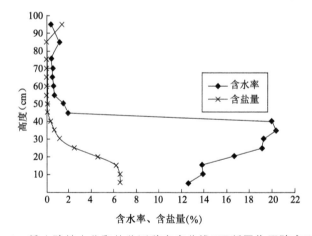

图 5-2　粉土路基水分和盐分迁移高度曲线(隔断层位于路床下部)

综合表 5-1 和图 5-2 可以看出:

(1)试样 50cm 高处的土样含盐量大于初始值 0.08%,表明盐分迁移已穿过粉土路堤进入隔断层内部,从试验结果和迁移曲线可以看出,水分和盐分侵入隔断层 10cm 高度左右稳定,30cm 厚的隔断层可以有效阻止盐分的继续迁移。

(2)从迁移曲线可以看出,含水率和含盐量曲线在试样 40cm 高度处发生突变,即水分和盐分在向上迁移过程中,被隔断层阻断或延缓其上升,在隔断层底部出现突变。隔断层底部粉土试样含盐量大于0.3%的界限含盐量,为次生弱盐渍土。

(3)在粉土路基高度范围内,位于0.30m高度处的含盐量大于1%的界限含盐量,非盐渍土已变为次生中盐渍土;位于0.15m高度处的含盐量大于5%的界限含盐量,为次生强盐渍土。

从试验结果可以看出,在地下水水位较高的察尔汗盐湖地区,采用含砂低液限粉土作为路基填料时,当隔断层设置于路床之下时,水分和盐分侵入至隔断层以下的路基,但隔断层阻断盐分对路床的侵蚀。粉土路基模拟试验结构如图5-3所示。

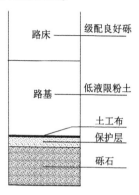

图5-3 粉土路基模拟试验结构
(隔断层位于路基底部)

工况二:隔断层设置于路基底部

根据《盐渍土地区公路设计与施工指南》(交公便字〔2006〕243号)规定,隔断层应设置于路床之下,且应至少高出地面或长期积水位0.20m以上。将隔断层铺设于路基底部是一种极限状态。为了合理设置隔断层,有必要研究这种极限状态下水盐迁移情况。试验结果见表5-2和图5-4。

**粉土路基水分和盐分迁移试验结果**(隔断层位于路基底部) 表5-2

| 土 编 号 | 高度(mm) | 含水率(%) | 含盐量(%) | 备 注 |
|---|---|---|---|---|
| 5-1 | 90 | 1.4 | 1.51 | 级配良好砾路床 |
| 5-2 | 80 | 9.4 | 0.04 | |
| 5-3 | 70 | 8.9 | 0.03 | 含砂低液限粉土路基 |
| 5-4 | 60 | 9.0 | 0.03 | |
| 5-5 | 50 | 10.0 | 0.03 | |
| 5-6 | 40 | 2.4 | 0.01 | 保护层 |
| 5-7 | 30 | 0.9 | 0.02 | |
| 5-8 | 25 | 0.9 | 0.0 | |
| 5-9 | 20 | 0.9 | 0.33 | 卵砾石 |
| 5-10 | 15 | 1.3 | 0.73 | |
| 5-11 | 10 | 1.4 | 0.75 | |
| 5-12 | 5 | 1.8 | 1.25 | |

从表5-2和图5-4中可以看出:

(1)毛细水和盐分在隔断层内部迁移曲线整体上变化规律相似,水分迁移曲线在

0～20cm 高度范围内变化显著,盐分迁移曲线在 0～15cm 高度范围内变化显著。毛细水和盐分迁移在隔断层高度 15～20cm 范围被阻断。由于隔断层设置于路基基底,与基底地下水直接接触,故试验结果反映了隔断层受水盐侵蚀的最不利状态。

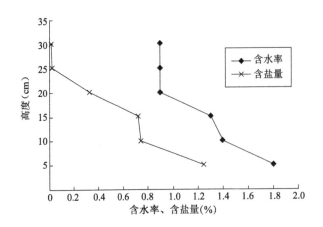

图 5-4 粉土路基水分和盐分迁移高度曲线(隔断层部分)

(2)结合盐分迁移曲线与试验结果可以看出,盐分侵入隔断层上部最大高度约为 20cm,此高度范围内土样含盐量为 0.33%～1.25%,低于粗粒弱盐渍土含盐量 2% 的界限值,隔断层未发生次生盐渍化;其上路基含盐量未发生改变,未发生次生盐渍化。盐分迁移和盐分迁移在隔断层 20cm 高度处被成功阻断。

(3)试验过程中,为真实地模拟路基水盐迁移和蒸发过程,试样顶部未进行封闭,从水盐迁移曲线中可以看出,盐分迁移高度比水分迁移高度略大,主要原因是水分在迁移过程中在顶部蒸发,而盐分在迁移过程中在迁移高度范围内发生聚盐现象。

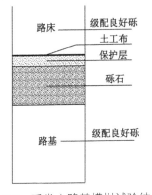

图 5-5 砾类土路基模拟试验结构
(隔断层位于路床下)

### 5.3.2 砾类土路基隔断层阻盐模拟试验

工况一:隔断层设置于路床下部

图 5-5 所示为砾类土基模拟试验结构。

为了减弱水、盐分对路床的侵蚀作用,有必要进一步研究隔断层设置于路床下部时水盐在路基和隔断层内的迁移规律。试验结果见表 5-3 和图 5-6、图 5-7。

砾类土路基水分和盐分迁移试验结果(隔断层位于路床下部)　　表 5-3

| 土 编 号 | 高度(mm) | 含水率(%) | 含盐量(%) | 备 注 |
|---|---|---|---|---|
| 6-1 | 100 | 0.4 | 1.43 | 路床:砾 |
| 6-2 | 90 | 0.3 | 0.01 | 保护层:细沙 |
| 6-3 | 80 | 0.2 | 0.02 | |
| 6-4 | 75 | 0.2 | 0.04 | |
| 6-5 | 70 | 0.2 | 0.04 | |
| 6-6 | 65 | 0.2 | 0.04 | |
| 6-7 | 60 | 0.2 | 0.05 | 砾石 |
| 6-8 | 55 | 0.2 | 0.16 | |
| 6-9 | 50 | 0.5 | 0.60 | |
| 6-10 | 45 | 0.6 | 1.08 | |
| 6-11 | 40 | 1.8 | 3.67 | |
| 6-12 | 35 | 2.0 | 4.19 | |
| 6-13 | 30 | 2.7 | 4.87 | |
| 6-14 | 25 | 3.1 | 5.63 | 路基(砾) |
| 6-15 | 20 | 4.1 | 7.38 | |
| 6-16 | 15 | 5.2 | 9.02 | |
| 6-17 | 10 | 5.6 | 11.87 | |
| 6-18 | 5 | 5.9 | 12.48 | |

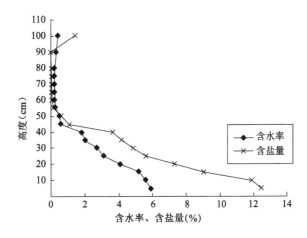

图 5-6　砾类土路基水分和盐分迁移高度曲线(整体)

由表 5-3 和图 5-6、图 5-7 可知:

(1)水分和盐分迁移曲线相似,在试样高度 0~50cm 高度范围内显著变化,判断水分和盐分最大迁移上升高度约为 50cm。在隔断层底部水盐迁移曲线出现明显的拐点,水盐迁移被有效阻断。隔断层内 0~15cm 高度范围(即路基高度 40~55cm 范围)内含盐量发生了一定的改变,水分和盐分发生了一定的迁移,此高度范围内盐分含量为 0.16%~1.08%,低于粗粒弱盐渍土含盐量 2% 的界限值,隔断层未发生次生盐渍化。

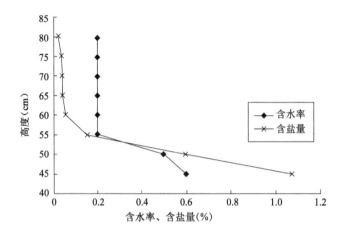

图 5-7 砾类土路基水分和盐分迁移高度曲线(隔断层部分)

(2)隔断层下部路基发生了不同程度的次生盐渍化,高度 5~10cm 路基为次生过盐渍土,高度 10~25cm 路基为次生强盐渍土,高度 25~40cm 路基为次生中盐渍土。

试验结果表明,在地下水供应充足的察尔汗盐湖地区,对于砾类土路基,当隔断层设置于路床顶面时,水分和盐分侵入至隔断层下部的路基内部,但毛细水和盐分迁移在隔断层底部被有效地阻断。

工况二:隔断层位于路基底部

根据国内盐渍土公路调研情况,青海、新疆等察尔汗盐湖地区公路与铁路建设中,为了有效隔断毛细水并避免出现翻浆和冻胀等病害,在地基表面铺设 0.5m 厚的卵砾石,并采用当地土作为路基填料,工程实践表明使用效果较好。察尔汗盐湖岩盐地基,地下水位高且矿化度较高。为研究在矿化度较高的盐湖地区隔断层设置措施,借鉴其他察尔汗盐湖地区公路和铁路路基隔断层设置经验,本次试验将隔断层设置在路基底部,研究其阻盐效果。砾类土路基模拟试验结构如图 5-8 所示。

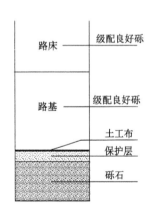

图 5-8 砾类土路基模拟试验结构
(隔断层位于路基基底)

室内温度保持在 15~20℃ 之间,卤水供应充足并保持水位不变,共 7 层土(每层

5cm),试验周期为90d。到达试验周期时,自上而下依次分层测定土样的含水率和含盐量。试验结果见表5-4和图5-9。

路基水分和盐分迁移试验结果(隔断层位于路基基底)　　表5-4

| 土 编 号 | 高度(mm) | 含水率(%) | 含盐量(%) | 备　注 |
|---|---|---|---|---|
| 7-1 | 85 | 0.3 | 1.57 | |
| 7-2 | 75 | 0.9 | 1.45 | |
| 7-3 | 65 | 1.2 | 1.30 | 砾路基 |
| 7-4 | 55 | 1.4 | 1.25 | |
| 7-5 | 45 | 2.5 | 0.06 | 保护层 |
| 7-6 | 35 | 0.8 | 0.02 | |
| 7-7 | 30 | 0.7 | 0.03 | |
| 7-8 | 25 | 0.8 | 0.06 | |
| 7-9 | 20 | 0.8 | 0.10 | 砾石 |
| 7-10 | 15 | 1.5 | 0.16 | |
| 7-11 | 10 | 1.6 | 0.18 | |
| 7-12 | 5 | 1.8 | 1.15 | |
| 7-13 | 0 | 4.6 | 6.35 | |

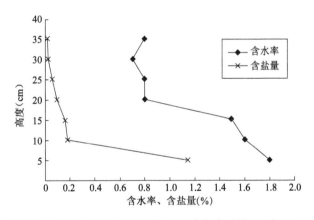

图5-9　砾类土路基水分和盐分迁移高度曲线(隔断层)

由图5-9观察得出,试样毛细水上升最大高度约为15cm,在15cm高度处含水率曲线出现明显的拐点,拐点以上含水率变化减缓并趋于稳定;含盐量曲线在5~10cm高度范围内显著线性减少,在10cm高度处出现拐点,拐点以上含盐量缓慢减少并趋于初始含盐量。由试验结果分析得出,毛细水在砾石隔断层内最大上升高度为15cm,砾石隔断层高度0~5cm范围内,含盐量为1.15%~6.35%,低于粗粒弱盐渍土含盐量2%的界限值,隔断层未发生次生盐渍化,盐分在隔断层内部10~15cm范围内被有效阻断。

试验结果表明,若直接把隔断层设置在路基底部,虽然察尔汗盐湖地区强烈的蒸发作用会造成部分水分上升,但并不会带来盐分的迁移。此外,由于级配良好砾类土路基具有较好的水稳定性,因此,当隔断层设置在路基底部时,能够有效保护路基不受盐水的侵袭,从而实现良好的隔断效果。

### 5.3.3 隔断层设置位置的效果比较

(1)在地下水供应充足的察尔汗盐湖地区,不论采用级配良好砾还是粉土作为路基填料,若隔断层设置在距离地面40cm高度处,毛细水均可通过路基上升至隔断层内10cm处稳定。砾石隔断层能有效阻止毛细水的上升,防止路基的次生盐渍化,可满足低路基修筑的隔断要求。

(2)当把隔断层直接设置在路基底部时,试验中发现水分的蒸发作用明显,气态水可以影响整个隔断层厚度区,但毛细水带来的盐分迁移对隔断层的影响高度约为20cm,没有超过隔断层厚度(30cm),并不会使隔断层失效。所以,隔断层设置在路基的底部可以保护路基不受盐分与部分水分的侵袭,基本可以实现预期的隔断效果。

(3)隔断层设置于路床之下,毛细水在隔断层内的上升高度为10cm;隔断层直接设置于路基底部,毛细水在隔断层内的上升高度约为20cm,可以发现,隔断层设置于路床下部对于其上路床和路面结构来说更为安全;从试验来看,隔断层设置于路基底部,可以同时隔断盐分对上部路基的侵蚀,对于整个路基而言其阻盐作用更大,但隔断层易受地表径流或降雨积水的浸泡影响,对于察尔汗盐湖地区,矿化度高的地面积水可能淹没隔断层,使其丧失阻盐功能,而造成上部路基的盐渍化。因此。当采用下置隔断层时,隔断层应设置于历史最高洪水位之上,且安全高度不宜小于50cm。

## 5.4 察尔汗盐湖区公路路基阻盐措施

以上小节分析总结了盐分在路基中的迁移方式,并对路基毛细水、盐分迁移规律与路基隔断层设置技术进行了试验研究,本节将根据上述研究结果,依托察格高速公路工程试验段,从路基高度设计、隔断层铺筑、路基填料的控制、护坡道和排碱沟设置方面提出察尔汗盐湖区公路路基阻盐措施,防止盐分侵入路床影响公路的耐久性。

### 5.4.1 盐湖区公路路基高度设计

察尔汗盐湖区地基土主要为氯盐和亚氯盐渍土,路堤设计应考虑防止上部路基不发生次生盐渍化的路堤最小高度。为了不使毛细水和盐分进入路床和路面结构层,避免路床次生盐渍化和盐分对路面结构层的侵蚀破坏,需计算察尔汗盐湖地区路堤最小高度,计算示意图如图5-10所示。

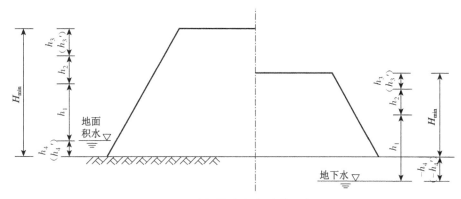

图5-10 路堤最小高度计算示意图

(1)防止上部路基不发生次生盐渍化的路堤最小高度 $H_{\min}$,按下式计算:

$$H_{\min} = h_1 + h_2 + h_3' \pm h_4' \tag{5-1}$$

式中:$h_1$——土层有害毛细水上升高度(m);

$h_2$——安全高度(m),一般取0.5m;

$h_3'$——蒸发强烈影响深度(m);

$h_4'$——非冻胀期地面积水深度(m);

$-h_4'$——非冻胀期地下水埋藏深度(m)。

(2)路堤不发生冻害的最小高度 $H_{\min}$,按下式计算:

$$H_{\min} = h_1 + h_2 + h_3 \pm h_4 \tag{5-2}$$

式中:$h_3$——有害冻胀深度(m);

$h_4$——冻胀期地面积水深度(m);

$-h_4$——冻胀期地下水埋藏深度(m)。

依托工程中,盐湖区路基采用砾类土填筑,根据室内试验研究,砾类土有害毛细水上升高度 $h_1=0.45$m,安全高度 $h_2=0.5$m。由于路床下设置土工膜隔断层,不考虑蒸发作用对毛细水上升高度的影响,即蒸发强烈影响深度 $h_3'=0$。此外,根据工程水文勘测资料和现场地基地下水位的监测结果,盐湖区地下水位高度为 0~2.0m,取最不利地下水位 $-h_4'=0$,则察尔汗盐湖区公路路堤最小高度 $H_{min}=h_1+h_2+h_3'-h_4'=0.95m$。由于察尔汗盐湖区公路路堤设计高度 $H \geq 1.5m$,故能够满足公路路堤最小高度的要求,同时也满足《公路路基设计规范》(JTG D30—2015)关于盐渍土地区公路路基最小高度的规定(表5-5)。

盐渍土地区路基最小高度(单位:m) 表5-5

| 土质类别 | 高出地面 | | 高出地下水位或地表长期积水位 | |
|---|---|---|---|---|
| | 弱、中盐渍土 | 强、过盐渍土 | 弱、中盐渍土 | 强、过盐渍土 |
| 砾类土 | 0.4 | 0.6 | 1.0 | 1.1 |
| 砂类土 | 0.6 | 1.0 | 1.3 | 1.4 |
| 黏质土 | 1.0 | 1.3 | 1.8 | 2.0 |
| 粉质土 | 1.3 | 1.5 | 2.1 | 2.3 |

注:一级公路、高速公路按1.5~2.0倍计算;二级公路按1.0~1.5倍计算。

### 5.4.2 砾类土填筑路基

根据相关研究可知,盐分迁移受土的粒度影响较大,粗粒组的毛细水上升高度较小,级配良好的粗粒组有利于路基的稳定性。在察格高速公路中,采用级配良好的砾类土作为路基填料,其中砾类土天然含水率为1.4%~1.6%,最佳含水率为4.4%~5.5%,最大干密度 2.22~2.30g/cm³。为了减少毛细水的上升高度,必须严格控制路基的压实度,其颗粒筛分结果见表5-6。

砾类土颗粒筛分结果(单位:m) 表5-6

| 粒径范围(mm) | 100~60 | 60~40 | 40~20 | 20~10 | 10~5 | 5~2 | 2~1 | 1~0.5 | 0.5~0.25 | 0.25~0.075 | ≤0.075 |
|---|---|---|---|---|---|---|---|---|---|---|---|
| 百分率(%) | 0 | 3.20 | 59.00 | 3.50 | 4.30 | 4.60 | 3.60 | 5.80 | 12.90 | 2.80 | 1.30 |

由表5-6可知,砾类土在2~40mm范围内的粒径所占比例高达70.4%,不均匀系数 $C_u=27.81>5$,曲率系数 $1<C_c=1.7<3$,属于级配良好砾类土。

### 5.4.3 隔断层铺筑

将砾石隔断层和隔水土工布隔断层同时铺设在路堤和路床之间。其中,前者主要通过一定厚度的粗粒组砾石层减弱毛细水作用,隔断毛细水上升路径;而后者可以有效避免气态毛细水上升,并减少雨水渗透对下部路基的侵蚀作用,有利于路基的整体稳定。

**1)隔断层材料的选择**

应根据当地资源、水文条件、路线等级和路基高度,并通过技术经济比较后,选取合适的隔断层材料。根据工程实践与路基设置透水隔断层厚度的限制,针对高等级公路,当路堤高度大于1.8m时,宜采用风积沙、砾石等作为透水性隔断层材料;当路堤高度小于1.8m时,宜采用土工膜等作不透水隔断层材料。《盐渍土地区公路设计与施工指南》(交公便字〔2006〕243号)指出,在察尔汗盐湖地区新建的二级以上公路,其隔断层材料应采用砾(碎)石。由于察格高速公路沿线砾石料丰富,结合工程地质条件和路基设计高度,决定采用砾石隔断层。砾石颗粒筛分结果见表5-7。

砾石颗粒分析试验结果    表5-7

| 粒径范围(mm) | 100~60 | 60~40 | 40~20 | 20~10 | 10~5 | 5~2 | <2 |
|---|---|---|---|---|---|---|---|
| 百分率(%) | 0.00 | 0.82 | 43.84 | 33.49 | 20.33 | 1.40 | 0.12 |

由表5-7可知,砾石粒径主要分布在2~40mm范围内,所占比例高达99.06%,不均匀系数 $C_u = 3.14 < 5$,属于级配不良砾。

为避免气态水上升,防止细粒土进入砾石隔断层和隔断路面水渗入下部路堤,在隔断层顶面通常设置两布一膜的隔水土工布,其参数见表5-8。

复合土工膜技术参数    表5-8

| 项目 | 单位面积质量(g/m²) | 剥离强度(N/cm) | CBR顶破强力(kN) | 断裂强度(kN/m) | 断裂伸长率(%) | 梯形撕破(kN) | 渗透系数(cm/s) |
|---|---|---|---|---|---|---|---|
| 技术标准 | 500 | ≥6 | ≥3.0 | ≥19.0 | 30~100 | ≥0.62 | — |
| 检测值 | 502 | 7 | 3.95 | 21.3(纵) 20.2(横) | 57(纵) 67(横) | 0.73 | $6.61 \times 10^{-12}$ |

**2)隔断层设置**

根据《公路路基设计规范》(JTG D30—2015)中盐渍土地区路基隔断层的技术要求,察格高速公路察尔汗盐湖段砾石隔断层设计厚度为35cm,隔断层以上铺设5cm厚中粗砂,其上全断面铺设隔水土工布。为避免上部路床填料对土工布的刺穿破坏,土工布上铺10cm厚中粗砂。隔断层路拱横坡2%~5%。砾石粒径不超过50cm,含泥量小于5%,中粗砂含泥量小于3%。对低填浅挖段或表层松散盐壳路段,地表清除50cm换填砾石或砂砾料。隔断层设置示意图如图5-11所示。

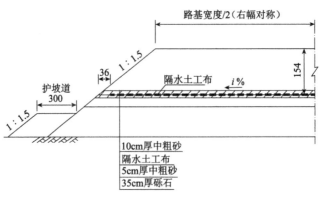

图 5-11 隔断层设置示意图(尺寸单位:cm)

### 3)隔断层试验段方案

原设计文件提出的隔断层方案施工时,遇到了以下技术问题:

(1)施工时出现碾压不平整等现象。

(2)上层中粗砂细料灌入砾石隔断层孔隙中,5cm厚度中粗砂厚度难易保证,碾压过程中出现推移或压路机无法行走,难易压实。

(3)刮平机和压路机易带起土工布,造成土工布揉搓撕裂。

针对上述问题,进行了方案改进,试验段为K612+700~K612+900,压实机械采用20t光面振动压路机。隔断层试验段方案见表5-9。隔断层试验路铺筑如图5-12所示。

隔断层试验段方案　　表5-9

| 编号 | 试验桩段 | 隔断层布置 | 施工工艺 | 现场检测 |
|---|---|---|---|---|
| Ⅰ | K612+700~K612+750 | (1)0.1m厚中粗砂(上保护层);(2)隔水土工布;(3)0.2m厚砂砾料(下保护层);(4)0.2m厚砾石隔断层 | 各振压5遍土工布下保护层和隔断层,静压5遍且振压2遍上保护层 | 履带车带动压路机铺设上保护层,由于土工布被履带车撕裂,导致施工困难 |
| Ⅱ | K612+750~K612+800 | (1)0.2m厚中粗砂(上保护层);(2)隔水土工布;(3)0.1m厚砂砾料(下保护层);(4)0.3m厚砾石隔断层 | 与上个试验段施工工艺相同 | 该段施工较顺利。经检测,土工布保护良好,上、下保护层压实度均为96%,压实后上保护层的厚度为0.21~0.23m |

续上表

| 编号 | 试验桩段 | 隔断层布置 | 施工工艺 | 现场检测 |
|---|---|---|---|---|
| Ⅲ | K612+830~K612+880 | (1)0.2m厚中粗砂(上保护层);<br>(2)隔水土工布;<br>(3)0.4m厚砾石隔断层 | 路中:振压5遍隔断层,静压5遍且振压2遍上保护层;<br>路边:振压5遍隔断层,静压5遍上保护层 | 经检测,路中大量土工布被砾石顶破;路边少量土工布同样存在被顶破的孔洞 |

图 5-12　隔断层试验路铺筑

**4) 隔断层施工工艺探讨与改进**

通过现场检测得知,施工方案Ⅱ检测效果更好,说明该方案的施工质量得到了有效的控制。另外,因方案Ⅱ隔断层上部20cm厚的中粗砂保护层厚度较薄,在路床施工过程中,容易被运料车辆和施工车辆碾压(碾散)破坏。鉴于此种情况,取消土工布上保护层,在土工布上直接摊铺路床填料,路床填料粒径小于6cm,松铺厚度为20~30cm;此外,在隔断层设置中,由于中粗砂上保护层被取消,而将第一层铺筑的路床作为其土工布上保护层,简化其施工工序,在一定程度上缩短了施工工期。经现场检测(图5-13),土工布表面无破损和变形,工作状况良好。

通过试验路多方案实施与效果检验,对隔断层设置技术与施工工艺进行如下改进。

(1)隔断层设置。

图 5-13　隔断层试验路检测

砾石隔断层厚度 30cm，其上铺设隔水土工布，土工布下铺 10cm 砂砾石作为保护层；土工布铺设完成后，表面直接填筑路床。改进后的隔断层设置方案，见图 5-14。

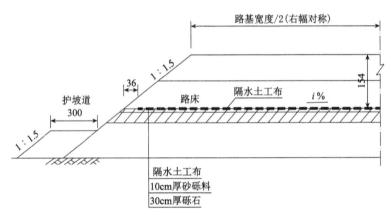

图 5-14　改进后的隔断层设置方案（尺寸单位：cm）

（2）施工工艺。

①前期准备。

a. 首先应进行原材料的检测，主要包括对路床填料、砂砾料、土工布及其下面保护层填料的检测等。

b. 清理施工现场场地，隔断层的下承层横坡一般与路拱横坡相同或设置横坡为 2%~3%。

②铺设砾石层。

a. 全断面铺设砾石层，厚度为 30cm。

b. 使用推土机或平地机对砾石层进行摊铺整平，应全断面一次铺设完成，对于局部有凸起或凹陷的地方，应使用人工进行找平作业。

c. 隔断层所用填料为级配不良的砾石，铺设作业完成后应使用 20t 重型压路机对其进行低速静碾（行进速度应≤8km/h），以防止振动造成细颗粒与粗颗粒之间发生离析现象（粗粒在上，细粒在下）。碾压应由路基两侧向中间行进，纵向轮碾压需相互平行，碾压遍数不应少于5遍,直至无明显轮迹为止。碾压完成后其横坡应与下承层坡度一致。

(3)土工布下铺设保护层。

①土工布下需铺设保护层,保护层一般使用含泥量不大于3%的砂砾料进行填筑,压实厚度为10cm。为保证碾压过程中中粗砂保护层的压实厚度,虚铺厚度为15cm。所用砂砾料的最大粒径不应超过6cm,不能夹带具有棱角的石块,采用非盐渍土填筑。

②采用运输车辆倒退卸料的方法在指定的地点运料与卸料,砂砾料采用平地机等机械整平,部分坑槽采用人工整平。砂砾保护层碾压完成后,禁止车辆在其上行走。

③设置完成后,通过喷水的方式使填料达到最佳含水率。

④为避免对下保护层的碾压推移,应采用静压法低速碾压。下保护层碾压前,应人工捡除超粒径砾石、碎石等材料,并用符合要求的中粗砂补平坑槽。下保护层压实度与横坡坡度应符合设计要求。

(4)土工布铺设。

①铺设前,将部分凸出的碎、砾石剔除,并采用振动压路机填平坑槽,平整砂砾层表面。

②铺设时,应先从外侧向内侧进行全断面铺筑,同时应与砂砾层紧贴,禁止出现褶皱现象。

③为了防止路面渗水沿搭接处进入土工布下层,搭接时应保证高端土工布压低端的土工布,且要求其横向搭接宽度为0.30m,纵向搭接宽度为0.50m,从而保证土工布下层路堤干燥。

④土工布铺设完成后,应检测表面破损情况,并采用缝纫、加铺等方法对破损处进行修复,严禁无关车辆在其上行走,尽快完成上覆路床的分层铺筑与压实。

(5)路床填料铺设。

①土工布铺设结束后,第一层路床填料采用运输车辆倒退卸料的方法在指定的地点运料与卸料,砂砾料采用平地机等机械整平,部分坑槽采用人工整平。松铺厚度30~40cm,宜通过试验试铺确定。将带棱角的石块剔除,填料最大粒径不得大于6cm,采用非盐渍土填筑。

②路床填料的含水率应接近最优含水率,避免填料长时间搁置。

③路床填料摊铺整平后,先采用压路机低速静压,待初步压实后采用低频强振碾压,碾压遍数根据试验确定,保证各层填料压实度。

④分层填筑其上路床填料,按照试验压实遍数和压实度进行分层碾压。

### 5.4.4 护坡道和排碱沟设置

将护坡道设置于坡脚两侧,一方面能够阻止路基受地表径流水的侵蚀作用;另一方面,可以有效避免路基底部出现负温区,具有保温作用,并且防止盐分伴随聚流上升。此外,将排碱沟设置于路基坡脚或护坡道坡脚一定距离处,其目的在于排水、脱盐和降低地下水位等。

为避免路基坡脚受积水的侵蚀,针对地面湿软和盐渍化河漫滩路段,护坡道采用弱盐渍土进行填筑,可以有效减少工后沉降、提高路基稳定性;然而,对于料源较近或备料充足的路段,则可采用相同的路基填料进行填筑。宜采用宽 3m、高 0.8m 且与地形变化相匹配的护坡道,并且与路基填筑、碾压施工保持一致,压实度不宜低于 93%,其顶部高程应至少低于隔断层土工布边缘高程 0.15m。

设置排碱沟的目的主要是降低地基土的含盐量及地下水位,兼做雨季地表排水沟,起到析盐和排盐的作用。另外,排碱沟可起到隔断周围地层水分和盐分向路基运营的作用,减少周围地层对路基的次生盐渍化影响。排碱沟外侧设置挡水埝,阻挡地表水携盐径流侵蚀路基。排碱沟沟深应根据地下水位确定,沟底宜设置于地下水位以上,沟口应设置于公路路界下游区域,保证降雨能及时排出。护坡道和排碱沟设置方案如图 5-15 所示。

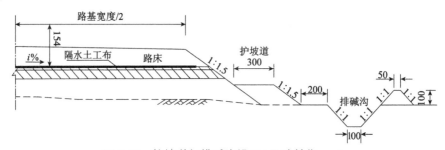

图 5-15 护坡道与排碱沟设置(尺寸单位:cm)

## 5.5 毛细水与盐分迁移的时间效应分析

在公路运营期,可以根据毛细水和盐分迁移高度来初步评价路基高度是否合适、隔断层阻盐效果是否失效,为公路运营期路基状态检测与养护提供参考。限于试验条件及减少试验工作量的考虑,试验过程中通过观察试筒土样湿润面变化,在浸润面以下取土样测定其含水率和含盐量的考虑,判断毛细水和盐分迁移的高度。

## 5.5.1 粉土毛细水与盐分迁移时间效应分析

图 5-16 为粉土路基毛细水上升高度与时间关系曲线,关系曲线可用对数函数拟合,相关性较高。由关系曲线可以看出,在试验前期 0~30d 内毛细水在试样内部上升速度较快,曲线斜率较大,毛细水上升高度约为 80cm;在其后的 60d 试验期间,毛细水上升速度趋于平缓,此时间段内毛细水上升高度小于 20cm。

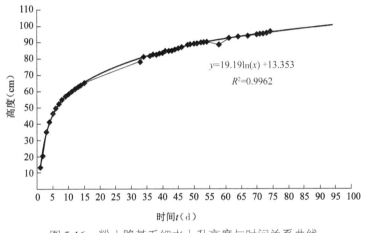

图 5-16 粉土路基毛细水上升高度与时间关系曲线

## 5.5.2 砾类土毛细水与盐分迁移时间效应分析

图 5-17 为砾类土路基毛细水上升高度随时间的变化曲线,土样 1 和土样 2 拟合曲线采用对数函数表示,见式(5-3):

$$h = a\ln t + b \tag{5-3}$$

式中: $t$ ——时间(d);

$a$、$b$ ——与土类有关的常数,其中土样 1 拟合参数: $a = 11.986, b = 2.584$ ,相关系数 $R^2 = 0.91$ ;土样 2 拟合参数: $a = 9.321, b = 8.412$ ,相关系数 $R^2 = 0.93$ 。

从图 5-17 可知,在试验开始阶段 0~15d 内,砾类土毛细水上升速度较快,且上升高度较大,毛细水上升高度约为 40cm;在其后的 15~90d,毛细水上升速度趋于稳定,此阶段毛细水上升高度仅为 10cm。图 5-17 结果还表明,在饱和卤水供应条件下,砾类土路基毛细水最大上升高度约为 50cm。毛细水的上升与稳定是基质势和重力势此消彼长、相互平衡的过程,毛细水总是向势能低的一方迁移,当各方势能达到平衡时,毛细水迁移达到稳定。在试验开始阶段,由于基质势占据主要作用,基底毛细水在基质势的作用下向路基上部快速迁移,但毛细水的重力势在逐渐增加,非饱和土的基质势在逐渐减小。当毛细水上升到某一高度,基质势与重力势平衡,毛细水迁移趋于稳定,此高度即为毛细水最大上升高度。

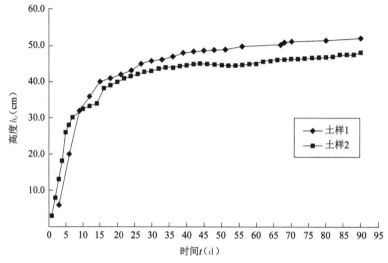

图 5-17 砾类土路基毛细水上升高度与时间关系曲线

### 5.5.3 砾石隔断层毛细水与盐分迁移时间效应分析

图 5-18 为砾石隔断层毛细水上升高度随时间的变化曲线,土样 1 和土样 2 拟合曲线采用幂函数表示,见式(5-4):

$$h = at^b \tag{5-4}$$

式中:$t$ ——时间(d);

$a$、$b$ ——与土类有关的常数,其中土样 1 拟合参数:$a = 4.330$,$b = 0.322$,相关系数 $R^2 = 0.89$;土样 2 拟合参数:$a = 8.108$,$b = 0.108$,相关系数 $R^2 = 0.90$。

从图 5-18 中可以看出:两土样毛细水迁移呈现出类似的规律,在试验前期 0~30d 内,毛细水上升速度最快,上升高度基本上达到了最大,其后毛细水上升速度和高度趋于稳定。图 5-18 结果还表明,在基底卤水供应的条件下,毛细水在砾石隔断层内最大迁移高度为 10~15cm。由于砾石隔断层所含细粒较少,砾石与砾石之间未完全被细粒组颗粒填充完全,未能形成有效的毛细通道,基质势也相对较弱,从而能有效地阻断毛细水向路基上部迁移。

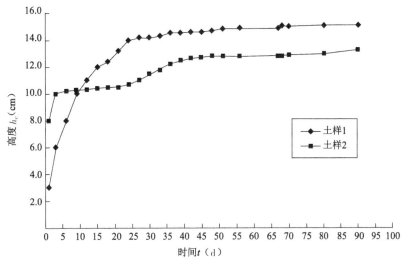

图 5-18　砾石隔断层毛细水上升高度与时间关系曲线

从以上三种类型土样毛细水上升高度与时间关系曲线对比可以看出,毛细水在粉土路基内部迁移高度最大,且迁移稳定所需时间最长,砾类土次之。主要是由于细粒土由粉粒和黏粒构成,粉粒和黏粒组成了丰富的毛细通道,其基质势相对较大,为基底毛细水向路基上部迁移创造了有利条件。

## 5.6　路基水盐迁移阻断技术效果验证

为验证路基水盐阻断技术成果,在依托工程察尔汗互通区修建盐分迁移试验场,试验场路基采用与依托工程相同的路基填料——砾类土填筑。根据室内盐分迁移试验结果,盐分在砾类土填料中最大上升高度为55cm,为保证监测期盐分的上升高度,路基高度初拟为2.5m,路基宽度应满足振动压路机行进需要的宽度,路基顶宽为3.5m,路基长度20.0m。边坡采用自然溜坡,坡度为1∶1。在路基顶面以下50cm处铺设两布一膜隔断层,如图5-19和图5-20所示。路堤压实度与察格高速公路路堤压实度相同(93%),最大干密度2.13g/cm³,初始含水率为2.70%,初始含盐量为1.93%。压实采用分层摊铺和分层压实,每层松铺厚度30~40cm。

试验场竣工后监测周期内,在路基中部通过人工挖探取路基全高度范围内土样(图5-21)测定路基土含水率和含盐量,如图5-22所示。

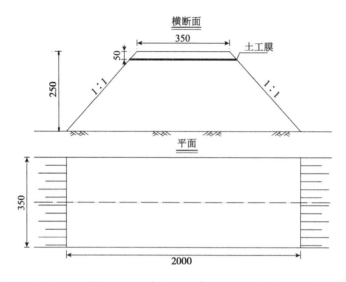

图 5-19 现场路基盐分迁移与阻断试验场设计(尺寸单位:cm)

图 5-20 现场路基盐分迁移与阻断试验场

图 5-21 试验场挖探取土测含盐量

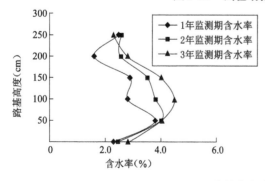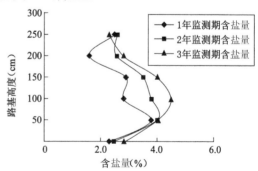

图 5-22 路基含水率和含盐量监测曲线

从图 5-22 中可知：

(1) 水分迁移情况：含水率在路基高度 0~50(100)cm 范围内显著增加，拐点处含水率最大，即毛细水上升最大高度为 50~100cm，其上部含水率逐渐减小。含水率变化拐点随着监测期的增加而逐渐增加。

(2) 盐分迁移情况：盐分迁移规律与水分迁移类似，含盐量在路基高度 0~50(100)cm 范围内显著增加，拐点处含盐量最大，其上部含盐量逐渐减小。1~2 年监测期，盐分变化拐点位于路基高度 50cm 处，3 年监测期，盐分变化拐点位于路基高度 100cm 处。隔断层以上路基土含盐量基本保持在初始状态。长期监测结果说明，针对砾石土路基的情况，水、盐迁移高度在 0.50~1.0m 范围内，并且随高度迁移量而逐渐减小，路基阻盐效果显著。

## 5.7 本章小结

为了避免察尔汗盐湖区公路路基产生盐胀、溶蚀等病害，本章通过室内试验、试验段修筑等多种手段，进行了察尔汗盐湖区公路路基阻盐技术研究，得出如下主要结论：

(1) 盐分迁移的方式主要有：①盐分伴随毛细水上升，水分蒸发或气温降低，盐分析出，造成路基次生盐渍化；②盐分伴随地表水或雨水下渗侵入路基；③盐分伴随聚流上升，高温区毛细水向低温区聚流，路基中的水分和盐分向上迁移。察尔汗盐湖区干旱时间较长，降水少，蒸发量远大于降雨量，盐分随毛细水上升占绝对主导地位。

(2) 在地下水充足供应的察尔汗盐湖地区，不论采用级配良好砾类土还是粉土作为路基填料，设置于路床下部的隔断层内毛细水上升高度仅为 10~15cm，且含盐量增加量较小，未达到次生盐渍化含盐量界限，隔断层未发生次生盐渍化。这说明，设置砾石隔断层可有效阻断水分和盐分向上部路基迁移，有效避免路基的次生盐渍化，达到低路基修筑的隔断要求。

(3) 设置于路基底部的隔断层，在毛细水上升作用下，路基盐分在隔断层的迁移高度为 15~20cm，小于 30cm 厚的隔断层厚度，且盐分迁移量较小，含盐量未达到次生盐渍化含盐量界限，说明隔断层设置在路基底部时，能够有效保护路基不受盐水的侵袭，从而实现良好的隔断效果。

(4) 隔断层设置于路床之下，毛细水在隔断层内的上升高度为 10~15cm；隔断层直接设置于路基底部，毛细水在隔断层内的上升高度为 15~20cm，可以发现隔断层设置于路床下部对于其上路床和路面结构来说更为安全。从试验来看,隔断层设置于路基底部,可以同时隔断盐分对上部路基的侵蚀,对于整个路基而言其阻盐作用更大,但隔断层易受地表径流或降雨积水的浸泡影响,对于强、过盐渍土地区,矿化度高的地面积水可能淹没隔断层,使其丧失阻盐功能,而造成上部路基的盐渍化。因此,当采用下置隔断层时,隔断层应设置于历史最高洪水位之上,且安全高度不宜小于50cm。

(5)依托察格高速公路新建工程,提出了察尔汗盐湖区高速公路路基阻盐措施:①针对地基土含盐种类,提出避免上部路基次生盐渍化的路堤最小高度设计值,从路基高度设计上满足阻盐的要求;②路基采用粗粒度材料——砾类土填筑,减少毛细水和盐分上升高度;③在路基结构层内设置砾石隔断层和土工布隔断层,阻断毛细水和盐分上升通道;④在路基坡脚设置护坡道和排碱沟,阻止地表水对路基边坡的侵蚀和促进下伏地基析盐、脱盐,多种措施全方位进行路基阻盐。

(6)针对路基隔断层施工出现的问题,铺设试验路,对隔断层设置及施工工艺进行了改进,通过现场检测,确定了优化的隔断层设置方案和施工工艺。

(7)对比粉土、砾类土、砾石三种类型土样毛细水上升高度与时间关系曲线可以看出,毛细水在粉土路基内部迁移高度最大,且迁移稳定所需时间最长,砾类土次之。

(8)通过公路运营期的监测,路基范围内各结构层的含水率和含盐量与初始值基本一致,路基下地表沉降量小,路基未发现次生盐渍化的病害,证明察格高速公路采用的阻盐措施有效。

# 第 6 章

## 察尔汗盐湖区公路地基-路基协同沉降变形仿真计算

## 6.1 引言

作为道路结构层的三个主要组成部分,地基、路基和路面是密不可分的一个共同受力体,作用在路面上的车辆荷载会依次通过路面、路基向下传递到地基上,同样地基的沉降变形也会通过路堤、路面向上传递而影响到车辆的正常行驶。国内外研究地基沉降下路基变形的响应,其地基变形往往是假定的,并不是通过地基渗流固结计算而来,且地基沉降变形并没有考虑在路基和路面分层填筑情况下地基的渗流固结沉降过程,这与实际地基沉降情况存在较大的差异。大量的工程实践和监测资料表明,地基渗透固结沉降过程中,其上覆路基同时发生协同沉降,但两者沉降量并不相等,路基对地基沉降具有一定的吸收作用。

此外,察尔汗盐湖地区地基的沉降通过路堤、隔断层、路床逐步反射到路面结构层内,引起路面不均匀沉降及层底应力,但忽略了路基作为中间结构的影响。针对路面结构层层底应力的研究,目前通常采用的方法是给定路面结构层层底(路床顶面)拟定的不均匀沉降曲线,或在路面施加车辆荷载从而计算路面各结构层沉降变形和层底应力,但施加拟定荷载的路面或路基不均匀沉降与实际沉降情况不符。

本章将依托察格高速公路察尔汗盐湖湖心区域盐渍土地基处治试验段,建立数值分析模型,考虑路基与路面分层填筑过程中地基的固结沉降,分析不同影响因素下地基-路基协同沉降变形规律以及地基路基差异沉降规律,提出察尔汗盐湖地区地基与路基协同沉降定量关系。从公路地基、路基与路面协同变形实际情况出发,基于数值模拟与现场不均匀沉降监测结果,采用两种路面结构层不均匀沉降的施加方法,将地基、路堤、路面这三者有机结合起来,分析地基、路基协同沉降变形下路面结构层应力响应,提出满足路面结构性、功能性要求的路基、地基沉降控制标准和计算方法。

## 6.2 仿真计算模型设计

### 1)计算模型与参数

依托工程试验路段中,采用沥青混凝土路面和半刚性基层,路面厚度为0.7m,边坡坡度为 1:1.5,路基宽 26m(双向四车道)。为与路基填筑施工实际情况一致,路基采用分层填筑,分层厚度为 0.3m。为使地基充分排水固结,每填筑三层路基,均设置停工期:在路基高度 $h \leqslant 3.0$m 时,填筑施工和停工固结时间均为 30d;填筑高度 $h > 3.0$m 时,为保证地基充分固结和路基稳定,填筑施工和停工固结时间均为 60d。在路床之下设置风积沙、砾石隔断层,风积沙隔断层厚度取 0.8m,砾石隔断层厚度取 0.4m。

为避免模型边界效应,地基计算宽度取路基基底宽度的 5 倍,地基计算深度 $\geqslant$ 20.5m,地基土渗透系数取 1m/d。计算模型如图 6-1 所示。

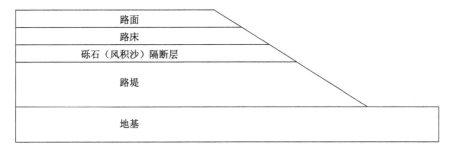

图 6-1 地基、路基协同变形计算模型

根据依托工程地勘土工试验数据,并结合现场试验结果,确定路基(含隔断层)、地基等结构层计算参数,见表 6-1。

路基、地基等设计参数　　　　　　表 6-1

| 结 构 层 | 重度 (kN/m³) | 变形模量 (MPa) | 泊松比 | 黏聚力 (kPa) | 内摩擦角 (°) |
|---|---|---|---|---|---|
| 路床 | 21 | 60 | 0.40 | 20 | 25 |
| 砾石隔断层 | 21 | 40 | 0.35 | 5 | 35 |
| 风积沙隔断层 | 21 | 40 | 0.35 | 3 | 30 |
| 路堤 | 20 | 40 | 0.40 | 20 | 20 |
| 地基土 | 18 | 8 | 0.40 | 8 | 15 |
|  |  | 10 |  | 12 | 17 |
|  |  | 12 |  | 20 | 18 |
|  |  | 15 |  | 22 | 19 |

路面结构设计采用加权平均交通量计算。经统计分析计算,依托工程试验路段沥青混凝土路面设计年限内一个车道的弯沉设计累计当量轴次为 $1.6 \times 10^7$ 次,路面设计弯沉值为 21.6(0.01mm)。沥青路面各结构层设计参数见表 6-2。

沥青路面各结构层设计参数　　　　　表6-2

| 层位 | 结构层材料名称 | 厚度(cm) | 重度(kN/m³) | 模量(MPa) | 泊松比 |
|---|---|---|---|---|---|
| 上面层 | 细粒式沥青混凝土(AC-13C) | 4 | 22 | 1400 | 0.25 |
| 中面层 | 中粒式沥青混凝土(AC-20C) | 6 | 22 | 1200 | 0.25 |
| 下面层 | 粗粒式沥青混凝土(AC-25C) | 8 | 22 | 1000 | 0.25 |
| 基层 | 水泥稳定碎石基层4%~5% | 34 | 21 | 1500 | 0.25 |
| 底基层 | 水泥稳定碎石底基层3%~4% | 18 | 21 | 1300 | 0.25 |

2）模型的基本假定与边界条件

（1）材料的本构模型：路面各结构层为连续均质、各向同性的线弹性材料，力学特性用弹性模量和泊松比表征；地基、路堤、隔断层与路床视为弹塑性体，假定服从 Mohr-Coulomb 屈服准则。

（2）同层材料视为各向同性且连续，各结构层之间为完全连续，沉降变形过程中，层间不发生脱空。

（3）路面各结构层在垂直方向完全连续，路面各结构层在行车荷载与不均匀沉降作用下产生竖向变形，层间不出现脱空现象。

（4）路面结构层与路床之间的接触面，考虑路床对路面结构变形的水平向约束，水平位移连续，水平变形过程中不发生脱离。

（5）底基层与路床（路基）之间为完全接触条件；底基层与路床（路基）顶面的竖向应力和竖向位移连续，即当路堤发生沉降以后，路面结构层会随之下沉，相互间变形协调。

（6）地下水位为零水位，地表为自由排水边界；同时考虑路基分层填筑过程中地基土的排水固结过程。

（7）约束模型左、右两边水平位移，约束模型底边的水平和竖向位移。

## 6.3 不同影响因素下协同沉降计算结果与分析

### 6.3.1 路基高度的影响

为了研究不同路基高度工况下地基路基协同沉降变形规律，基于控制变量法原理，路基高度 $h$（含隔断层）分别取 2m、4m、6m、8m，路基宽度 $B$ 取 26m，路基模量 $E_{lu}$ 设置为

40MPa，地基土模量 $E_s$ 取 8MPa，计算结果如图6-2、图6-3所示。

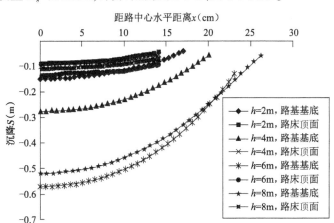

图6-2 不同路基高度下地基路基协同沉降曲线

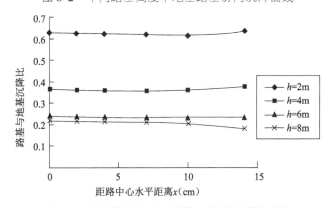

图6-3 不同路基高度下路基与地基沉降比曲线

从图6-2中可以看出，在不同路基高度影响下，地基沉降（基底沉降）随路基高度的增加而增加，直至路基高度达到6～8m时，地基沉降量增加不再显著。从图6-3横断面方向上路基与地基沉降比变化曲线可以看出，在相同路基高度工况下，横断面方向上路基与地基沉降比曲线近似于直线，这说明对于相同的路基高度，横断面上各点路基与地基沉降比基本相同，即路基沉降 $S'$ 与地基沉降 $S$ 呈线性关系，拟合方程为 $S' = aS + b$，其中参数 $a$ 基本相同。

对不同路基高度下路基与地基沉降比沿横断面方向的变化曲线进行拟合，通过对各种拟合函数的对比，采用对数曲线可以准确、形象地反映沉降比曲线与沉降比值取值范围。因此，拟合函数采用 $f = ae^{bx}$，其中 $f$ 为路基与地基沉降比（即：路床顶面沉降/地基沉降），$x$ 为路基横断面上的点距路中心水平距离，考虑到路基的对称性，计算模型采用半幅路基进行计算。不同路基高度下路基与地基的沉降比变化曲线，拟合参数计算结果见表6-3。从表6-3中可以看出，$b$ 值较小，$e^{bx} \approx 1$，$f$ 函数可视为仅与 $a$ 值相关，与点位 $x$

无关,即路基横断面上各点沉降比可视为一常数值。

不同路基高度工况下沉降比曲线拟合参数　　　　　表6-3

| $h(m)$ | 2 | 4 | 6 | 8 |
|---|---|---|---|---|
| $a$ | 0.6203 | 0.3603 | 0.2371 | 0.2256 |
| $b$ | 0.0007 | 0.0016 | 0.0007 | 0.0012 |

图 6-4 为路基与地基沉降比随路基高度的变化曲线,图 6-4 计算结果表明,路中心路基与地基沉降比随路基高度的增加而逐渐减小,路基越高其沉降比越小,表明路基越高,其对地基沉降的吸收作用越强。当路基高度达到 6m 时,沉降比趋于稳定,为 0.22～0.24。

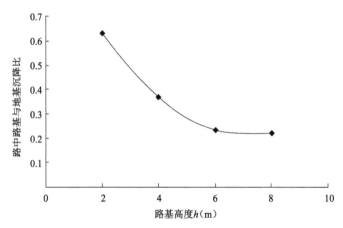

图 6-4　路基与地基沉降比随不同路基高度的变化曲线

## 6.3.2　路基宽度的影响

根据《公路工程技术标准》(JTG B01—2014)相关规定,结合目前我国高等级公路设计实际情况,路基宽度多采用 13m(分离式路基)、26m(双向四车道)、33.5m(双向六车道)、44m(双向八车道)。为了研究不同路基宽度工况下地基路基协同沉降变形规律,路基宽度 $B$ 分别取 13m、26m、33.5m、44m,路基高度 $h$ 取 6m,路基模量 $E_{lu}$ 设置为 40MPa,地基土模量 $E_s$ 取 8MPa,计算结果如图 6-5、图 6-6 所示。

从图 6-5 中可以看出,除宽 13m 的路基基底沉降较小外,其他宽度处的路基基底沉降量比较接近。从图 6-6 中可以看出,同一路基宽度工况下,横断面方向上路基与地基沉降比曲线趋近于直线,表明横断面上路基沉降 $S'$ 与地基沉降 $S$ 呈线性关系,拟合方程为 $S' = aS + b$,其中参数 $a$ 基本相同。

对路基与地基沉降比沿横断面方向的变化曲线进行拟合,通过对各种拟合函数的对比得知,采用拟合函数 $f = ae^{bx}$ 可以准确、形象地反映沉降比曲线,拟合参数计算结果见表 6-4。

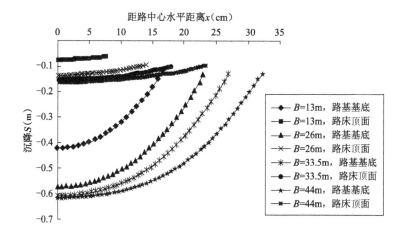

图 6-5　不同路基宽度下地基路基协同沉降曲线

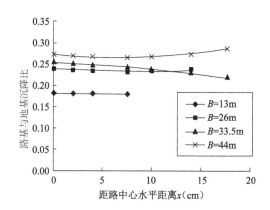

图 6-6　不同路基宽度下路基与地基沉降比曲线

不同路基宽度工况下沉降比曲线拟合参数　　　　表 6-4

| $B(m)$ | 13 | 26 | 33.5 | 44 |
|---|---|---|---|---|
| $a$ | 0.1814 | 0.2372 | 0.2570 | 0.2673 |
| $b$ | -0.001 | -0.0007 | -0.008 | 0.0022 |

图 6-7 为路基与地基沉降比随路基宽度的变化曲线。从图中可以看出,路基与地基沉降比随路基宽度的增加而逐渐增大,沉降比曲线逐渐变缓,路基宽度由 13m 到 44m,其沉降比范围为 0.18~0.27,说明路基宽度对沉降比有一定的影响,但相对于路基高度而言,其影响程度较小。

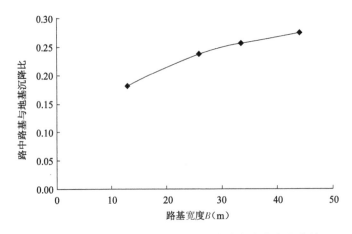

图 6-7　路基与地基沉降比随不同路基宽度的变化曲线

### 6.3.3　路基模量与路基高度的影响

为了研究不同路基模量和路基高度工况下地基路基协同沉降变形规律,基于控制变量原理,路基高度 $h$(含隔断层)分别取 2m、4m、6m、8m,路基模量 $E_{lu}$ 分别采用 40MPa、60MPa、90MPa、120MPa,路基宽度 $B$ 取 26m,地基土模量 $E_s$ 取 8MPa,计算结果如图 6-8、图 6-9 所示。

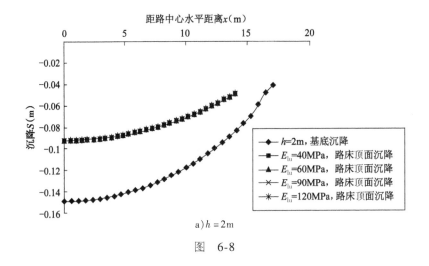

a) $h=2$m

图 6-8

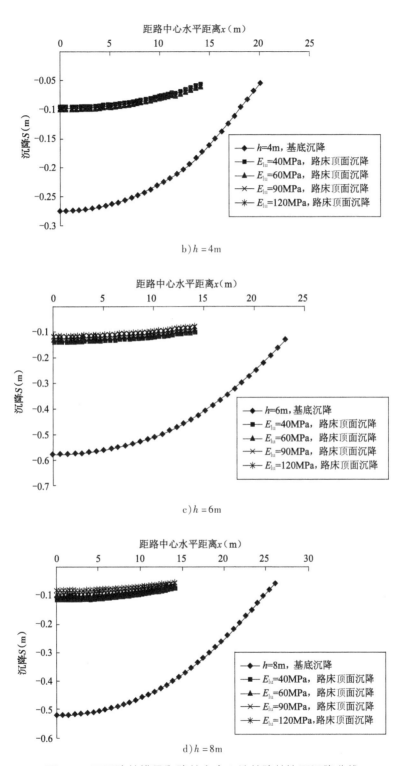

图 6-8 不同路基模量和路基高度下地基路基协同沉降曲线

从图 6-8 中可以看出,同一路基高度条件下,不同的路基模量工况下地基沉降(基底沉降)基本相同,路基沉降(路床顶面沉降)曲线比较接近,说明路基模量对地基沉降以及地基路基协同沉降影响较小。从图 6-9 中可以看出,路基与地基沉降比曲线变化平缓,仅在路肩处略有变化,同一工况变化曲线沉降比变化幅度≤0.05,横断面方向上各点路基与地基沉降比视为相同,表明路基沉降与地基沉降呈线性关系。

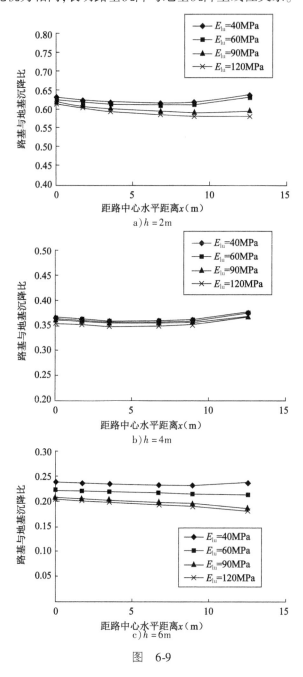

图 6-9

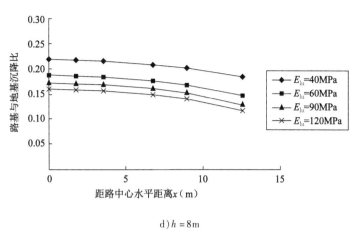

d) $h = 8m$

图 6-9 沉降比沿横断面方向的变化曲线

对路基与地基沉降比沿横断面方向的变化曲线进行拟合,通过对各种拟合函数的对比得知,采用拟合函数 $f = ae^{bx}$ 可以准确、形象地反映沉降比曲线,拟合参数计算结果见表 6-5。

路基模量与路基高度组合工况下沉降比曲线拟合参数　　　表 6-5

| 路基模量 $E_{lu}$(MPa) | | 40 | 60 | 90 | 120 |
|---|---|---|---|---|---|
| $h = 2m$ | $a$ | 0.6205 | 0.6175 | 0.6131 | 0.6077 |
| | $b$ | 0.0006 | 0.0004 | -0.003 | -0.004 |
| $h = 4m$ | $a$ | 0.3604 | 0.3591 | 0.3557 | 0.3506 |
| | $b$ | 0.0015 | 0.0014 | 0.0010 | 0.0020 |
| $h = 6m$ | $a$ | 0.2372 | 0.2235 | 0.2097 | 0.2058 |
| | $b$ | -0.0007 | -0.003 | -0.008 | -0.008 |
| $h = 8m$ | $a$ | 0.2254 | 0.1945 | 0.1805 | 0.1673 |
| | $b$ | -0.012 | -0.017 | -0.019 | -0.021 |

图 6-10 为路基与地基沉降比随路基模量与路基高度的变化曲线。由图中可以看出,路堤模量对沉降比略有影响,沉降比随着路基模量的增加而减小。当路基高度 $h = 2m$ 和 $h = 4m$ 时,沉降比曲线基本为一条直线,对应的沉降比平均值分别为 0.62 和 0.36。当路基高度 $h = 6m$ 和 $h = 8m$ 时,沉降比在路基模量为 40~60MPa 时,降低幅度略大,其后随着路基模量的增加,沉降比趋于稳定,沉降比平均值分别为 0.22 和 0.19。

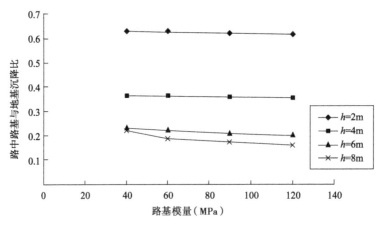

图 6-10 路基与地基沉降比随路基模量与路基高度的变化曲线

## 6.3.4 地基模量与路基高度的影响

为了研究不同地基模量和路基高度工况下地基路基协同沉降变形规律,路基高度 $h$（含隔断层）分别取 2m、4m、6m、8m,地基模量 $E_s$ 分别采用 8MPa、10MPa、12MPa、15MPa,路基宽度 $B$ 取 26m,路堤模量 $E_{lu}$ 取 40MPa,计算结果如图 6-11、图 6-12 所示。

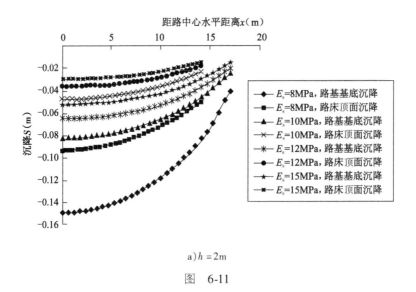

a) $h = 2m$

图 6-11

# 第6章 察尔汗盐湖区公路地基-路基协同沉降变形仿真计算

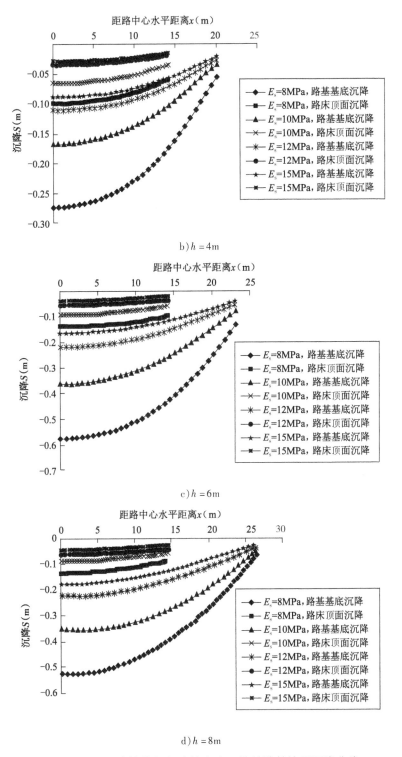

b) $h = 4m$

c) $h = 6m$

d) $h = 8m$

图6-11 不同地基模量与路基高度下地基路基协同沉降曲线

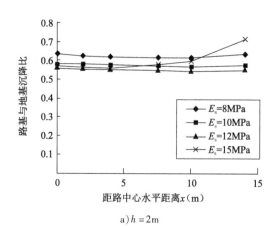

a) $h=2m$

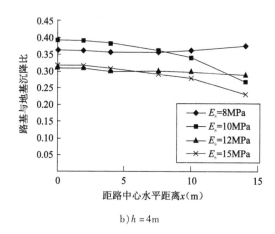

b) $h=4m$

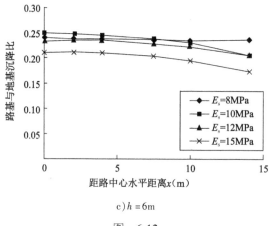

c) $h=6m$

图 6-12

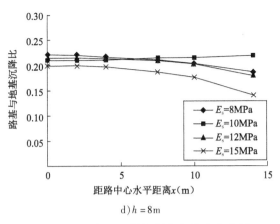

d) $h = 8\mathrm{m}$

图 6-12 沉降比沿横断面方向的变化曲线

从图 6-11 中可以看出,同一路基高度条件下,地基模量对地基沉降(路基基底沉降)影响显著,对路基沉降(路床顶面沉降)影响相对较小。从图 6-12 中可以看出,在同一地基模量和路基高度工况下,横断面上各点处的沉降比曲线变化平缓,基本上呈直线变化,仅在路肩处略有变化。当路基高度 $h = 2\mathrm{m}$ 时,路肩处沉降比略增大;路基高度 $h > 2\mathrm{m}$ 时,路肩处沉降比减小。

对路基与地基沉降比沿横断面方向的变化曲线进行拟合,通过对各种拟合函数的对比得知,采用拟合函数 $f = ae^{bx}$ 可以准确、形象地反映沉降比曲线,拟合参数计算结果见表 6-6。表 6-6 给出了不同路基高度与地基模量工况下沉降比的取值范围。从拟合参数可以看出,当路基高度 $h = 2\mathrm{m}$ 时,其路中心和路肩处沉降比差值 $\leq 0.08$;当路基高度 $h = 4\mathrm{m}$、$6\mathrm{m}$ 和 $8\mathrm{m}$ 时,其路中心和路肩处沉降比差值 $\leq 0.05$。对于不同的路基高度和地基模量,其横断面上路基与地基模量比变化很小,可视为一常数值。对于同一工况,横断面上各点路基与地基沉降比视为相同,即横断面上各点路基沉降与地基沉降呈较好的线性关系。

地基模量与路基高度组合工况下沉降比曲线拟合参数　　　　　表 6-6

| 地基模量 $E_s$ (MPa) | | 8 | 10 | 12 | 15 |
| --- | --- | --- | --- | --- | --- |
| $h = 2\mathrm{m}$ | $a$ | 0.6205 | 0.5798 | 0.5596 | 0.5405 |
|  | $b$ | 0.0006 | $-0.001$ | $-0.001$ | 0.0152 |
| $h = 4\mathrm{m}$ | $a$ | 0.3604 | 0.4147 | 0.3144 | 0.3296 |
|  | $b$ | 0.0015 | $-0.025$ | $-0.005$ | $-0.021$ |
| $h = 6\mathrm{m}$ | $a$ | 0.2372 | 0.2554 | 0.2407 | 0.2172 |
|  | $b$ | $-0.0007$ | $-0.013$ | $-0.009$ | $-0.013$ |
| $h = 8\mathrm{m}$ | $a$ | 0.2255 | 0.2103 | 0.2216 | 0.2090 |
|  | $b$ | $-0.012$ | 0.0029 | $-0.012$ | $-0.022$ |

图 6-13 为路基与地基沉降比随地基模量和路基高度的变化曲线。从图 6-13 中曲线变化整体情况来看,相同的路基高度条件下,地基模量对路基地基沉降比影响相对较小。随地基模量的增加,路基与地基沉降比在地基模量 8~15MPa 范围内略有降低并趋于稳定,路基高度 h 分别为 2m、4m、6m 和 8m 时,沉降比分别稳定在 0.57、0.33、0.21 和 0.20。

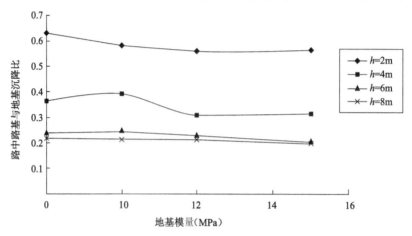

图 6-13　路基与地基沉降比随地基模量和路基高度的变化曲线

## 6.3.5　地基模量与路基宽度的影响

为了研究不同地基模量和路基宽度工况下地基路基协同沉降变形规律,地基模量 $E_s$ 分别取 8MPa、10MPa、12MPa、15MPa,路基宽度 $B$ 分别取 13m、26m、33.5m、44m,路基高度 $h$ 取 6m,路堤模量 $E_{lu}$ 为 40MPa,计算结果如图 6-14、图 6-15 所示。

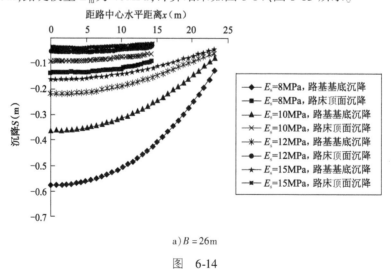

a) $B=26$m

图 6-14

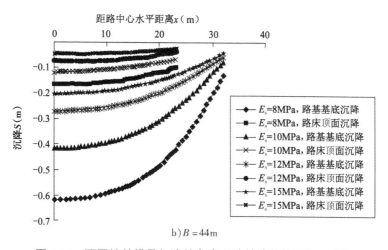

b) $B=44\text{m}$

图 6-14 不同地基模量与路基宽度下地基路基协同沉降曲线

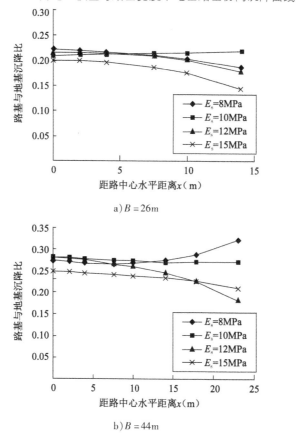

a) $B=26\text{m}$

b) $B=44\text{m}$

图 6-15 沉降比沿横断面方向的变化曲线

从图 6-14 中可以看出,在路基宽度相同的前提下,地基模量对地基沉降影响显著,随着地基模量的增加,路中心处地基沉降显著减小,说明地基模量对地基沉降和路基沉降均有一定的影响。但从图 6-15 中可以看出,同一工况下,横断面上两者沉降比变化并不显著,仅在路肩处有所增减。

对路基与地基沉降比沿横断面方向的变化曲线进行拟合,通过对各种拟合函数的对比得知,采用拟合函数 $f = ae^{bx}$ 可以准确、形象地反映沉降比曲线,拟合参数计算结果见表6-7。

地基模量与路基宽度组合工况下沉降比曲线拟合参数　　　　表6-7

| 地基模量 $E_s$ (MPa) | | 8 | 10 | 12 | 15 |
|---|---|---|---|---|---|
| $B = 26\text{m}$ | $a$ | 0.2372 | 0.2554 | 0.2407 | 0.2172 |
| | $b$ | −0.0007 | −0.013 | −0.009 | −0.013 |
| $B = 44\text{m}$ | $a$ | 0.2614 | 0.2803 | 0.2979 | 0.2525 |
| | $b$ | 0.0062 | −0.002 | −0.017 | −0.007 |

图6-16为路基与地基沉降比随地基模量和路基宽度的变化曲线。图6-16的计算结果表明,同一路基宽度下,路基与地基沉降比随地基模量的增加,呈先增大后减小的整体平稳趋势。当地基模量在8～12MPa之间时,路基与地基沉降比逐渐增大,随后逐渐减小并趋于稳定。当路基宽度 $B = 13\text{m}$、$26\text{m}$、$33.5\text{m}$ 和 $44\text{m}$,其沉降比稳定值约为0.16、0.21、0.22 和 0.24。

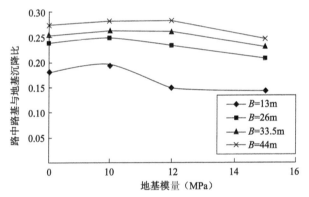

图6-16　路基与地基沉降比随地基模量和路基宽度的变化曲线

## 6.3.6　土工布隔断层的影响

图6-17为设置砾石(gravel) + 土工布组合隔断层和风积沙(sand) + 土工布组合隔断层两种结构下地基路基协同沉降曲线。从图6-17中可以看出,两种隔断层结构下路基基底、路床顶面的沉降曲线重合,地基路基协同沉降规律一致,此两种隔断层对地基路基协同沉降效果相同。与仅设置砾石(gravel)或风积沙(sand)的地基路基协同曲线相比,土工布对协调路床顶面的沉降作用甚微,其主要原因是用作隔断作用的复合土工布,其极限抗拉强度较小,仅为17kN/m,且仅铺设一层,不能起到有效的应力吸收和减少上

覆路床沉降的作用。

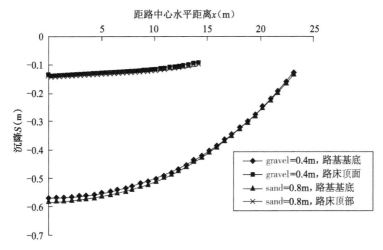

图 6-17 设置土工布隔断层对地基路基协同沉降的影响

## 6.3.7 路基与地基沉降比取值

综合上述各种工况下路基与地基沉降比的变化曲线来看,路基高度和路基宽度对沉降比的影响较为显著,其中路基高度影响最为显著;而路基模量和地基模量的影响相对较小。结合路基模量和地基模量影响结果分析,可以得出不同路基高度和路基宽度沉降比取值范围,见表6-8、表6-9。

路基-地基沉降比取值范围($B=26m$)　　　　　表6-8

| 路基高度 $h(m)$ | 沉降比范围 | 沉降比平均值 |
| --- | --- | --- |
| 2 | 0.56~0.63 | 0.58 |
| 4 | 0.31~0.39 | 0.34 |
| 6 | 0.20~0.25 | 0.22 |
| 8 | 0.17~0.22 | 0.20 |

路基-地基沉降比取值范围($h=6m$)　　　　　表6-9

| 路基宽度 $B(m)$ | 沉降比范围 | 沉降比平均值 |
| --- | --- | --- |
| 13 | 0.14~0.20 | 0.17 |
| 26 | 0.20~0.25 | 0.22 |
| 33.5 | 0.22~0.27 | 0.24 |
| 44 | 0.24~0.28 | 0.26 |

注:地基土模量小时,沉降比取大值。

## 6.4 协同沉降变形下路面应力计算结果与分析

### 6.4.1 不均匀沉降的施加

路基的不均匀沉降主要是在路基自重作用下,地基渗流固结引起。路基中心处的沉降量将大于路基外缘的沉降量,不均匀沉降呈盆状。目前,研究路面结构层层底应力通常采用的方法是给定路面结构层层底(路床顶面)拟定的不均匀沉降曲线或在路面施加车辆荷载,从而计算路面各结构层沉降变形和层底应力,但施加拟定的路面或路基不均匀沉降与实际沉降情况不符。

针对此现状,为了分析分析地基、路基协同变形对路面结构层应力的影响,本节从公路地基、路基与路面协同变形实际情况出发,对于路面结构层层底沉降将采用两种方法进行施加:①考虑地基、路基与路面协同沉降变形,由地基固结沉降计算出路床顶部的沉降,并将沉降曲线施加于路面结构层层底,这种方法与地基、路基、路面协同沉降实际情况一致。②根据依托工程路面结构层实测沉降曲线,将实测沉降曲线代入路面结构模型进行应力计算分析。根据前文地基、路基协同沉降变形计算分析结果,将地基、路基协同沉降变形施加于路面结构层层底,分析地基、路基协同变形下路面结构层应力响应,计算简图如图 6-18 所示。

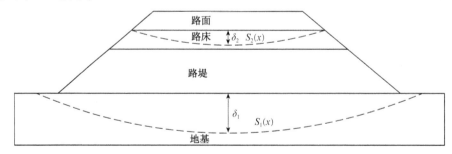

图 6-18 地基、路基协同变形下路面结构层应力计算简图

**1)路面结构层凹曲线不均匀沉降施加**(计算沉降曲线的施加)

前文讨论的地基、路基协同沉降变形计算模型为半个路基宽度的对称模型,即 $0 \leqslant x \leqslant B/2$。为与现场实测的整个路基横断面不均匀沉降曲线相对应,本节建立的路面结构

计算模型采用路面全宽度模型,路床顶面沉降曲线采用下式:

$$S = a|x|^2 + b|x| + c \tag{6-1}$$

式中：$S$——路基横断面方向上地基沉降或路基沉降(mm);

$a$、$b$、$c$——拟合参数;

$x$——路基横断面上点距路基中心距离(m),$x \in (-B/2, B/2)$。

考虑不同路基高度和不同路基宽度两种工况下路基沉降曲线的施加：

工况一,不同路基高度情况下路基沉降曲线的施加。路基高度 $h$(含隔断层)分别取 2.0m、4.0m、6.0m、8.0m,路基宽度 $B$ 取 26m。隔断层采用 0.8m 风积沙。地基土模量 $E_s = 8MPa$,路堤(含风积沙)模量 $E_{lu} = 40MPa$,路床模量 $E = 60MPa$。其他相对应参数同前。

工况二,不同路基宽度情况下路基沉降曲线的施加。高度 $h$ 为 6.0m,路基宽度 $B$ 分别取 13m、26m、33.5m、44m。隔断层采用 0.8m 风积沙。地基土模量 $E_s = 8MPa$,路堤(含风积沙)模量 $E_{lu} = 40MPa$,路床模量 $E = 60MPa$。其他相对应参数同前。

施加的凹曲线不均匀沉降见图 6-19 和表 6-10、表 6-11。

**施加的不均匀沉降凹曲线参数(工况一)** 表 6-10

| 路基高度 | 路床顶面沉降 | | | | |
|---|---|---|---|---|---|
| | $A$ | $B$ | $C$ | $R^2$ | $x$ |
| $h = 2m$ | 0.2 | -0.2 | -92.3 | 0.9999 | (0, 14.05) |
| $h = 4m$ | 0.2 | -0.2 | -99 | 1.0 | (0, 14.05) |
| $h = 6m$ | 0.2 | -0.3 | -136 | 0.9998 | (0, 14.05) |
| $h = 8m$ | 0.2 | 0.02 | -114.4 | 0.9993 | (0, 14.05) |

**施加的不均匀沉降凹曲线参数(工况二)** 表 6-11

| 路基高度 | 路床顶面沉降 | | | | |
|---|---|---|---|---|---|
| | $A$ | $B$ | $C$ | $R^2$ | $x$ |
| $B = 13m$ | 0.2 | 0.005 | -76.8 | 1.0 | (0, 7.55) |
| $B = 26m$ | 0.2 | -0.3 | -136 | 0.9998 | (0, 14.05) |
| $B = 33.5m$ | 0.2 | -0.4 | -152.8 | 0.9995 | (0, 17.8) |
| $B = 44m$ | 0.1 | -0.6 | -163.6 | 0.9989 | (0, 23.05) |

采用式(6-1)对两种工况条件下路基横断面沉降曲线进行拟合,拟合参数结果见表 6-10。

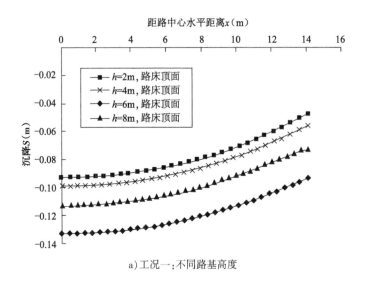

a) 工况一：不同路基高度

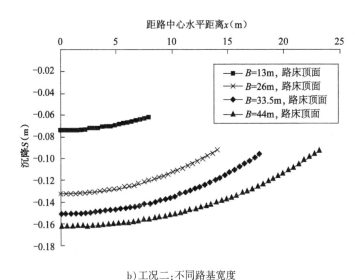

b) 工况二：不同路基宽度

图 6-19　路床顶面沉降曲线

### 2）路面结构层凸曲线不均匀沉降施加（实测沉降曲线的施加）

针对第二种不均匀沉降施加方法，对依托工程十余个路基横断面进行沉降监测，监测点分别位于左、右路肩和路中心，监测周期为 3~42 个月不等。路基沉降监测结果汇总见表 6-12 和图 6-20。

## 第6章 察尔汗盐湖区公路地基-路基协同沉降变形仿真计算

**监测横断面沉降量统计表**　　　　表 6-12

| 监 测 断 面 | 路基宽度<br>(m) | 监测时间<br>(d) | 左路肩沉降量<br>(mm) | 路中心沉降量<br>(mm) | 右路肩沉降量<br>(mm) |
| --- | --- | --- | --- | --- | --- |
| ZK593 + 800 | 17 | 86 | -15 | -15 | -18 |
| ZK593 + 950.5 | 17 | 86 | -13 | -14 | -18 |
| ZK601 + 650.4 | 17 | 311 | -191 | -117 | -134 |
| ZK601 + 740 | 17 | 92 | -104 | -95 | -124 |
| ZK602 + 000 | 13 | 1255 | -44 | -55 | -64 |
| ZK602 + 100 | 13 | 298 | -141 | -147 | -170 |
| ZK603 + 100 | 13 | 1255 | -57 | -66 | -87 |
| ZK603 + 170 | 13 | 1255 | -48 | -67 | -71 |
| ZK603 + 250 | 13 | 1255 | -46 | -53 | -60 |
| K603 + 200 | 26 | 92 | -36 | -39 | -54 |

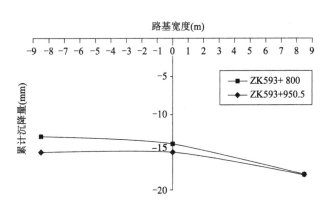

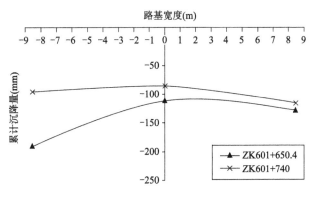

图 6-20

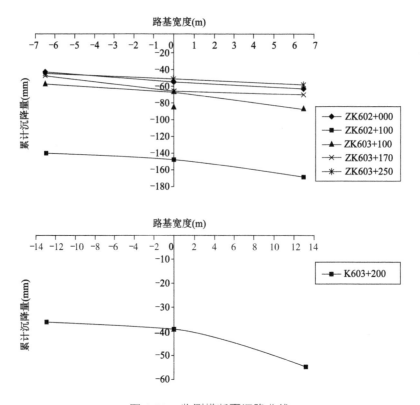

图 6-20 监测横断面沉降曲线

同样采用拟合方程 $S = A|x|^2 + B|x| + C$，对路基横断面沉降曲线进行拟合，拟合参数结果见表 6-13。

监测横断面沉降曲线拟合参数　　表 6-13

| 监测断面 | 路基宽 $x$ (m) | $S = Ax^2 + Bx + C$ 拟合参数 | | | |
|---|---|---|---|---|---|
| | | $A$ | $B$ | $C$ | $R^2$ |
| ZK593+800 | (-8.5, 8.5) | -0.0208 | -0.1765 | -15 | 1 |
| ZK593+950.5 | (-8.5, 8.5) | -0.0208 | -0.2941 | -14 | 1 |
| ZK601+650.4 | (-8.5, 8.5) | -0.6298 | 3.3529 | -117 | 1 |
| ZK601+740 | (-8.5, 8.5) | -0.263 | -1.1765 | -95 | 1 |
| ZK602+000 | (-6.5, 6.5) | 0.0237 | -1.5385 | -55 | 1 |
| ZK602+100 | (-6.5, 6.5) | -0.2012 | -2.2308 | -147 | 1 |
| ZK603+100 | (-6.5, 6.5) | -0.142 | -2.3077 | -66 | 1 |
| ZK603+170 | (-6.5, 6.5) | 0.1775 | -1.7692 | -67 | 1 |
| ZK603+250 | (-6.5, 6.5) | -2E-15 | -1.0769 | -53 | 1 |
| K603+200 | (-13, 13) | -0.0355 | -0.6923 | -39 | 1 |

## 6.4.2 协同沉降变形下路面结构层应力响应

基于上述两种不均匀沉降施加方法,结合凹曲线和凸曲线拟合参数计算结果,对地基、路基协同沉降变形下路面结构层应力进行计算,计算结果见表6-14、表6-15。

**路面结构层层底应力计算结果**(计算沉降曲线)      表 6-14

| 路基高度<br>(m) | 路面宽度<br>(m) | 路中沉降<br>(mm) | 沥青混凝土面层(MPa) | | | 半刚性基层(MPa) | |
|---|---|---|---|---|---|---|---|
| | | | 上面层 | 中面层 | 下面层 | 基层 | 底基层 |
| 2 | 26 | -92.3 | -0.210 | -0.153 | -0.186 | 0.143 | 0.143 |
| 2 | 26 | -92 | -0.320 | -0.232 | -0.146 | 0.217 | 0.217 |
| 4 | 26 | -99 | -0.210 | -0.153 | -0.186 | 0.143 | 0.143 |
| 6 | 26 | -136 | -0.215 | -0.156 | -0.001 | 0.145 | 0.145 |
| 8 | 26 | -114.4 | -0.217 | -0.158 | -0.004 | 0.152 | 0.152 |
| 6 | 13 | -76.8 | -0.207 | -0.151 | -0.100 | 0.198 | 0.143 |
| 6 | 26 | -136 | -0.215 | -0.156 | -0.001 | 0.145 | 0.145 |
| 6 | 33.5 | -152.8 | -0.213 | -0.155 | -0.002 | 0.145 | 0.145 |
| 6 | 44 | -163.6 | -0.126 | -0.090 | -0.005 | 0.080 | 0.080 |

**路面结构层层底应力计算结果**(实测沉降曲线)      表 6-15

| 监测断面 | 路面宽度<br>(m) | 路中沉降<br>(mm) | 沥青混凝土面层(MPa) | | | 半刚性基层(MPa) | | 沉降曲线 |
|---|---|---|---|---|---|---|---|---|
| | | | 上面层 | 中面层 | 下面层 | 基层 | 底基层 | |
| ZK593+800 | 17 | -15 | 0.021 | 0.016 | 0.010 | -0.015 | -0.015 | 凸曲线 |
| ZK593+950.5 | 17 | -14 | 0.021 | 0.016 | 0.010 | -0.015 | -0.015 | 凸曲线 |
| ZK601+650.4 | 17 | -117 | 0.640 | 0.470 | 0.301 | -0.442 | -0.442 | 凸曲线 |
| ZK601+740 | 17 | -95 | 0.633 | 0.461 | 0.298 | -0.437 | -0.437 | 凸曲线 |
| ZK602+000 | 13 | -55 | -0.024 | -0.018 | -0.018 | 0.017 | 0.017 | 凹曲线 |
| ZK602+100 | 13 | -147 | 0.204 | 0.151 | 0.149 | -0.141 | -0.141 | 凸曲线 |
| ZK603+100 | 13 | -66 | 0.145 | 0.106 | 0.105 | -0.100 | -0.100 | 凸曲线 |
| ZK603+170 | 13 | -67 | -0.181 | -0.133 | -0.002 | 0.124 | 0.124 | 凹曲线 |
| ZK603+250 | 13 | -53 | 0 | 0 | 0 | 0 | 0 | 直线 |
| K603+200 | 26 | -39 | 0.036 | 0.026 | 0.002 | -0.025 | -0.025 | 凸曲线 |

从表 6-14 和表 6-15 中计算结果可以看出,不同形式的沉降曲线对路面结构层应力分布及大小有着重要的影响:凹曲线沉降在路面结构层面层中产生压应力,压应力位于面层底部;基层和底基层底部产生拉应力,路面应力控制层为基层和底基层。而对于凸曲线沉降而言,其在路面结构层面层中产生拉应力,最大拉应力位于上面层和中面层顶面,路面应力控制层为上面层和中面层;基层和底基层产生压应力,压应力位于基层和底基层底部,在部分基层和底基层顶面也存在较小的拉应力。

### 6.4.3 横向不均匀沉降对路面结构层应力的影响

#### 1)路面结构层附加应力主要影响因素

上述计算结果表明,当路基路面发生整体均匀沉降时(沉降曲线为直线),并不会引起路面结构层附加应力。路面结构层附加应力主要是由于路中与路肩发生了沉降差,即路基顶面不均匀沉降引起路面结构层附加应力,当附加应力超过路面结构层容许应力时,路面发生结构性破坏。路面结构层附加应力不仅与横向差异沉降量有关,也与路面宽度有关。为分析横向差异沉降量、路面宽度、横断面沉降曲线形式(凹曲线和凸曲线)等因素对沥青路面各结构层应力的影响,将采用差异沉降量 $|\delta_{ij}|$ 和横坡变坡率 $\Delta i$ 作为其沉降控制因素。路基横断差异沉降示意图如图 6-21 所示。

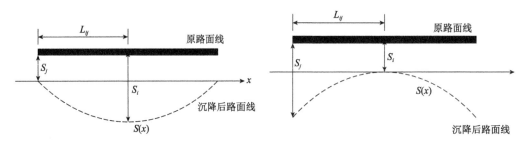

图 6-21 路面横断差异沉降示意图

(1)路基横向差异沉降。

路基横向差异沉降 $\delta_{ij}$ 是指路基顶面横断面路中 $S_i$ 和路肩 $S_j$ 的沉降差,在地基、路基协同变形条件下,是影响路面结构层附加应力的主要因素之一,定义路基横向最大差异沉降 $|\delta_{ij}|$ ,其表达式如下:

$$|\delta_{ij}| = |S_i - S_j| \tag{6-2}$$

(2)沉降横坡变坡度。

在相同的路基横向差异沉降情况下,不同的路基宽度对路面结构层附加应力的影响不同,即横向差异沉降曲线的弯曲程度对路面结构层附加应力亦有显著影响。为将路基差异沉降量和路基宽度综合考虑,定义最大差异沉降与路基宽度的比值为沉降横坡变坡率 $\Delta i$ ,计算公式如下:

$$\Delta i = \frac{|\delta_{ij}|}{L_{ij}} = \frac{|S_i - S_j|}{L_{ij}} \tag{6-3}$$

**2)不均匀沉降荷载作用下路面应力控制层应力容许值**

在标准轴载和不均匀沉降共同作用下,路面结构层拉应力应满足:

$$\sigma_{Li} + \sigma_{Si} \leqslant \sigma_i \tag{6-4}$$

式中:$\sigma_{Li}$——标准轴载作用下路面各结构层产生的应力;

$\sigma_{Si}$——路基横向不均匀沉降作用下路面各结构层产生的应力;

$\sigma_i$——路面结构层容许拉应力,路面结构层应力以拉应力为正,压应力为负。

在考虑标准轴载共同作用的前提下,由式(6-4)可得不均匀沉降作用下应力控制层应力容许值,计算结果见表6-16。

不均匀沉降作用下应力控制层应力容许值(单位:MPa) 表6-16

| 不均匀沉降方式 | 上面层 | 中面层 | 下面层 | 基层 | 底基层 |
| --- | --- | --- | --- | --- | --- |
| 凹曲线 | — | — | — | 0.222 | 0.187 |
| 凸曲线 | 0.39 | 0.28 | 0.20 | — | — |

凸曲线不均匀沉降在路面结构层面层中产生拉应力,最大拉应力位于上面层和中面层顶面;车辆荷载产生的路面应力将抵消凸曲线不均匀沉降产生的应力,对于路面结构受力而言是有利的(对于凹曲线沉降方式,车辆荷载和不均匀沉降两种作用效应则为叠加)。因此,凸曲线不均匀沉降方式下,考虑不均匀沉降作用下应力控制值应取上面层和中面层容许拉应力。

**3)不均匀沉降荷载作用下路面结构层的应力计算分析**

根据上述章节分析,路床顶面沉降曲线可用二次多项式方程拟合,$S(x) = Ax^2 + Bx + C$ ,其中 $A$、$B$、$C$ 为待定系数。此公式中待定系数较多,意义不够清晰,为充分反映路基(路面)宽度、横断面最大差异沉降量,对公式作出以下推导,计算模型如图6-22所示。

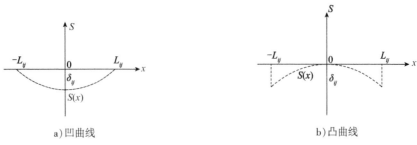

a) 凹曲线　　　　　　　　　　　　b) 凸曲线

图 6-22　不均匀沉降计算简图

对于凹曲线沉降曲线,设路中心与路肩差异沉降量为 $\delta_{ij}$,$\delta_{ij}$ 为负值。

当 $x = 0$ 时,

$$S(0) = \delta \Rightarrow C = \delta_{ij}$$

$$S'(0) = 2Ax + B = 0 \Rightarrow B = 0$$

$$x = L_{ij}, S(L_{ij}) = AL_{ij}^2 + \delta_{ij} = 0 \Rightarrow A = -\frac{\delta_{ij}}{L_{ij}^2}$$

凹曲线沉降方程为:

$$S(x) = -\frac{\delta_{ij}}{L_{ij}^2}x^2 + \delta_{ij} = \delta_{ij}\left[1 - \left(\frac{x}{L_{ij}}\right)^2\right] \tag{6-5}$$

同理可得,凸曲线沉降方程为:

$$S(x) = \delta_{ij}\left(\frac{x}{L_{ij}}\right)^2 \tag{6-6}$$

式中: $S(x)$ ——路床顶面横断面上点的差异沉降量(m);

$\delta_{ij}$ ——路中心与路肩的最大差异沉降量(m);

$x$——路床顶面横断面上点距路中心的距离(m);

$L_{ij}$ ——路基(路床顶面)宽度的一半(m)。

采用凹曲线和凸曲线沉降方程对不同路基宽度、不同差异沉降(不同沉降变坡度)下的路面结构应力进行计算,计算结果见表 6-17、表 6-18。表中正值表示受拉应力,负值表示受压应力。由表 6-17、表 6-18 中计算结果可知,凹曲线沉降作用下,基层和底基层底面受拉应力,当与标准轴载作用产生的拉应力叠加时,底基层拉应力首先达到其容许拉应力,底基层为最不利应力控制层;凸曲线沉降作用下,车辆荷载与不均匀沉降作用效应相互抵消,车辆荷载对路面结构受力是有利的,上面层和中面层拉应力仅考虑其不均匀沉降产生的拉应力,应力控制值为结构层容许拉应力。

路面结构层层底应力计算结果(单位:MPa)(凹曲线沉降荷载)　　表 6-17

| 路面宽度 (m) | 路床顶面半宽 (m) | 路基中心处沉降 (mm) | 沉降变坡率 $\Delta i$(%) | 沥青混凝土面层 | | | 半刚性基层 | | 备 注 |
|---|---|---|---|---|---|---|---|---|---|
| | | | | 上面层 | 中面层 | 下面层 | 基层 | 底基层 | |
| 13 | 7.55 | -10 | 0.13 | -0.207 | -0.151 | -0.002 | 0.143 | 0.145 | 凹曲线 |
| 13 | 7.55 | -20 | 0.26 | -0.414 | -0.303 | -0.004 | 0.286 | 0.290 | 底基层为最不利受拉控制层 |
| 13 | 7.55 | -30 | 0.40 | -0.621 | -0.454 | -0.006 | 0.429 | 0.434 | |
| 13 | 7.55 | -40 | 0.53 | -0.829 | -0.605 | -0.009 | 0.572 | 0.579 | |
| 26 | 14.05 | -10 | 0.07 | -0.052 | -0.038 | -0.001 | 0.036 | 0.036 | |
| 26 | 14.05 | -20 | 0.14 | -0.103 | -0.075 | -0.001 | 0.072 | 0.073 | |
| 26 | 14.05 | -30 | 0.21 | -0.154 | -0.113 | -0.002 | 0.108 | 0.109 | |
| 26 | 14.05 | -40 | 0.28 | -0.207 | -0.150 | -0.003 | 0.143 | 0.143 | |
| 26 | 14.05 | -50 | 0.36 | -0.259 | -0.188 | -0.004 | 0.179 | 0.181 | 底基层为最不利受拉控制层 |
| 26 | 14.05 | -60 | 0.43 | -0.310 | -0.225 | -0.004 | 0.215 | 0.218 | |
| 26 | 14.05 | -70 | 0.50 | -0.362 | -0.263 | -0.005 | 0.251 | 0.254 | |
| 26 | 14.05 | -80 | 0.57 | -0.414 | -0.301 | -0.006 | 0.287 | 0.290 | |
| 33.5 | 17.8 | -10 | 0.06 | -0.035 | -0.025 | -0.001 | 0.024 | 0.025 | |
| 33.5 | 17.8 | -20 | 0.11 | -0.070 | -0.051 | -0.001 | 0.049 | 0.049 | |
| 33.5 | 17.8 | -30 | 0.17 | -0.105 | -0.076 | -0.002 | 0.073 | 0.074 | |
| 33.5 | 17.8 | -40 | 0.22 | -0.140 | -0.102 | -0.002 | 0.097 | 0.098 | |
| 33.5 | 17.8 | -50 | 0.28 | -0.175 | -0.127 | -0.003 | 0.122 | 0.123 | |
| 33.5 | 17.8 | -60 | 0.34 | -0.210 | -0.153 | -0.003 | 0.146 | 0.147 | |
| 33.5 | 17.8 | -70 | 0.39 | -0.255 | -0.178 | -0.004 | 0.170 | 0.172 | |
| 33.5 | 17.8 | -80 | 0.45 | -0.280 | -0.204 | -0.004 | 0.195 | 0.197 | 底基层为最不利受拉控制层 |
| 33.5 | 17.8 | -90 | 0.51 | -0.316 | -0.229 | -0.005 | 0.219 | 0.221 | |
| 44 | 23.05 | -10 | 0.04 | -0.019 | -0.014 | -0.001 | 0.013 | 0.013 | |
| 44 | 23.05 | -20 | 0.09 | -0.038 | -0.028 | -0.001 | 0.027 | 0.027 | |
| 44 | 23.05 | -30 | 0.13 | -0.057 | -0.042 | -0.001 | 0.04 | 0.04 | |
| 44 | 23.05 | -40 | 0.17 | -0.076 | -0.055 | -0.001 | 0.053 | 0.054 | |

续上表

| 路面宽度(m) | 路床顶面半宽(m) | 路基中心处沉降(mm) | 沉降变坡率 $\Delta i$(%) | 沥青混凝土面层 上面层 | 中面层 | 下面层 | 半刚性基层 基层 | 底基层 | 备注 |
|---|---|---|---|---|---|---|---|---|---|
| 44 | 23.05 | -50 | 0.22 | -0.096 | -0.069 | -0.001 | 0.067 | 0.067 | |
| 44 | 23.05 | -60 | 0.26 | -0.115 | -0.083 | -0.002 | 0.08 | 0.081 | |
| 44 | 23.05 | -70 | 0.30 | -0.134 | -0.097 | -0.002 | 0.093 | 0.094 | |
| 44 | 23.05 | -80 | 0.35 | -0.152 | -0.111 | -0.002 | 0.106 | 0.108 | |
| 44 | 23.05 | -90 | 0.39 | -0.172 | -0.125 | -0.003 | 0.12 | 0.121 | |
| 44 | 23.05 | -100 | 0.43 | -0.191 | -0.139 | -0.003 | 0.133 | 0.135 | |
| 44 | 23.05 | -110 | 0.48 | -0.209 | -0.153 | -0.003 | 0.146 | 0.148 | |
| 44 | 23.05 | -120 | 0.52 | -0.23 | -0.167 | -0.004 | 0.16 | 0.161 | |
| 44 | 23.05 | -130 | 0.56 | -0.248 | -0.18 | -0.004 | 0.173 | 0.175 | |
| 44 | 23.05 | -140 | 0.61 | -0.268 | -0.194 | -0.004 | 0.186 | 0.188 | 底基层为最不利受拉控制层 |

**路面结构层层底应力计算结果**(单位:MPa)(凸曲线沉降荷载)   表6-18

| 路面宽度(m) | 路床顶面半宽(m) | 路基中心处沉降(mm) | 沉降变坡率 $\Delta i$(%) | 沥青混凝土面层 上面层 | 中面层 | 下面层 | 半刚性基层 基层 | 底基层 | 备注 |
|---|---|---|---|---|---|---|---|---|---|
| 13 | 7.55 | -10 | 0.13 | 0.208 | 0.151 | 0.002 | -0.143 | -0.143 | 凸曲线 |
| 13 | 7.55 | -20 | 0.26 | 0.416 | 0.303 | 0.004 | -0.286 | -0.290 | 上面层为最不利受拉控制层 |
| 13 | 7.55 | -30 | 0.40 | 0.624 | 0.454 | 0.006 | -0.429 | -0.429 | |
| 13 | 7.55 | -40 | 0.53 | 0.828 | 0.605 | 0.009 | -0.572 | -0.579 | |
| 13 | 7.55 | -50 | 0.66 | 1.040 | 0.757 | 0.011 | -0.715 | -0.724 | |
| 26 | 14.05 | -10 | 0.07 | 0.052 | 0.038 | 0.001 | -0.036 | -0.036 | |
| 26 | 14.05 | -30 | 0.21 | 0.155 | 0.113 | 0.002 | -0.108 | -0.108 | |
| 26 | 14.05 | -50 | 0.36 | 0.259 | 0.188 | 0.004 | -0.179 | -0.181 | |
| 26 | 14.05 | -70 | 0.50 | 0.362 | 0.263 | 0.005 | -0.251 | -0.254 | |

续上表

| 路面宽度 (m) | 路床顶面半宽 (m) | 路基中心处沉降 (mm) | 沉降变坡率 $\Delta i$(%) | 沥青混凝土面层 | | | 半刚性基层 | | 备注 |
|---|---|---|---|---|---|---|---|---|---|
| | | | | 上面层 | 中面层 | 下面层 | 基层 | 底基层 | |
| 26 | 14.05 | -80 | 0.57 | 0.414 | 0.301 | 0.006 | -0.287 | -0.290 | 上面层为最不利受拉控制层 |
| 26 | 14.05 | -100 | 0.71 | 0.517 | 0.376 | 0.007 | -0.359 | -0.359 | |
| 33.5 | 17.8 | -10 | 0.06 | 0.035 | 0.025 | 0.001 | -0.025 | -0.025 | |
| 33.5 | 17.8 | -30 | 0.17 | 0.105 | 0.076 | 0.002 | -0.073 | -0.073 | |
| 33.5 | 17.8 | -50 | 0.28 | 0.175 | 0.127 | 0.003 | -0.122 | -0.123 | |
| 33.5 | 17.8 | -80 | 0.45 | 0.280 | 0.204 | 0.004 | -0.195 | -0.195 | |
| 33.5 | 17.8 | -100 | 0.56 | 0.351 | 0.254 | 0.005 | -0.243 | -0.243 | |
| 33.5 | 17.8 | -120 | 0.67 | 0.420 | 0.305 | 0.006 | -0.292 | -0.295 | 上面层为最不利受拉控制层 |
| 33.5 | 17.8 | -150 | 0.84 | 0.526 | 0.382 | 0.008 | -0.365 | -0.369 | |
| 44 | 23.05 | -10 | 0.04 | 0.020 | 0.014 | 0.001 | -0.013 | -0.014 | |
| 44 | 23.05 | -30 | 0.13 | 0.057 | 0.042 | 0.001 | -0.040 | -0.040 | |
| 44 | 23.05 | -50 | 0.22 | 0.096 | 0.069 | 0.001 | -0.067 | -0.067 | |
| 44 | 23.05 | -80 | 0.35 | 0.153 | 0.111 | 0.002 | -0.106 | -0.108 | |
| 44 | 23.05 | -120 | 0.52 | 0.230 | 0.167 | 0.004 | -0.160 | -0.161 | |
| 44 | 23.05 | -150 | 0.65 | 0.287 | 0.208 | 0.005 | -0.200 | -0.201 | |
| 44 | 23.05 | -180 | 0.78 | 0.342 | 0.250 | 0.005 | -0.240 | -0.242 | |
| 44 | 23.05 | -210 | 0.91 | 0.402 | 0.291 | 0.006 | -0.279 | -0.282 | 上面层为最不利受拉控制层 |
| 44 | 23.05 | -240 | 1.04 | 0.459 | 0.333 | 0.007 | -0.319 | -0.323 | |

图 6-23 和图 6-24 分别为凹曲线和凸曲线沉降荷载作用下上面层、中面层和底基层层底拉应力随沉降变坡度的变化曲线。从图中可以看出,路面结构层压应力或拉应力随沉降变坡度增大线性增大。路基宽度越小,应力曲线斜率越大,路面结构层应力随沉降变坡度增加越快。从路面结构性考虑,对于分离式路基等窄路基,更应严格控制其路基差异沉降。

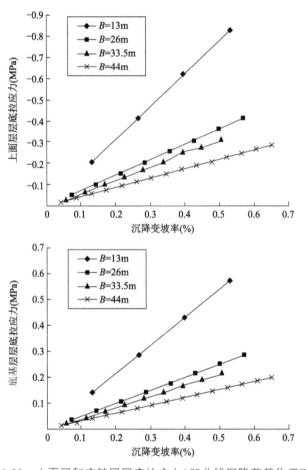

图 6-23 上面层和底基层层底拉应力(凹曲线沉降荷载作用下)

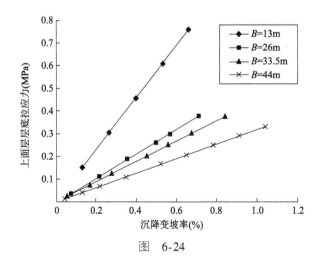

图 6-24

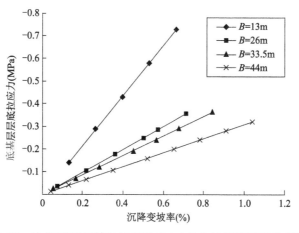

图 6-24　中面层和底基层层底拉应力（凸曲线沉降荷载作用下）

## 6.5 地基-路基-路面协同变形一体化设计方法

### 6.5.1 满足路面结构性与功能性要求的差异沉降标准

对不同差异沉降和沉降变坡度情况下的路面结构层层底应力进行验算，确定满足路面结构性要求的路基顶面沉降控制指标。路基差异沉降与沉降变坡度满足：

$$\max |\delta_{ij}| = |S_i - S_j| \leqslant |\delta|_{av} \tag{6-7}$$

$$\Delta i = \frac{|\delta_{ij}|}{L_{ij}} = \frac{|S_i - S_j|}{L_{ij}} \leqslant \Delta i_{av} \tag{6-8}$$

式中：$|\delta|_{av}$——路基差异沉降容许值(mm)；

$\Delta i_{av}$——路基横坡沉降变坡度容许值(%)。

不同沉降曲线情况下，拟合关系式分别为：

凹曲线：

$$\Delta i_{av} = 0.011B + 0.0987, R^2 = 0.9642 \tag{6-9}$$

凸曲线：

$$\Delta i_{av} = 0.0205B + 0.0083, R^2 = 0.9939 \tag{6-10}$$

式中：$B$——路面宽度(m)。

不同路面宽度、不同差异沉降曲线情况下，路基横向差异沉降容许值和沉降变坡度容许值见表6-19、表6-20。

路基横向差异沉降和沉降变坡度容许值(凹曲线沉降曲线)　　表6-19

| 路面宽度<br>(m) | 路床顶面半宽<br>(m) | 差异沉降容许值<br>$\|\delta\|_{av}$(mm) | 沉降变坡度容许值<br>$\Delta i_{av}$(%) | 备 注 |
|---|---|---|---|---|
| 13 | 7.55 | −20 | 0.26 | 底基层为受拉控制层 |
| 26 | 14.05 | −50 | 0.36 | 底基层为受拉控制层 |
| 33.5 | 17.8 | −80 | 0.45 | 底基层为受拉控制层 |
| 44 | 23.05 | −140 | 0.61 | 底基层为受拉控制层 |

路基横向差异沉降和沉降变坡度容许值(凸曲线沉降曲线)　　表6-20

| 路面宽度<br>(m) | 路床顶面半宽<br>(m) | 差异沉降容许值<br>$\|\delta\|_{av}$(mm) | 沉降变坡度容许值<br>$\Delta i_{av}$(%) | 备 注 |
|---|---|---|---|---|
| 13 | 7.55 | −20 | 0.26 | 上面层为受拉控制层 |
| 26 | 14.05 | −70 | 0.50 | 上面层为受拉控制层 |
| 33.5 | 17.8 | −100 | 0.56 | 上面层为受拉控制层 |
| 44 | 23.05 | −210 | 0.91 | 上面层为受拉控制层 |

沉降变坡度容许值与路面宽度关系曲线如图6-25所示。

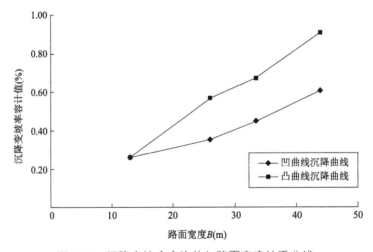

图6-25 沉降变坡度容许值与路面宽度关系曲线

设计路面横坡的目的是及时将降雨排出路面,并为车辆提供足够的行车向心力,以保证行车安全。路基的不均匀沉降主要是由路基自重以及左右幅地基的工程地质局部差异、地基处理、施工因素等所引起的,路基中心处的沉降量将大于或小于路基边缘的沉降量,不均匀沉降基呈下凹盆状或上凸抛物线形。因此,工程实际中路基路拱坡度应尽可能地采用较大值,目前的工程实践中一般采用路拱横坡的高限2%,待路基沉降稳定后,又不得低于下限1%,否则,会引起排水不畅,不利于行车安全。

综上所述,路基横向差异沉降应同时满足路面结构性要求和功能性要求,由表6-19和表6-20中结果可以看出,计算结果可作为路基差异沉降控制标准。

## 6.5.2 地基与路基沉降控制限值计算方法

### 1)一般路段路基与地基沉降标准

通过公路地基、路基协同沉降变形机理研究,分析得出了不同影响因素下地基路基协同沉降关系、路基沉降或地基路基差异沉降与地基沉降的比值(沉降比),提出了地基路基协同沉降拟合关系式。通过地基、路基协同沉降变形下路面结构层应力响应研究,得出了不同沉降曲线工况下,路面结构层的最不利应力控制层。分析了路基顶面横向差异沉降与沉降变坡度对路面结构层附加应力的影响,根据路面结构性与功能性的要求,得出了路基横向差异沉降容许值和沉降变坡率容许值。

为综合考虑各因素对路面结构层附加应力的影响,采用差异沉降量和横坡变坡度作为沉降主要控制因素。本小节将根据上述章节分析得出的地基、路基协同沉降关系以及地基、路基协同沉降变形下满足路面结构性、功能性要求的路基横向差异沉降容许值和沉降变坡度容许值,进一步推导路基、地基容许沉降量。地基、路基与路面协同沉降变形计算简图如图6-26所示。

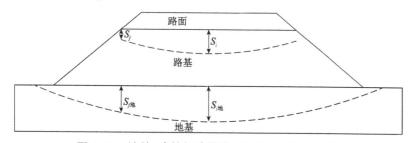

图6-26 地基、路基与路面协同沉降变形计算简图

表达式如下:

$$\Delta i = \frac{|\delta_{ij}|}{L_{ij}} = \frac{|S_i - S_j|}{L_{ij}} \leq \Delta i_{av} \tag{6-11}$$

式中:$S_i$——路面填筑完成后路基顶面路中心总沉降量;

$S_j$——路面填筑完成后路基顶面路肩处总沉降量,路基顶面路中心和路肩处总沉降量可由计算或实测值预测得出;

$\Delta i_{av}$——路基横坡沉降变坡度容许值,见表6-19和表6-20。

$a$ 为对应点路基与地基沉降比,由上述章节分析可知,对于相同的路基高度或路基宽度,同一横断面上各点路基沉降与地基沉降的比值基本相同,$a$ 可视为同一值。设 $r$ 为路肩处地基沉降量与路中心地基沉降量的比值,即:

$$\frac{S_{j\text{地}}}{S_{i\text{地}}} = r \tag{6-12}$$

$$S_i = S_{i\text{地}} \cdot a \tag{6-13}$$

$$S_j = S_{j\text{地}} \cdot a = S_{i\text{地}} \cdot r \cdot a \tag{6-14}$$

则:

$$S_i - S_j = S_{i\text{地}} \cdot a \cdot (1-r) \leqslant L_{ij} \cdot \Delta i_{\text{av}}$$

注意到上式中 $S_{i\text{地}} \cdot a = S_i$,可以推出:

$$S_i \leqslant \frac{L_{ij} \cdot \Delta i_{\text{av}}}{1-r} = S_{i\text{av}} \tag{6-15}$$

$$S_{i\text{地}} = \frac{S_i}{a} \leqslant \frac{L_{ij} \cdot \Delta i_{\text{av}}}{a \cdot (1-r)} = S_{i\text{地av}} \tag{6-16}$$

式中:$S_{i\text{地}}$——路中心地基沉降量;

$S_{j\text{地}}$——路肩处地基沉降量;

$S_{i\text{av}}$——路基顶面中心处容许沉降量;

$S_{i\text{地av}}$——路中心处地基容许沉降量。

计算示例:

路基高度 $h = 6\text{m}$,路面结构层厚 $0.7\text{m}$,路面宽度 $B = 26\text{m}$,路床顶面半宽 $L_{ij} = 14.05\text{m}$。

由本小节地基-路基沉降曲线可得:

$$r = \frac{S_{j\text{地}}}{S_{i\text{地}}} = \frac{0.426}{0.570} = 0.747$$

由表 6-19 得:$\Delta i_{\text{av}} = 0.36\%$

由表 6-3、表 6-4 得:$a = 0.2372$

$$S_{i\text{av}} = \frac{L_{ij} \cdot \Delta i_{\text{av}}}{1-r} = 0.20(\text{m})$$

$$S_{i\text{地av}} = \frac{L_{ij} \cdot \Delta i_{\text{av}}}{a \cdot (1-r)} = 0.84(\text{m})$$

同理,可得不同路基高度、宽度工况下路基与地基沉降容许值,见表 6-21。

不同路基高度和宽度情况下路基与地基沉降容许值　　表6-21

| 路面宽度 $B$ (m) | 路基高度 $h$ (m) | 路床顶面半宽 $L_{ij}$ (m) | 沉降变坡度 $\Delta i_{av}$ (%) | 地基沉降比 $r$ | 路基地基沉降比 $a$ | 路基沉降容许值 $S_{iav}$ (m) | 地基沉降容许值 $S_{i地av}$ (m) |
|---|---|---|---|---|---|---|---|
| 26 | 2 | 14.05 | 0.36 | 0.595 | 0.6205 | 0.12 | 0.19 |
|  | 4 | 14.05 | 0.36 | 0.614 | 0.3604 | 0.13 | 0.36 |
|  | 6 | 14.05 | 0.36 | 0.747 | 0.2372 | 0.20 | 0.84 |
|  | 8 | 14.05 | 0.36 | 0.782 | 0.2255 | 0.23 | 1.02 |
| 13 | 6 | 7.55 | 0.26 | 0.860 | 0.1814 | 0.14 | 0.77 |
| 26 |  | 14.05 | 0.36 | 0.747 | 0.2372 | 0.20 | 0.84 |
| 33.5 |  | 17.8 | 0.45 | 0.731 | 0.2570 | 0.30 | 1.17 |
| 44 |  | 23.05 | 0.61 | 0.644 | 0.2614 | 0.39 | 1.49 |

#### 2）公路纵向路基与地基沉降标准

无论在路基横向还是纵向，沥青路面结构层容许拉应力技术指标要求是相同的。因此，公路纵向路基与地基容许沉降计算方法同上，区别仅为根据计算或实测资料，分析公路纵向路基、地基沉降曲线，找出相邻最大沉降量断面（点）$A$ 处沉降 $S_i$、$S_{i地}$ 和最小沉降量断面（点）$B$ 处 $S_j$、$S_{j地}$，$A$、$B$ 两点沿公路纵向连线（路基顶面）即为 $L_{ij}$，同理可计算出公路纵向路基与地基沉降容许值。公路纵向路基和地基不均匀沉降将改变公路纵坡，其改变后的纵坡值应同时满足相应公路等级（设计速度）的最大纵坡要求。路基沉降容许值 $S_{iav}$ 和地基沉降容许值 $S_{i地av}$ 取横向和纵向计算结果中较小值。

## 6.6　地基-路基协同沉降工程监测结果分析

为验证以上计算结果，本节对察格高速公路地基与路基沉降进行了长期监测。监测路段位于察尔汗盐湖中心一般盐渍化软土路段 ZK602+840～ZK603+380。该段地层控制深度内主要有一个工程地质层，局部夹盐晶薄层：第一层低液限粉土，软塑，揭示厚度10.9m，未揭穿，土层为氯盐型过盐渍土。控制深度内地下水为表层潜水，水位在1.40m，第二层水为承压卤水，水头在 2～5m 之间。此路段为察尔汗互通立交桥头过渡段，地基采用砾石桩处理。沉降观测断面为 ZK602+000、ZK603+100、ZK603+170、ZK603+250，地基沉降监测方法同前。在路面铺设过程中，在地基监测断面左路缘石处预埋钢钉作为路基沉降监测点，监测历时1255d。表6-22 和图6-27 为复合地基与路基沉降监测结果。

**复合地基路基与地基沉降结果对比** 表 6-22

| 监测断面 | 路基高度（m） | 路基宽度（m） | 地基沉降（mm） | 路基沉降（mm） | 实测沉降比（%） | 计算沉降比（%） |
|---|---|---|---|---|---|---|
| ZK602+000 | 5.75 | 13×2 | 156 | 44 | 28.2 | 19.9~24.9 |
| ZK603+100 | 3.05 | 13×2 | 141 | 57 | 40.4 | 31.4~39.4 |
| ZK603+170 | 3.31 | 13×2 | 130 | 48 | 36.9 | 31.4~39.4 |
| ZK603+250 | 3.65 | 13×2 | 120 | 46 | 38.3 | 31.4~39.4 |

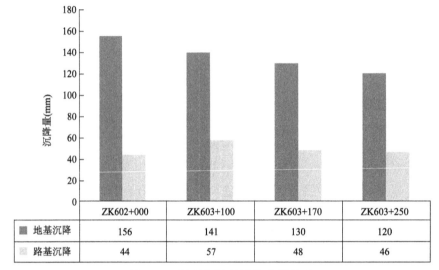

图 6-27　地基与路基沉降监测结果

表 6-22 和图 6-27 结果显示，路基与地基沉降比监测结果具有一定的规律性，沉降比与路基高度有关。由于此路段路基由分离式路基汇合过渡为整体式路基，路基作用下地基沉降应视为双幅全宽路基，即路基宽度视为 26m。对比上述章节有限元计算结果，实测沉降比处于计算沉降比取值范围内，从而验证了有限元计算结果的可靠性。

## 6.7　本章小结

为了定量建立公路地基与路基协同沉降关系，本章从公路地基、路基与路面协同变形实际情况出发，通过建立公路路基典型断面数值模型，开展了察尔汗盐湖区公路地基路基协同沉降变形仿真计算研究，得出如下主要结论：

（1）为分析地基-路基协同沉降关系，定义路中心路基与地基沉降比。分析结果表明,路基-地基沉降比随路基高度的增加而逐渐减小,路基越高其沉降比越小,表明路基越高,其对地基沉降的吸收作用越强。沉降比随路基宽度的增加而增大,沉降比随路基宽度的变化曲线相对较为平缓,沉降比受路基宽度影响相对较小。

(2)地基沉降受地基模量、路基高度显著影响,路基宽度和路基模量影响相对较小;路基沉降随地基模量、路基高度和路基宽度等因素的变化曲线相对比较平缓。但从不同工况下路基与地基沉降比变化曲线来看,路基与地基沉降比受路基高度与宽度影响显著,受地基模量和路基模量影响相对较小。对于同一种工况而言,横断面上各点路基与地基沉降比基本相同,表现出路基沉降与地基沉降具有良好的线性关系。

(3)对路基与地基沉降比沿横断面方向($x$)的变化曲线进行拟合,拟合函数采用$f=ae^{bx}$。从拟合参数结果可以看出,$b$值较小,$e^{bx}\approx 1$,$f$函数可视为仅与$a$值相关,与点位$x$无关,即路基横断面上各点沉降比可视为一定值,路基沉降与地基沉降显著线性相关。

(4)不同路基高度和路基宽度情况下,路基横断面上各对应点路基沉降与地基沉降基本上呈线性关系。路基沉降$S'$与地基沉降$S_{地}$呈线性关系,拟合方程为$S'=a\cdot S_{地}+b$。对于设定的某一路基高度或路基宽度,路基横断面上各点路基沉降与地基沉降拟合方程的参数$a$基本相同。

(5)计算得出不同路基高度和不同路基宽度情况下,路基-地基沉降比取值:路基高度$h=2m$、$4m$、$6m$和$8m$,沉降比平均值分别取0.58、0.34、0.22和0.20;路基宽度$B=13m$、$26m$、$33.5m$和$44m$,其沉降比平均值取0.17、0.22、0.24和0.26。

(6)建立地基-路基-路面协同沉降变形与路面力学响应模型,路面结构层不均匀沉降荷载的施加采用两种形式:①由地基固结沉降计算出路床顶部的沉降,并将沉降曲线施加于路面结构层层底。这种方法与地基-路基-路面协同沉降实际情况一致。②根据依托工程路面实测沉降曲线,将实测沉降曲线代入路面结构模型进行应力计算分析。

(7)计算结果表明,凹曲线沉降荷载作用下,路面应力控制层为基层和底基层。不均匀沉降荷载与标准轴载共同作用下,底基层为最不利受拉控制层。凸曲线沉降荷载作用下,路面应力控制层为上面层和中面层。不均匀沉降荷载与标准轴载共同作用下,上面层为最不利受拉控制层。

(8)路基路面发生不均匀沉降从而引起路面结构层附加应力,路面结构层附加应力主要影响因素有横向差异沉降量、路面宽度、沉降曲线形式(凹曲线和凸曲线)等。为综合考虑各因素对路面结构层附加应力的影响,采用差异沉降量$|\delta_{ij}|$和横坡变坡率$\Delta i$作为沉降主要控制因素。

(9)考虑标准轴载共同作用,计算得出不均匀沉降作用下应力控制层应力容许值。

施加不同的沉降曲线荷载,得出了不同路面宽度条件下满足路面结构性和功能性要求的差异沉降容许值 $|\delta|_{av}$ 和沉降变坡率容许值 $\Delta i_{av}$。沉降变坡率容许值 $\Delta i_{av}$ 与路面宽度 $B$ 拟合关系式为:

凹曲线: $$\Delta i_{av} = 0.011B + 0.0987, R^2 = 0.9642$$

凸曲线: $$\Delta i_{av} = 0.0205B + 0.0083, R^2 = 0.9939$$

(10)从满足路面结构性和功能性要求的差异沉降容许值 $|\delta|_{av}$ 和沉降变坡度容许值 $\Delta i_{av}$ 出发,由地基-路基-路面协同沉降变形关系,推导出不同路基高度和宽度情况下路基与地基沉降容许值,得出路基沉降 $S_i$(路基容许沉降量 $S_{iav}$)与地基沉降 $S_{i地}$(地基容许沉降量 $S_{i地av}$)计算式:

$$S_i \leqslant \frac{L_{ij} \cdot \Delta i_{av}}{1-r} = S_{iav}$$

$$S_{i地} = \frac{S_i}{a} \leqslant \frac{L_{ij} \cdot \Delta i_{av}}{a \cdot (1-r)} = S_{i地av}$$

(11)公路路基与地基沉降标准应综合考虑路基横向和纵向不均匀沉降两个方面,公路纵向不均匀沉降标准和计算方法类同横向不均匀沉降。路基沉降容许值 $S_{iav}$ 和地基沉降容许值 $S_{i地av}$ 取横向和纵向计算结果中较小值。

(12)对实体工程地基与路基沉降进行了监测,结果表明,路基与地基实测沉降比与路基高度有关,实测沉降比与数值计算结果一致,从而验证了数值计算结果的准确性。

# 第 7 章
CHAPTER 7

# 察尔汗盐湖区盐渍土地基与路基稳定性监测

## 7.1 引言

察尔汗盐湖地区工程水文地质条件显著区别于其他一般软弱地基的工程水文地质条件。在如此复杂的水文地质条件下修建高速公路,其工程经验尚属空白。为进一步验证地基处理的适用性和有效性,确保路基的稳定,本章将在不同地基处理段有针对性地进行地基与路基稳定性监测,包括地基地表沉降观测、水位观测、土压力观测、地基湿度观测等,并结合静载试验和重力触探对观测结果进行分析,提出盐渍化软土地基路基稳定性长期监测系统的布设与监测方法,验证岩盐夹层地基与复合地基工程应用效果,为察尔汗盐湖区未来公路、铁路发展建设以及工民建工程提供更为可靠翔实的技术支持。

## 7.2 监测内容与监测路段

根据之前章节的研究成果可知,察尔汗盐湖区主要分布着强盐渍土和过盐渍土,含盐类型为氯盐和亚氯盐;地下水位高,存在承压卤水层。该区域公路段地基类型主要为盐渍化软土地基,采用了砾石桩等方法进行处治。根据察格高速公路盐渍土软土地基处理方式,有针对性地在不同地基处理段对地表沉降、土压力、地下水位、地基土体湿度进行科研观测。盐湖区路段为主要的监测段落,监测内容有:①岩盐夹层地基与复合地基沉降变形规律;②砾石桩、强夯置换墩与桩间土的土压力变化规律;③察尔汗盐湖区路段地下水位变化规律;④地基湿度变化规律,并结合地基沉降变形规律,分析湿度变化对地基沉降的影响以及影响程度。部分监测路段与情况说明见表7-1。

监测路段与情况说明　　　　表7-1

| 监测内容 | 监测路段 | 监测断面 | 地基处理 | 情况说明 |
| --- | --- | --- | --- | --- |
| 地表沉降观测 | ZK593+600~<br>ZK594+130 | ZK593+800<br>ZK593+950.5 | 岩盐地表压实 | 岩盐夹层地基试验段 |
|  | ZK601+540~<br>ZK602+500 | ZK601+650.4<br>ZK601+740<br>ZK602+000 | 砾石桩 | 察尔汗互通立交 |
|  | ZK602+840~<br>ZK603+380 | ZK603+100<br>ZK603+170<br>ZK603+250 | 砾石桩 | 察尔汗互通立交桥头过渡段 |

续上表

| 监测内容 | 监测路段 | 监测断面 | 地基处理 | 情况说明 |
|---|---|---|---|---|
| 土压力观测 | ZK601+800~ZK602+150 | ZK601+935<br>ZK601+993 | 强夯置换 | 察尔汗互通立交 |
| | YK601+024.3~YK601+573 | YK601+444.6<br>YK601+528 | 砾石桩 | |
| 水位观测 | ZK602+842.4~ZK603+379.6 | ZK603+122.7<br>ZK603+170.8<br>ZK603+298.4 | 砾石桩 | |
| | YK601+024.3~YK601+573 | YK601+250<br>YK601+398.1 | 砾石桩 | |
| 湿度观测 | ZK601+800~ZK602+150 | ZK602+000 | 强夯置换 | |
| | ZK602+842.4~ZK603+379.6 | ZK603+250 | 砾石桩 | |

## 7.3 岩盐夹层地基与复合地基沉降监测与分析

第3章依托工程现场荷载试验、浸水荷载试验和数值模拟分析了岩盐夹层地基的承载特性、沉降特性、应力承担特性，提出了岩盐夹层地基作为高速公路地基的适应性。为进一步验证与应用相关研究成果，本节将通过对察格高速公路工程岩盐夹层地基与复合地基长期监测结果分析，验证其工程应用效果。

### 7.3.1 仪器埋设与监测方法

**1) 监测仪器与设备**

沉降底板与垫板均为 400mm × 400mm × 10mm 的钢板，其上中心处焊接内径为 25mm 的沉降管(图7-1)。沉降管接管为 300mm 长的小段，在管子的两头攻丝，并作配套的管箍接头。埋设时根据填土高度接适当高度的接管，接管顶面应低于压实土基顶面不少于 30cm。沉降管外侧使用直径稍大的 PVC(聚氯乙烯)套管保护，以保证沉降管在路堤内能随地面沉降自由下沉。套管顶端应封闭，避免土粒进入。

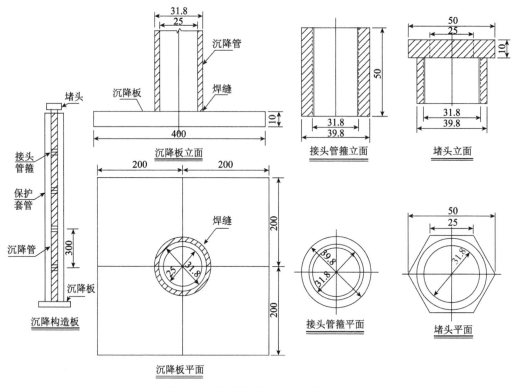

图 7-1 沉降板构造(尺寸单位:mm)

**2)埋设位置**

在路基横断面路中线、左路肩和右路肩对应的地表位置埋设沉降板,如图 7-2 所示。

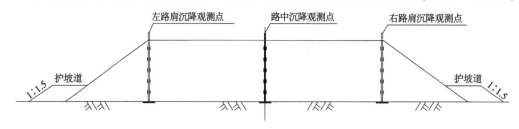

图 7-2 沉降板埋设位置示意图

**3)仪器埋设方法**

为避免沉降杆被施工机械碰撞和压弯,沉降板埋设应待路堤填筑一定的高度(一般为 50cm)后进行。根据预定的埋设位置进行坐标放线,在既定的位置上人工开挖基坑至原地表,管头以上应有至少 30cm 的压实土层保护。整平坑底,放入垫板,然后在垫板上放上焊接了钢管的沉降板,使钢管保持竖直,基底稳固,盖好管帽后,回填基坑土并夯实,掩埋好以后做上明显的标记,并在左右路肩处打木桩测距定位,以方便接管时寻找管位,同时也提醒施工单位在压实时尽量绕避,以防压坏沉降管。沉降板埋设如图 7-3 所示。

图 7-3　沉降板埋设

#### 4)监测要点

在埋置好后测量管口高程,回填夯实待下一层压实完成后,挖出沉降管,再次测管口高程,两次高程之差即为沉降量。如需接管,应在接管前后分别测量管口高程,测量完成后接管掩埋夯实,如此循环至路堤填筑至施工高程。这种观测方法由于沉降管总是埋在压实层以下,每次测量均需人工开挖和掩埋,比较费时烦琐,但受到施工破坏相对较少,保证了观测结果的可靠性。

用于沉降量计算的高程测量应满足三等水准测量的精度,水准尺固定专用。铝合金水准尺即可,采用因瓦尺更好。水准点应埋设在坚固的地基上或永久性建筑物上,并定期对其高程进行校核。

#### 5)监测频率

施工期,每填筑一层观测一次,每天至少观测一次;停工期,第一个月每三天观测一次,第二个月至第三个月每七天观测一次,第四个月起每半个月观测一次;路面施工完成后,每半个月至一个月观测一次。路堤在填筑过程中,若中心日沉降量超过 10mm/d,标志着不稳定状态的出现,应立即停止加载。

## 7.3.2　岩盐夹层地基沉降监测结果分析

察格高速公路 ZK593+600~ZK594+130 为岩盐夹层地基试验段。地层控制深度内主要有三个工程地质层:①层盐晶,中密~密实,砂砾粒状结构,含盐量在 90% 以上,以氯盐为主,次为硫酸盐,含少量泥质 1%~5%,揭示厚度 2.2m;②层低液限黏土,硬塑,揭示厚度

7.0~7.55m;③层盐晶,密实,砂砾粒状结构,揭示厚度2.3~3.0m。上述三层均为氯盐型过盐渍土。控制深度内地下水有两层:表层水为潜水,水位在0.3~0.4m之间(现场挖探);第二层水为承压卤水,水头在2~5m之间。地下水和土对混凝土均具强腐蚀性。

地基处理:清除表面0.5m厚松散盐皮,将地表碾压密实后填筑路基。监测断面ZK593+800和ZK593+950.5地基沉降监测结果如图7-4所示。

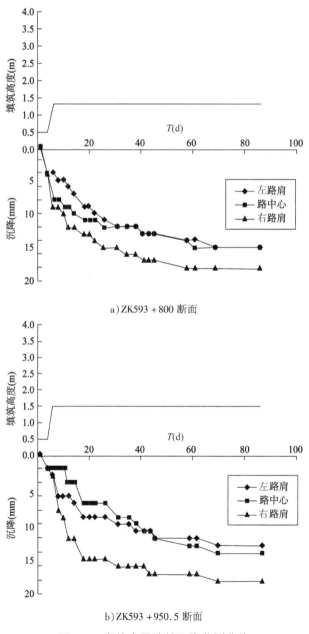

a) ZK593+800 断面

b) ZK593+950.5 断面

图7-4 岩盐夹层地基沉降监测曲线

从图 7-4 中可以看出,两监测断面沉降量均较小,沉降量主要集中在填土的第一个月。在路堤填筑施工结束后,仍然存在相对较大的地基沉降,在观测的第 45～60d 沉降才基本上趋于稳定。监测试验段地表盐晶层厚度为 2.2m,ZK593+800、ZK593+950.5 断面路基高度分别为 1.3m 和 1.5m,两监测断面路中心地基最终沉降量分别为 15mm 和 14mm。对比有限元分析结果,路基高度为 2.0m,盐壳层厚度分别为 0.5m 和 1.0m,路中心地基沉降计算值分别为 93mm 和 64mm。实测结果进一步表明,岩盐夹层厚度越厚,减少地基沉降的效果越明显。

### 7.3.3 岩盐夹层复合地基沉降监测结果分析

ZK601+540～ZK602+500 段地层控制深度内主要有三个工程地质层:①层低液限黏土,软塑,揭示厚度 10.8～11.3m;②层盐晶,密实,砂砾粒状结构,揭示厚度 0.6～1.6m;③低液限黏土,饱和,硬塑,揭示厚度 1.0～1.6m,未揭穿。上述三层均为氯盐型过盐渍土。控制深度内地下水有两层:表层水为潜水,水位 2.2m;第二层水为承压卤水,水头在 2～5m 之间。

在断面 ZK601+650.4、ZK601+740 和 ZK602+100 左、右路肩和中线对应地表处理设沉降板进行地基沉降监测。监测结果如图 7-5 所示。

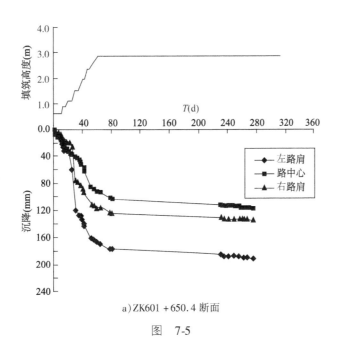

a) ZK601+650.4 断面

图 7-5

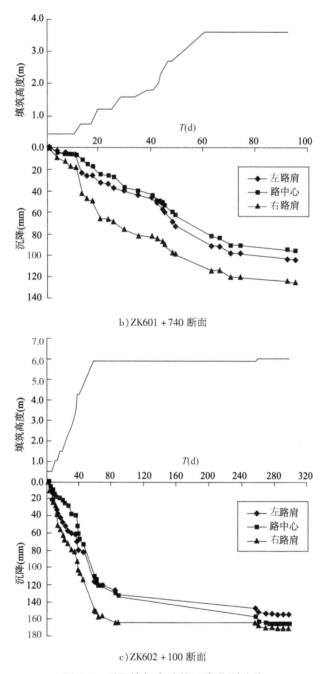

b) ZK601+740 断面

c) ZK602+100 断面

图 7-5　砾石桩复合地基沉降监测曲线

从图 7-5 中可以看出，各监测断面在路基填筑期，地基沉降随路堤填筑高度的增加而显著增加，路堤填筑与地基沉降存在"即填即沉"的现象。从整个监测周期来看，地基的沉降主要发生在施工期和工后第一个月，后期沉降趋于稳定，沉降量很小。三个监测断面施工期(含工后一个月)沉降量平均值分别为113.7mm、95.3mm、139.3mm,分别占监测期总沉降量的90%、88.5%和88.5%。

砾石桩施工现场观测到有大量流沙和卤水从施工后的砾石桩桩顶排出(图7-6)。这是因为:①砾石桩自身具有一定的挤密作用,与土形成复合地基后,共同承担上部荷载的作用;②砾石桩的排水通道顺畅,在一定程度上加快地基土的固结作用,从而地基承载力随之增大;③路堤填筑期间,在地基上部荷载不断增大的条件下,地基土排水固结速率增大,地表沉降量及沉降速率也随之增大;④路堤填筑完成时,承压水和孔隙水压逐渐达到新的平衡状态,地基土的排水固结速率减小直至固结完成,地表沉降逐渐稳定。

图7-6 砾石桩施工与桩体排水

## 7.4 复合地基桩土应力监测与分析

桩土应力比是表征复合地基桩和土共同分担上部荷载的能力和分担荷载水平大小的一个重要指标。目前大多数的研究,主要从粒料桩和土的压缩模量、变形模量角度考虑桩土的变形协调,建立其应力-应变关系式。然而应力-应变求解过程中对桩和土的变形以及边界条件作了某些假设,这些假设与实际情况有较大差别,其计算出来的桩土应力比不能反映真实情况。鉴于此,本节依托察格高速公路盐渍化软土地基处治试验段,分别对强夯置换墩和砾石桩复合地基的桩土应力比进行现场监测,分析桩土应力变化规律,明确桩土应力比的影响因素及取值范围。

### 7.4.1 仪器埋设与监测方法

**1）监测仪器与设备**

单桩或单墩土压力盒应在砾石桩或强夯置换墩中心埋设,桩间土压力盒应在相邻桩或墩组成的形心处埋设(图7-7),采用便携式数字钢弦频率接收仪接收土压力变化情况。

**2）仪器埋设方法**

土压力盒的埋设是一项技术性很强的工作,埋设的好坏将直接关系到测试成果的可靠与否(图7-8)。当土压力盒运至工地后,首先对其进行分类编号,接着进行埋设前的现场标定,以取得符合现场实际的率定系数。为了保证仪器的埋设精度,浅层的仪器采用人工开挖的方法埋设,难于开挖的深度采取钻机埋设。在桩顶和桩间土顶面水平放置压力盒,撒厚度约3cm的细砂,压力盒周围同样用细砂掩埋,避免碎石损伤压力计,同时也避免由于路基填筑造成压力盒上应力集中而引起其读数偏大。压力盒数据线应预留一定的长度,避免填土过程中由于地基沉降或施工机械将数据线拉断,数据线应用橡胶管包覆。埋设完成后立即记录填土高度和土压力盒读数。

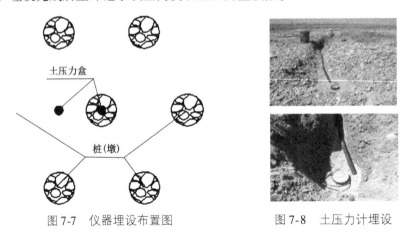

图7-7 仪器埋设布置图　　图7-8 土压力计埋设

**3）路堤分期填筑施工过程**

试验段 ZK601+800～ZK602+150:第1次施工期,即第1～67d(2010.7.23—2010.9.27),路堤填筑采用间歇施工方式,每填筑0.2～0.5m,间歇施工一周左右,

ZK601+935 总填土高度 3.61m，ZK601+993 为 4.3m；第 1 次停工期，即第 68~328d（2010.9.28—2011.6.2）；第 2 次施工期，即第 329~525d（2011.6.3—2011.12.18），ZK601+935 断面期间填土 0.59m，路堤总高度为 4.2m。ZK601+993 断面期间填土为 0.6m，路堤总高度为 4.9m。此阶段主要是路床顶面找平、压实和路面结构层的施工，直至公路通车运营（2011.12.3）。

试验段 YK601+024~YK601+573：第 1 次施工期，即第 1~67d（2010.7.23—2010.9.27），路堤填筑采用间歇施工方式，每填筑 0.2~0.5m，间歇施工一周左右，YK601+444.6 总填土高度 2.60m，YK601+528 为 3.19m；第 1 次停工期，即第 68~328d（2010.9.28—2011.6.2）；第 2 次施工期，即第 329~525d（2011.6.3—2011.12.18），YK601+444.6 断面期间填土 0.38m，路堤总高度为 2.98m。YK601+528 断面期间填土为 0.54m，路堤总高度为 3.73m。此阶段主要是路床顶面找平、压实和路面结构层的施工，直至公路通车运营（2011.12.3）。

4）监测频率

填筑期每天一次，至预压高度后每三天一次，半个月后每七天一次，每次测出其频率，根据频率与压力之间的关系公式来计算压力值。采用便携式数字钢弦频率接收仪接收土压力变化情况。土压力计工作的基本原理是仪器中的钢弦在不同的压力作用下自振频率发生改变，测出其频率，根据出厂时标定的频率与压力之间的关系公式来计算压力值。使用时应注意接收仪采用间断接收的工作方式。

## 7.4.2 复合地基土压力监测监测结果分析

强夯置换地基处理试验段 ZK601+800~ZK602+150 和砾石桩地基处理试验段 YK601+024~YK601+573 分别位于分离式路基左线和右线。其中，强夯置换处理试验段监测断面为 ZK601+935、ZK601+993，砾石桩处理试验段监测断面为 YK601+444.6、YK601+528。将各监测断面的土压力与监测时间、路堤填土高度关系结果汇总，结果如图 7-9 和图 7-10 所示。

从图 7-9 和图 7-10 中可以看出：

（1）桩（墩）顶处压力值较桩（墩）间土压力值高，桩体（墩体）承受着主要外部荷载，表现出桩体（墩体）应力集中的现象。

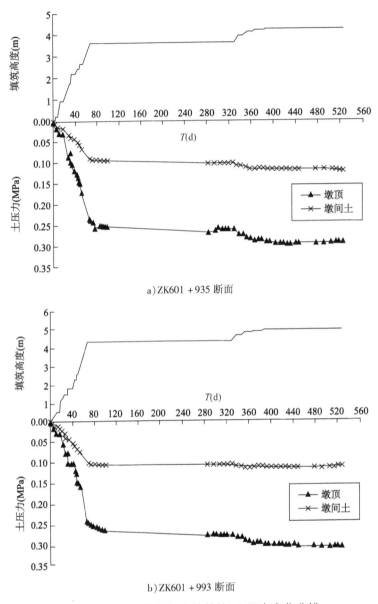

a) ZK601+935 断面

b) ZK601+993 断面

图 7-9  强夯置换墩复合地基桩、土压力变化曲线

(2)复合地基中桩体-桩间土(墩体-墩间土)的作用是一个非线性过程,随着荷载的逐步增加,桩、土的受力工作状况不断变化,其变化可以分为三个过程:路堤填土初期,桩顶应力和桩间土表面应力都线性增大,并且增大速率很快,随着路堤填筑高度的增加,桩顶与桩间土应力曲线显著分开,说明桩土应力逐渐向桩顶集中;停工期,桩顶和桩间土土压力基本维持不变,土压力曲线基本为水平线;填土结束后,桩顶应力与桩间土表面应力趋于稳定,应力差趋于一定值。

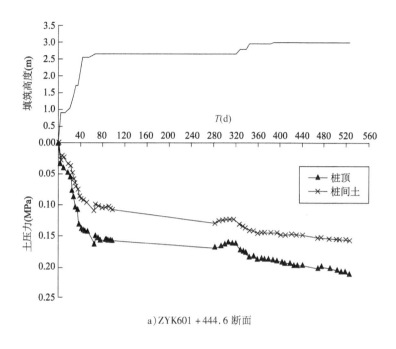

a) ZYK601+444.6 断面

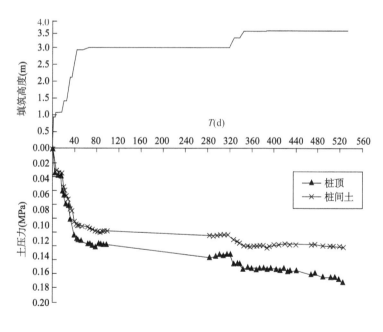

b) ZYK601+528 断面

图 7-10　砾石桩复合地基桩、土压力变化曲线

（3）结合填土过程曲线分析，在开始填土时，复合地基表面荷载较小，填土荷载在复合地基表面分布基本上是均匀的，桩顶和桩间土所受的压力基本相同；随着填土荷

载的逐步增大,桩顶和桩间土所受的压力也在增加,但是桩顶压力的增长速率要大于桩间土压力的增长速率。这是因为路堤填土经过压实后,桩间土地基产生的固结沉降(主要为瞬时沉降)要显著大于桩顶的下沉量或压缩变形量,桩与桩间土的变形不能保持一致,桩间土产生拱效应,填土荷载通过拱效应传递到桩顶,使桩间土所承受的压力增长缓慢,而桩顶的压力增长较快,桩顶和桩间土土压力差增大。填土结束进入预压期后,随着路堤填土的固结和地基土孔隙水压力的消散,自身内应力增加、强度增大,并且上部荷载没有增加,桩和桩间土通过变形协调,最终桩顶压力和桩间土压力变化趋于稳定。

### 7.4.3　复合地基桩土应力比监测监测结果分析

将桩土应力比定义为 $n = P_p/P_s$,其中 $P_p$ 为桩(墩)承担的荷载,$P_s$ 为桩间土承担的荷载。桩土应力比 $n$ 反映了路基下复合地基桩和桩间土分担荷载的情况。桩土应力比监测结果,如图7-11和图7-12所示。

从图7-11和图7-12中可以看出,复合地基中桩土应力比为非线性变化,其值随着荷载的逐步增大而不断改变,具体分析如下。

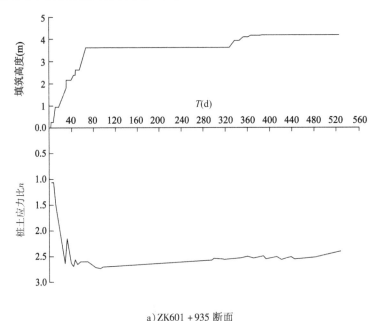

a) ZK601+935 断面

图　7-11

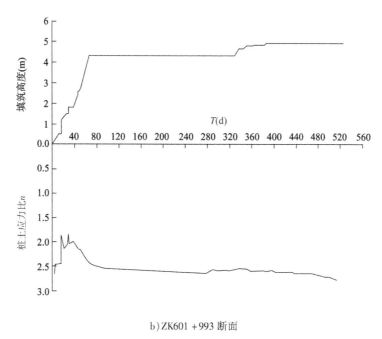

b) ZK601+993 断面

图 7-11 强夯置换墩复合地基桩土应力比变化曲线

(1) 桩土应力比随路堤填筑高度的变化规律。

在填土初期,由于填土高度较低,桩土应力比较小,桩体和桩间土分担的荷载差值不大;随着外部荷载的增大(路堤填筑高度增加),由于土体压缩模量大,其沉降大于桩顶沉降,故土体荷载增长量比桩顶荷载增长量要小得多,荷载不断向桩顶集中,因此 $n$ 值表现为逐渐增大。但是,桩土应力比不会随着荷载增大无限增大,随着复合地基桩和桩间土的变形协调、共同承担荷载,桩土应力比趋于稳定。

在路堤填筑快速施工阶段,桩土应力比出现上下起伏变化的波动,这是桩土之间应力相互转移的现象,应该说是砾石桩进入极限荷载状态下间歇式桩端刺入的反映,具有普遍的规律性。因为随孔压的消散,土的下沉把荷载逐渐转移到桩上,处于临近极限状态的桩积聚了从土中转移来的荷载,当荷载增大到极限值时,便促使桩端增大了一个刺入量,把部分荷载转移到土中,如此多次反复,一直到桩土各自的有效应力与外部压力平衡,且蠕动变形稳定为止。当然,倘若压力水平不太高,在未进入极限荷载以前的压力范围,桩土应力比随路堤高度的增高而增大,亦不会出现起伏波动现象。当压力缓慢持续增大时,桩荷载总是处于极限状态,桩端处于极其缓慢且连续地刺入,桩土应力比会随填土高度的增加而逐渐减小。

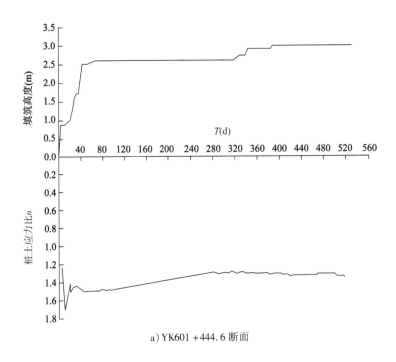

a) YK601+444.6 断面

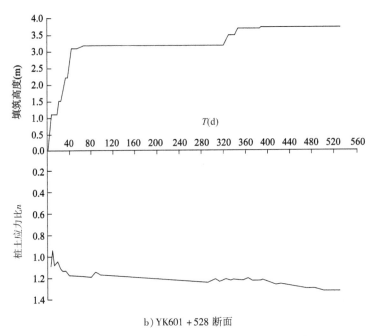

b) YK601+528 断面

图 7-12　砾石桩复合地基桩土应力比变化曲线

在停工期，桩土应力比变化不大，停工期后路堤上部开始铺筑路面，孔隙水压力增加，桩土应力比有变小的趋势，以后随着时间的延长，桩土应力比变化又趋于平缓。

(2) 桩土应力比随时间的变化规律。

路堤施加于桩土上的压力，由于桩土压力的相互转移而发生变化，转移有个时间过程，因而在每一级恒定压力下，桩土应力比将随加载持续时间而变化。从图中可以看出，在路堤填筑施工期，桩土应力比在短时间内波动变化较大，并迅速稳定在一固定值附近；随着监测周期的延长，其值基本稳定，即使在上部荷载有增加的情况下，其值变化也比较微小。此外，断面桩土应力比随监测周期的延续有略微变小而后稳定的趋势。这是由于停工期间，软土地基在路堤荷载作用下，发生了充分的排水固结，地基强度有明显的提高；同时桩顶产生了少量的蠕动压缩和沉降，致使桩土应力比有变小的趋势。

(3) 桩土应力比变化规律与复合地基形式的关系。

强夯置换墩复合地基和砾石桩复合地基桩土应力比变化规律基本相同，粒料桩复合地基桩土应力比变化规律与复合地基形式关系不大。

### 7.4.4 复合地基桩土应力比取值范围确定

根据监测结果分析，试验段强夯置换墩复合地基的桩土应力比 $n$ 宜取 $2.5 \sim 2.7$，砾石桩复合地基桩土应力比 $n$ 宜取 $1.2 \sim 1.5$，试验监测结果与相关文献的调查和研究结果基本一致。根据现场重型圆锥动力触探结果，砾石桩复合地基桩土应力比偏低的主要原因是桩体密实度，其动力触探结果 $\overline{N}_{63.5} = 6.4$，密实度总体评价为稍密。

## 7.5 地下水位监测与分析

察尔汗盐湖区地表和地层中分布有一定厚度的密实盐晶层，盐晶层显著影响着地基承载力，地下水位的升高，会造成盐晶层特别是表层盐晶层的溶蚀，导致地基承载力下降。监测施工过程中地下水位的变化，可以间接反映路堤下地基监测范围和深度范围内地基土的固结情况，控制路堤填筑速率。此外，通过地下水位的监测，可以及时反映路基的稳定状态，从而制定合适的公路养护方案，防患于未然。

## 7.5.1 仪器埋设与监测方法

**1）埋设位置**

应在路堤填筑初期,路基线形基本成形时埋设水位管,主要在路基坡脚或护坡道坡脚埋设,并在同一横断面每隔 3m 埋设一根,一个断面可埋设 6 根水位管。由于在路基施工期,路基两侧坡脚处作为临时行车通道被占用,以及路基成形后修坡机械的破坏,水位管应离开坡脚一定的安全距离。水位管离坡脚的距离由现场实际情况确定。水位管采取钻机成孔的方法埋设,钻孔达到设计深度后,把准备好的水位管垂直放入,管周围用中砂充填,管口配制了管塞或管盖。

**2）水位管构造**

水位管一般采用 PVC 管或钢管,直径 100～150mm,管子其下部钻成 10mm 直径的花管,并用细铁丝缠绕或用土工布包裹,管底封死。

**3）监测方法**

水位的监测采用接触式水位有声发光测量仪,也可用皮尺直接量测。

## 7.5.2 地下水位观测数据分析

根据监测方案,在察尔汗互通立交左线 ZK602+842.4～ZK603+379.6 断面 ZK603+122.7、ZK603+170.8、ZK603+298.4 和右线 YK601+024.3～YK601+573 断面 YK601+250、YK601+398.1 坡脚或护坡道坡脚垂直路线方向每隔 3m 埋设水位管。水位管长度根据地质资料确定,埋设深度(长度)应在地下水位以下。依托工程水位管长度为 4m,其中 0.5m 露出地面方便观测。

水位管观测主要用于了解路堤的稳定状态,控制路堤的填筑速率,并了解地下水随时间的变化规律。水位管从 2010 年 7 月 27 日开始观测,观测结果如图 7-13～图 7-17 所示。

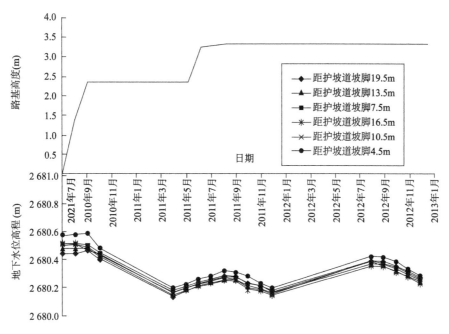

图 7-13　ZK603+122.7 断面地下水位高度随填土高度和时间变化曲线

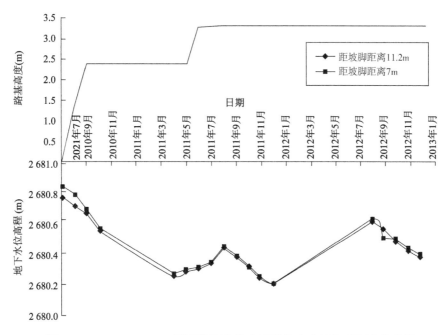

图 7-14　ZK603+170.8 断面地下水位高度随填土高度和时间变化曲线

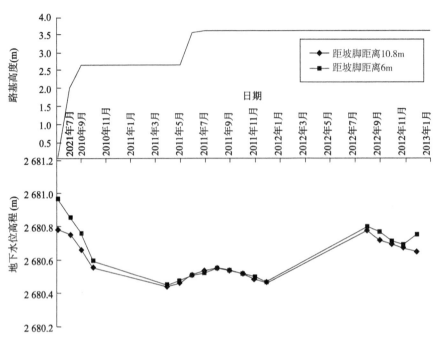

图 7-15　ZK603+298.4 断面地下水位高度随填土高度和时间变化曲线

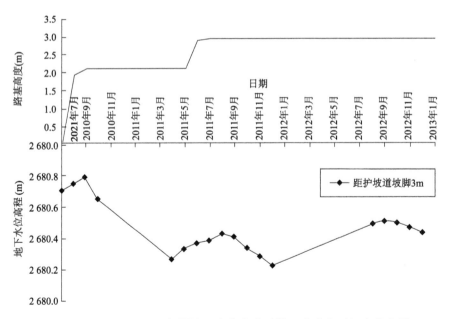

图 7-16　YK601+250 断面地下水位高度随填土高度和时间变化曲线

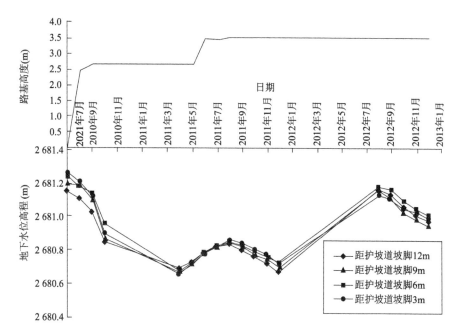

图 7-17　YK601+398.1 断面地下水位高度随填土高度和时间变化曲线

从图 7-13～图 7-17 中可以看出各断面地下水位的变化规律：

（1）在路堤填土施工期，距离坡脚越近，地下水位越高，同一观测断面最高水位与最低水位之差为 0.1～0.2m，由于路堤高度较低（观测断面填土高度为 3.0～3.6m），同一观测断面不同距离处的水位差不显著。

（2）从 2010 年 7—9 月和 2011 年 5—6 月两个施工期的水位变化曲线可以看出，路堤的填筑施工引起地下水位的升高；地下水位变化量与路堤填筑速率和连续填土高度有关，路堤填筑速率越快、一次性填土高度越高，地下水位升高值越大。

（3）施工间歇期，各观测断面水位逐渐降低，同一观测孔水位降低值为 0.3～0.5m。

（4）公路运营期，各观测断面水位变化一致，反映了该区域地下水位随季节的变化规律；1—8 月地下水位逐渐升高至最高水位，升高幅度为 0.20～0.50m；8—12 月地下水位逐渐降低，降低幅度为 0.15～0.25m；地下水位总体变化趋势是升高。

## 7.6　地基湿度场监测与分析

察尔汗互通区 ZK601+540～ZK602+100 段地质层主要为软塑低液限黏土，ZK602+100～ZK603+379.7 段地质层主要为软塑的低液限粉土，地下水位 1.5～2.0m。地表主要为坚硬的过盐渍土硬壳或氯盐结晶盐壳,在干燥情况下,过盐渍土表现出强度高、承载力高等良好的力学性质。随着地基土体湿度和温度的变化,特别是雨水季节,容易造成结晶氯盐溶解,从而导致地基湿软,地基承载力下降,引发地基溶陷和沉降变形,影响地基和路基的整体稳定。因此,研究察尔汗盐湖区公路路基影响范围内地基土含水率的季节性变化规律,是准确分析和评价路基稳定性的前提条件。

### 7.6.1 仪器埋设与监测方法

#### 1) 取样位置

察尔汗盐湖地区盐渍土具有强腐蚀性,对与地基土接触的金属探针式湿度传感器有腐蚀性,加之金属探针在盐水条件下由于导电造成读数不准确,限制了湿度传感器的使用。地基土湿度的监测主要靠人工挖孔取样室内测定不同深度处地基土的含水率,并同时测定含盐量。取样地点主要位于路基断面的坡脚处以及距坡脚5m、10m天然地基处,采用洛阳铲挖孔取样,取样最大深度结合常年地下水位深度取4.0m,取样位置为自地表向下,每0.5m深度取土样,如图7-18所示。

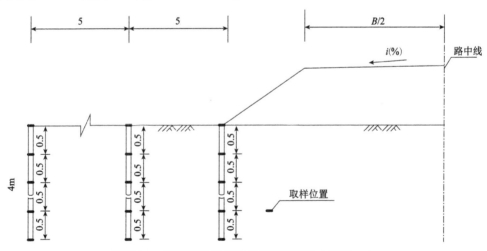

图7-18 地基测湿挖探位置横断面(尺寸单位:m)

#### 2) 监测频率

分别监测一年四个季度地基土的含水率变化情况;在雨季应增加监测频次,一周至少监测一组数据,遇有雨水天气,应在当天和第二天取样测定地基土含水率。

## 7.6.2 地基含水率监测结果分析

监测断面选择在 ZK602+000 和 ZK603+250 路线左侧。监测工作从 2011 年 10 月下旬开始,地基土含水率变化曲线如图 7-19 和图 7-20 所示。

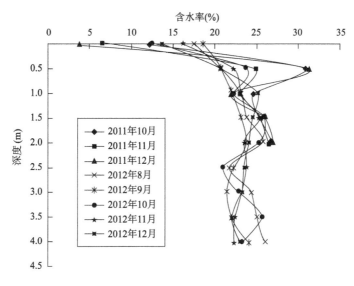

a) ZK602+000 断面坡脚

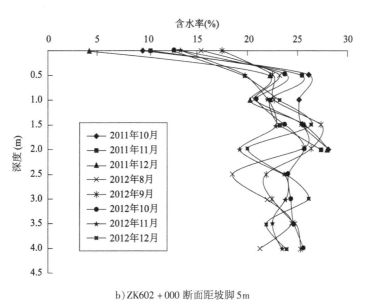

b) ZK602+000 断面距坡脚 5m

图 7-19

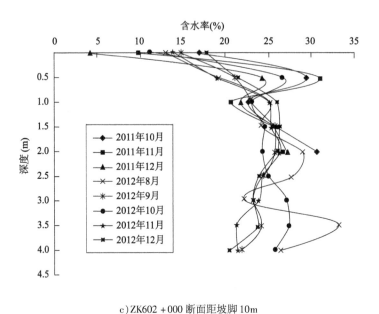

c) ZK602+000 断面距坡脚 10m

图 7-19 断面 ZK602+000 观测孔各月含水率变化曲线

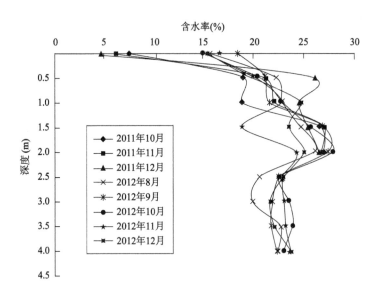

a) ZK603+250 断面坡脚

图 7-20

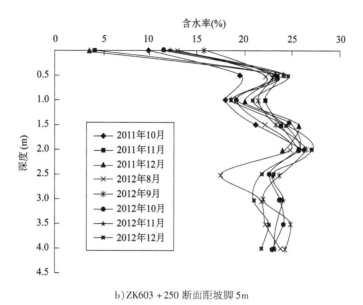

b）ZK603＋250 断面距坡脚 5m

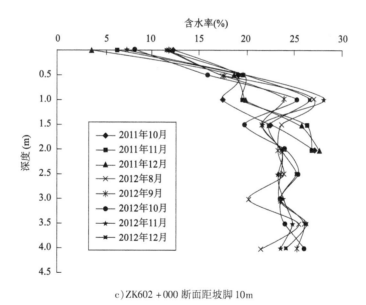

c）ZK602＋000 断面距坡脚 10m

图 7-20　断面 ZK603＋250 观测孔各月含水率变化曲线

从图 7-19 和图 7-20 中可以看出，两个断面地基土含水率具有以下相同的变化规律。

（1）地基土含水率随监测深度的变化规律。

监测点地表处（深度为 0m 处）含水率最低。主要原因是：表层地基土含水率受季节天气影响较大，由于察尔汗盐湖日晒强烈，大风天气居多，空气比较干燥，造成地表处（深度为 0m 处)含水率较低,从现场情况来看,地表处聚集一薄层盐皮。

随监测深度的增加,天气的影响逐渐减弱,监测点地表下 0~1.0m 深度范围内地基土含水率随深度的增加变化显著,地表下 0.5m 深度处含水率变化出现拐点,1.0~1.5m 深度以后,含水率随深度变化增加相对缓慢,逐渐趋于稳定(深度 2.0m 处)。主要原因是:钻探取样过程中发现,ZK602 +000 在地表 1.0m 深度处存在 10~20cm 厚的盐晶层,较为密实;ZK603 +250 在地表 0.5m 深度处存在 10cm 厚密实的盐晶层。这部分盐晶层阻止了地表水和天气对下层地基土含水率的影响。另外,盐晶层对地基承载力有着重要影响,现场通过大雨前后处理后地基(砾石桩处理)承载力对比发现,大雨造成表层盐晶层的溶蚀,地基承载力(单桩和复合地基)下降显著,甚至不能满足设计要求。

(2)地基土含水率随季节的变化规律。

季节的变化(气温、降水等)对地表下一定深度的地基土含水率也有着显著影响,ZK602 +000 断面有效影响深度约为 1.5m,ZK603 +250 断面有效影响深度约为 2.0m。有效影响深度以下,地基土含水率随季节变化不大,基本上受地下水迁变的影响。从地下水位观测结果来看,察尔汗盐湖区地基地下水位高度为 1.5~2.0m。

(3)地基土含水率与地基沉降量的关系。

各月同一监测深度处含水率变化(0.5m 深度以下)相对较小,未超过 3%,两监测断面左路肩月沉降量一般为 0~2mm,沉降量小,路基稳定。

## 7.7 本章小结

为了验证察尔汗盐湖区公路地基处理的工程效果,确保路基的稳定,本章依托察格高速公路工程,在不同地基处理段有针对性地进行了地基与路基稳定性监测,包括地基地表沉降观测、水位观测、土压力观测、地基湿度观测等,得出如下主要结论:

(1)通过岩盐夹层地基与砾石桩复合地基沉降试验段验证,岩盐夹层地基沉降量较小,一定厚度的岩盐夹层可以显著地减少地基沉降,实测沉降数据与有限元计算结果相吻合。

(2)复合地基桩土应力监测结果表明,桩土应力比的波动是桩端间歇式刺入,桩土变形协调,承担荷载相互转移的一种表现形式;强夯置换处理地基的桩土应力比宜取 2.5~2.7;砾石桩桩土应力比宜取 1.2~1.5;增加桩体密实度,可提高桩土应力比。

(3)在路堤填土施工期,距离坡脚越近,地下水位越高;施工间歇期,各观测断面水位逐渐降低,趋于相同。公路运营期,各观测断面水位变化一致,反映了该区域地下水位随季节的变化规律:1—8月地下水位逐渐升高至最高水位,升高幅度为0.20~0.50m;8—12月地下水位逐渐降低,降低幅度为0.15~0.25m;地下水位总体变化趋势是升高。

(4)季节的变化(气温、降水等)对地表下一定深度的地基土含水率也有着显著影响,有效影响深度为1.5~2.0m。有效影响深度以下,地基土含水率随季节变化不大,基本上受地下水迁变的影响。

# 参考文献

[1] 新疆公路学会. 盐渍土地区公路设计与施工指南[M]. 北京:人民交通出版社,2006.

[2] 罗伟甫. 盐渍土地区公路工程[M]. 北京:人民交通出版社,1980.

[3] 徐筱在. 盐渍土地基[M]. 北京:中国建筑工业出版社,1993.

[4] 国家地图集编纂委员会. 中华人民共和国自然地图集[M]. 北京:中国地图出版社,1999.

[5] 中交第二公路勘察设计研究院有限公司. 公路路基设计规范:JTG D30—2015[S]. 北京:人民交通出版社股份有限公司,2015.

[6] 中华人民共和国住房和城乡建设部. 盐渍土地区建筑技术规范:GB/T 50942—2014[S]. 北京:中国计划出版社,2014.

[7] 国家能源局. 盐渍土地区建筑规范:SY/T 0317—2021[S]. 北京:石油工业出版社,2021.

[8] 铁道部第一勘察设计院. 盐渍土地区铁路工程[M]. 北京:中国铁道出版社,1988.

[9] 新疆交通科学研究所. 重盐土地区公路盐胀病害防治研究报告[R]. 乌鲁木齐:新疆交通科学研究所,1990.

[10] 龙锦永. 我国第一条盐湖铁路[J]. 铁道工程学报,1996(2):258-263.

[11] 青海省公路科研勘测设计院,中国科学院寒区旱区环境与工程研究所,青海省公路建设管理局. 多年冻土地区公路病害和机理研究[R]. 西宁:青海省公路科研勘测设计院,2006.

[12] 青海省公路科研勘测设计院,吉林省交通科学研究所. 多年冻土地区公路养护与维修技术研究[R]. 西宁:青海省公路科研勘测设计院,2006.

[13] 张彧,房建宏,刘建坤,等. 察尔汗地区盐渍土状态变化特征与水盐迁移规律研究[J]. 岩土工程学报,2012,34(7):1344-1348.

[14] 胡世凯.察尔汗盐湖地区盐渍土工程特性及其与环境互馈机理研究[D].成都:西南交通大学,2011.

[15] 霍玉霞,栾海,宋永焕.土的毛细性试验研究及与分析[A].全国公路工程地质科技情报网2006年技术交流会论文集,2006.

[16] 董斌,张喜发,李欣,等.毛细水上升高度综合试验研究[J].岩土工程学报,2008,30(10):1569-1574.

[17] 翁通.盐渍土毛细水作用及击实特性研究[D].西安:长安大学,2006.

[18] 白祖国.低路堤填筑的粉土改良及毛细水作用下路堤稳定性研究[D].天津:天津大学,2009.

[19] 温小平,翁兴中,张俊,等.新疆地区粗颗粒盐渍土毛细水上升和隔断层隔断效果研究[J].公路交通科技,2015,32(05):56-60,67.

[20] 赵德安,余云燕,马惠民,等.南疆铁路路基次生盐渍化试验研究[J].岩土工程学报,2014,36(04):745-751.

[21] 史文娟,沈冰,汪志荣,等.高地下水位条件下盐渍土区潜水蒸发特性及计算方法[J].农业工程学报,2006,22(5):32-35.

[22] 毛爱民,田小平,吴立坚,等.自然环境下盐渍土路基水盐分布与迁移[J].公路交通技术,2013(2):5-7.

[23] ZHANG S S,DAI Z R. Test Method for Soluble Salt of Coarse Grained Saline Soil Based on Engineering Properties Test [J]. Civil Engineering and Urban Planning, 2012: 684-688.

[24] 高树森,师永坤.碎石类土盐渍化评价初探[J].岩土工程学报,1996,18(3):96-99.

[25] 吕殿青,王文焰,王全九.入渗与蒸发条件下土壤水盐运移的研究[J].水土保持学报,1999,6(2):61-65.

[26] 赵中党.天然级配卵砾石土毛细水隔断厚度的研究[J].铁道工程学报,1992(2):4-8.

[27] 高江平,杨荣尚.含氯化钠硫酸盐渍土在单向降温时水分和盐分迁移规律的研究[J].西安公路交通大学学报,1997,17(3):22-25.

[28] 包卫星,谢永利,杨晓华.天然盐渍土冻融循环时水盐迁移规律及强度变化试验研究[J].工程地质学报,2006,14(3):380-384.

[29] 郝慧,何平.不同冻结方式下盐渍土水盐重分布规律的试验研究[J].岩土力学,

2011,32(8):2308-2312.

[30] 肖泽岸,赖远明.冻融和干湿循环下盐渍土水盐迁移规律研究[J].岩石力学与工程学报,2018,37(S1):3738-3746.

[31] 徐学祖,邓友生.冻土中水分迁移的试验研究[M].北京:科学出版社,1991.

[32] 陈肖柏.降温时之盐分重分布及盐胀试验研究[J].冰川冻土,1989,11(3):231-238.

[33] 张殿发,郑琦宏,董志颖.冻融条件下土壤中水盐运移机理探讨[J].水土保持通报,2005,25(6):14-18.

[34] 罗金明,邓伟,张晓平,等.冻融季节苏打盐渍土的水盐变化规律[J].水科学进展,2008,4(19):559-565.

[35] 廖云.季节冻土区路基水热盐运移规律的研究[D].石河子:石河子大学,2009.

[36] 张喜发,辛德刚,张冬青,等.季节冻土区高速公路路基土中的水分迁移变化[J].冰川冻土,2004,26(4):454-460.

[37] 陈义民,张喜发,张冬青,等.季冻区公路路基土有害毛细水上升高度综合试验研究[J].冰川冻土,2008,30(4):641-645.

[38] 宿晓萍,王清,王文华,等.季节冻土区盐渍土环境下混凝土抗冻耐久性机理[J].吉林大学学报(地球科学版),2014,44(04):1244-1253.

[39] 王志伟.高地下水位盐渍土地区路基维护[J].路基工程,2004(3):54-55.

[40] FREDLUND D G, RAHARDJO H. Soil Mechanics for Unsaturated Soils [M]. New York: John Wiley &Sons,1993.

[41] 左正明.盐渍土地区路基土工布隔断层施工技术[J].铁道建筑技术,1998(4):19-22.

[42] 王小生,章洪庆,薛明,等.盐渍土地区道路病害与防治[J].同济大学学报(自然科学版),2003,31(10):1178-1182.

[43] 汪为巍,杨保存,王荣.南疆盐渍土地区城区道路病害规律研究[J].岩土工程学报,2013,35(S1):253-258.

[44] 李国玉,喻文兵,马巍,等.甘肃省公路沿线典型地段含盐量对冻胀盐胀特性影响的试验研究[J].岩土力学,2009,30(8):2276-2280.

[45] 白家风,龙珍.青藏铁路岩盐路基填筑施工技术[J].施工技术,2010,39(2):58-60,73.

[46] 杨海容,蒋富强,王翔,等.青藏铁路察尔汗盐湖盐岩和盐溶工程地质特性及路基

修筑技术[J].铁道工程学报,2005(S1):373-378.

[47] 曹元平.青藏线西格段增建二线盐湖路基设计[J].铁道勘察,2007(3):27-29.

[48] 李锁平.青藏铁路察尔汗盐湖岩盐路基的防护[A].全国公路工程地质科技情报网2009年技术交流会论文集,2009.

[49] 刘贺业,李凯崇,程建军,等.哈罗铁路硫酸岩盐路基填筑施工技术[J].铁道标准设计,2012(9):1-4.

[50] 罗霄.哈罗铁路岩盐路基填筑技术研究[D].北京:中国铁道科学研究院,2012.

[51] 谢德江.罗布泊盐湖岩盐路基设计及施工方法研究[J].铁道标准设计,2013(2):12-15.

[52] 赵文.哈密至罗布泊铁路岩盐的工程特性及处理措施[J].路基工程,2012(2):111-113.

[53] 林涛,任金龙,伊小娟,等.罗布泊罗中铁路专用线岩盐路基设计探讨[J].铁道工程学报,2012,29(9):34-38.

[54] 青海省公路科研勘测设计院,北京交通大学,青海省公路建设管理局.青海万丈盐桥处治技术研究[R].西宁:青海省公路科研勘测设计院,2004.

[55] 乃比江·买提克热木."盐岩卤水"路基施工、养护及专项定额研究[D].西安:长安大学,2012.

[56] 宋亮.干盐湖区盐渍土性能及其在路基工程中的应用技术[D].西安:长安大学,2010.

[57] 冯忠居,乌延玲,成超,等.板块状盐渍土的盐溶和盐胀特性研究[J].岩土工程学报,2010,32(9):1439-1442.

[58] 冯忠居,成超,王延武,等.荒漠极干旱区板块状盐渍土微结构变化对其强度特性的影响分析[J].岩土工程学报,2011,33(7):1142-1145.

[59] 冯忠居,李维洲,王廷武,等.新疆板块状盐渍土工程特性(英文)[J].交通运输工程学报,2010,10(6):1-8.

[60] 乌延玲,冯忠居,王廷武,等.极度干旱区板块状盐渍土路用性能试验[J].长安大学学报(自然科学版),2011,31(1):31-35.

[61] 刘小飞.板块状盐渍土工程应用技术研究[D].西安:长安大学,2009.

[62] 新疆维吾尔自治区公路管理局,长安大学.红山口—鄯善高速公路盐渍土病害防治技术研究[R].乌鲁木齐:新疆维吾尔自治区交通厅,2009.

[63] 谈至明,姚祖康.软土地基不均匀沉降对铺面结构的影响[J].岩土工程学报,

1989,11(2):54-63.

[64] 郑传超,王秉纲.非均匀地基上的板弯问题[A].第三届全国计算力学会议论文集——计算力学理论与应用,1992:566-567.

[65] 郑传超.柔性路面结构对路基沉降量的影响[J].重庆交通学院学报,1998,17(2):32-36.

[66] 廖公云,黄晓明,杨庆刚.不同路面结构对软基不均匀沉降的适应性研究[J].华东公路,1996,14(2):119-124.

[67] 张嘉凡,张慧梅.软土地基路基不均匀沉降引起路面结构附加应力[J].长安大学学报(自然科学版),2003,23(3):21-25.

[68] 曹东伟,胡长顺.多年冻土区路基融沉变形的附加应力分析[J].重庆交通学院学报,2001,20(3):57-61.

[69] 姬杨蓓蓓,马矗,王秉刚.冻土地区路基融沉变形对沥青路面结构的影响[J].中国公路学报,2006,19(5):1-5.

[70] 周虎鑫,陈荣生.软基处理路堤工后沉降指标确定方法的研究[J].华东公路,1995,94(3):28-31.

[71] 何兆益,周虎鑫.软土地基容许工后不均匀沉降指标值探讨[J].华东公路,1996,98(1):16-17.

[72] 朱学雷.成都绕城高速公路软土地基不均匀沉降对路面结构性能影响的研究[D].成都:西南交通大学,2002.

[73] 王新岐,刘玉民.软基沉降对沥青混凝土路面的影响[J].中国市政工程,2001,92(1):27-29.

[74] 郑柯,魏中华,翁剑成,等.路基膨胀土特性及其对路面破坏的影响分析[J].北京工业大学学报,2002,28(4):444-447.

[75] 翁剑成,魏中华,荣建,等.膨胀土路基对广西平百公路路面破坏的影响及处理对策[A].2004年道路工程学术交流会论文集,2004:140-145.

[76] QIU Y J,NORMAN D,ROBERT E. Design Criteria for Permanent Deformation of Subgrade Soils in Flexible Pavements for Low-Volume Roads[J]. Soils and Foundations,2000,40(1):1-10.

[77] 王金昌,朱向荣.软土地基上沥青混凝土路面动力分析[J].公路,2004(3):6-11.

[78] 余学义,赵兵朝,李瑞斌.采动区公路路基和路面的协同作用模型[J].长安大学学报,2008,28(4):35-38.

[79] 卢正,姚海林,吴万平.高速公路路基结构分析及动变形设计方法[J].岩土力学,2010,31(9):2907-2912.

[80] 交通运输部公路科学研究院.公路土工试验规程:JTG 3430—2020[S].北京:人民交通出版社股份有限公司,2020.

[81] 肖泽岸,赖远明,尤哲敏.单向冻结过程中NaCl盐渍土水盐运移及变形机理研究[J].岩土工程学报,2017,39(11):1992-2001.

[82] 张殿发,郑琦宏.冻融条件下土壤中水盐运移规律模拟研究[J].地理科学进展,2005,24(4):46-55.

[83] 李韵珠,李保国.土壤溶质运移[M].北京:科学出版社,1998.

[84] 张堃.黄泛盐渍土地区路基水盐迁移及隔断技术研究[D].济南:山东大学,2012.

[85] 欧阳葆元.盐渍土地区路基工程中的有害毛管水上升高度[J].中国铁道科学,1980,2(2):128-134.

[86] 董斌,张喜发,李欣,等.毛细水上升高度综合试验研究[J].岩土工程学报,2008,30(10):1569-1574.

[87] 赵天宇,张虎元,王志硕,等.含氯硫酸盐渍土中硫酸钠结晶量理论分析研究[J].岩土工程学报,2015,37(7):1340-1347.

[88] 吴爱红,顾强康,李婉.盐渍土机场毛细水迁移试验研究[J].路基工程,2008(6):137-138.

[89] 李广信.高等土力学[M].北京:清华大学出版社,2004.

[90] 希勒 D.土壤和水——物理原理和过程[M].北京:农业出版社,1981.

[91] 邵磊.察尔汗盐湖地区路基水盐迁移规律与隔断层设置技术研究[D].西安:长安大学,2012.

[92] 刘军勇,任勇,张留俊.察尔汗盐湖地区盐渍土微观结构及其力学特性[J].地下空间与工程学报,2016,12(5):1277-1286.

[93] 李静.粗颗粒盐渍土路基冻融室内试验研究[D].西安:长安大学,2015.

[94] 刘兴旺.降雨入渗条件下路基稳定性分析[D].长沙:中南大学,2006.

[95] 刘小平.非饱和土路基水作用机理及其迁移特性研究[D].长沙:湖南大学,2008.

[96] 罗林峰.水对路基路面稳定性的影响和控制方法研究[D].昆明:昆明理工大学,2008.

[97] 张林洪,吴华金.公路排水设施施工手册[M].北京:人民交通出版社,2005.

[98] 吴延春.路基的渗流力学特性及其工程应用[D].武汉:华中科技大学,2007.

[99] 卢应发,崔玉军,姚海林,等.饱气带区的渗流特性及地表模型[J].岩土力学,2003,24(增刊):8-12.

[100] 赵爱莉,朱冬春,刘军勇.冻融循环下砾类土路基工程特性试验研究[J].地下空间与工程学报,2017,190(1):98-101.

[101] 刘军勇,张留俊.强、过盐渍土地区高速公路路基阻盐技术研究[J].路基工程,2013(6):70-74.

[102] 代红娟.察格高速公路盐渍土填料特性试验研究[D].西安:长安大学,2011.

[103] 刘军勇,张留俊,王晓谋.高速公路岩盐路堤填筑技术与病害防治技术[J].地下空间与工程学报,2013,9(S1):1744-1752.

[104] LIU J Y, ZHANG L J, ZHANG W. Filling Technology and Disease Prevention Technology Research on Highway Rock Salt Embankment[J]. Advanced Materials Research, 2012: 3033-3041.

[105] LIU J Y, ZHANG L J, YIN L H. Experimental Research of the Pavement Performance on Chloride-based Weak Saline Soil [J]. Advanced Materials Research, 2012: 3017-3023.

[106] 王生俊.滨海地区高速公路盐渍土路基修筑技术研究[D].兰州:兰州大学,2005.

[107] 刘永球.盐渍土地基及处理方法研究[D].长沙:中南大学,2005.

[108] 蒲昌瑜.滨海地区高速公路盐渍土路基改良技术研究[D].石家庄:石家庄铁道大学,2006.

[109] 杨少文.振动沉管挤密砂石桩处理盐渍化软基的试验研究[D].西安:长安大学,2007.

[110] 骆昊舒.天津滨海新区固化氯盐渍土综合性能研究[D].西安:长安大学,2009.

[111] 邱爽.宁夏扶贫扬黄灌溉地区盐渍土地基隆胀及其变形规律的研究[D].兰州:兰州理工大学,2010.

[112] 苌亮.硫酸盐渍土地区路基路面盐胀特性的室内大型试槽试验研究[D].西安:长安大学,2010.

[113] 王洪杰,赵永骅.超氯盐渍土的工程地质特性[J].水文地质工程地质,1981(1):39-40.

[114] 欧阳葆元.盐渍土地区的工程勘察和筑路问题[J].工程勘察,1981(5),26-30.

[115] 张征海.西北内陆盆地盐渍土和盐湖铁路工程地质问题[J].铁道工程学报,1988(4):156-162.

[116] 胡智炜,庞国强.土工布、土工格室处理盐渍土路基及软弱地基[J].路基工程,2000(1):25-27.

[117] 谭冬生,孙毅敏.新建兰新铁路新疆段沿线盐渍土盐胀特性、机理与防治对策[J].铁道学报,2011,33(9):83-88.

[118] 李敬业.用预浸水法处理盐渍土地基试验研究[J].岩土工程学报,1988,10(4):87-94.

[119] 李敬业.用预浸水法处理盐渍土地基及其施工技术[J].建筑技术,1988(5):13-18.

[120] 沈晋,王文焰,沈冰,等.动力水文实验研究[M].西安:陕西科学技术出版社,1991.

[121] 肖正华,沈麟曾.人工灌注氯化钙治理硫酸盐渍土路基病害[J].路基工程,1990(1):23-26.

[122] 沈麟曾,肖正华,焦家炜.盐渍土病害路基的化学治理[J].铁道建筑,1990(5):9-12.

[123] 沈麟曾,肖正华.盐渍土对铁路的危害与治理[J].中国地质灾害与防治学报,1992(1):81-87.

[124] 徐攸在,史桃开.盐渍土地基的处理方法[J].工业建筑,1991(3):7-12,61.

[125] 徐攸在,史桃开.盐渍土地基测试中的若干问题[J].工程勘察,1991(6):1-6.

[126] 史桃开,徐攸在.盐渍土地基的膨胀性[J].工程勘察,1994(3):17-21.

[127] 徐攸在,史桃开.青海西部盐渍土的承载力和溶陷变形特性[J].工业建筑,1991(3):2-7.

[128] 新疆交通科学研究院,青海省公路科研勘测设计院,内蒙古巴盟公路管理局.盐渍土地区公路修筑成套技术研究[R].乌鲁木齐:新疆交通科学研究院,2011.

[129] 新疆维吾尔自治区公路学会.新疆盐渍土地区公路路基路面设计与施工规范:XJTJ 01—2001[S].马鲁桥:新疆维吾尔自治区交通厅,2002.

[130] 同济大学,青海省公路科研勘测设计院.重盐碱地区公路翻浆处治技术、材料及施工工艺研究[R].上海:同济大学,2008.

[131] 青海省公路科研勘测设计院,同济大学.盐渍土地区公路桥涵及构造物防腐技术研究[R].西宁:青海省公路科研勘测设计院,2009.

[132] 薛明,房建宏.盐渍土地区公路桥涵及构造物防腐蚀技术研究综述[J].公路交通科技(应用技术版),2008(9):21-23.

[133] 青海省公路科研勘测研究院.干旱地区公路路基压实特性研究[R].西宁:青海省公路科研勘测设计院,2004.

[134] 乔兰,王旭鹏,等.固化剂改性盐渍土动力特性的室内试验研究[C].第一届全国岩土本构理论研讨会论文集,2008:33-36.

[135] 青海省公路桥梁工程公司,西安公路交通大学.青海地区无机结合料稳定级配砾石基层适用性的研究[R].西宁:青海省公路桥梁工程公司,1997.

[136] 青海省公路科研勘测设计院,冻土工程国家重点实验室.214国道退化性多年冻土地区路基路面修筑技术的研究[R].西宁:青海省公路科研勘测设计院,2001.

[137] 隆威,刘永球,曹增国.青海察尔汗盐湖区氯(亚氯)盐渍土的工程性质分析[J].探矿工程(岩土钻掘工程),2002(1):9-11.

[138] 李在卿,王程远.碎石桩加固青海盐渍土地基[J].化工施工技术,1995(3):2-5+10.

[139] 张志广.西部超盐渍土地基处理设计探讨[J].化工矿物与加工,2005,34(5):31-34.

[140] 钱征宇.中国盐湖铁路的主要技术问题及其工程措施[J].中国铁路,2004(4):43-46.

[141] 李志贤.青藏铁路盐渍土路基工程的设计与施工[J].铁道工程学报,1994(1):43-47.

[142] 汪双杰,等.多年冻土地区公路修筑技术[M].北京:人民交通出版社,2008.

[143] 章金钊,霍明,陈建兵.多年冻土地区公路路基稳定性技术问题与对策[M].北京:人民交通出版社,2008.

[144] 交通部公路科学研究所.公路冲击碾压应用技术指南[M].北京:人民交通出版社,2005.

[145] 中国建筑科学研究院.建筑地基处理技术规范:JGJ 79—2012[S].北京:中国建筑工业出版社,2012.

[146] 建设部综合勘察研究设计院.岩土工程勘察规范:GB 50021—2001[S].北京:中国建筑工业出版社,2001.

[147] 彭芝平,杨军,等.饱和盐渍土碎石排水桩加强夯试验研究[J].岩土工程学报,2010(S2):136-141.

[148] 中交第二公路勘察设计研究院.公路工程岩石试验规程:JTG E 41—2005[S].北京:人民交通出版社,2005.

[149] 范增旺,赵成江.青藏铁路"万丈盐桥"盐溶病害的成因与防治[J].路基工程,2010(1):190-192.

[150] 李维玉.青藏铁路增建西宁—格尔木二线某段盐渍土性质分析及处理方法探讨[J].资源环境与工程,2009,23(z1):5-7.

[151] 薛明,朱玮玮,金众赞.盐渍土路基盐分迁移防治与养护[J].公路交通科技(应用技术版),2007(7):28-31.

[152] 燕宪国.盐渍土水盐迁移特性与强度特征分析[J].交通标准化,2009(8):93-98.

[153] 康世飞,付其林,等.硫酸盐盐渍土中毛细水上升规律的初探[J].山西交通科技,2007(4):10-11.

[154] 但新惠.级配砾石毛细水上升高度的研究与探讨[J].岩土工程界,2007,10(5):42-44.

[155] 鲁建荣,郭祥武,等.盐渍土路基病害防治措施的应用研究[J].公路交通科技(应用技术版),2007(8):81-83.

[156] 左正明.盐渍土地区路基土工布隔断层施工技术铁道建筑技术[J].1998(4):19-22.

[157] 张留俊,王福胜,刘建都.高速公路软土地基处理技术[M].北京:人民交通出版社,2002.

[158] 杨春和,白世伟,吴益民.应力水平及加载路径对盐岩时效的影响[J].岩石力学与工程学报,2000,19(3):270-275.

[159] 赵明,赵明华,陈昌富.确定碎石桩复合地基桩土应力比的一种新方法[J].湖南大学学报(自然科学版),2002,29(2):112-116.

[160] 张定.散体材料桩复合地基的沉降分析与计算[J].铁道学报,1998,20(6):98-104.

[161] 袁江雅.土工格室+碎石桩复合地基桩土应力比分析[J].公路工程,2009,34(3):1-5.

[162] 孙林娜,龚晓南,张菁莉.散体材料桩复合地基桩土应力应变关系研究[J].科技通报,2007,23(1):97-101.

[163] 姚琪阳.碎石桩复合地基承载机理及优化设计研究[D].长沙:湖南大学,2004.

[164]《地基处理手册》编写委员会.地基处理手册[M].北京:中国建筑工业出版,1988.

[165] 赵明华,张玲,刘敦平.散体材料桩复合地基桩土应力比分析[J].中南大学学报

(自然科学版),2007,38(3):555-560.

[166] 冯瑞玲,谢永利.路堤荷载作用下复合地基的计算机辅助试验仿真分析[J].土木工程学报,2004,37(1):92-95.

[167] 龚文惠.碎石桩复合地基中桩土应力比的试验研究[J].土工基础,2000,14(4):57-60.

[168] 刘保健,谢永利.海南东线高速公路软基处理现场试验研究[J].西安公路交通大学学报,1998(S2):91-94.

[169] 冯瑞林.柔性基础复合地基性状研究[D].西安:长安大学,2003.

[170] 龚晓南.复合地基设计与施工指南[M].北京:人民交通出版社,2003.

[171] 党昱敬,王余庆.碎石桩复合地基承载力计算公式的可靠性探讨[J].建筑结构,1995(6):31-36.